KB210269

천황 아키히토와
헤이세이 일본사

"HEISEI" NO TENNO TO GENDAISHI
(「平成」の天皇と現代史)
ⓒ OSAMU WATANABE 2021

Korean translation rights arranged with Junposha Co., Ltd. through Japan UNI Agency,
Inc., Tokyo and BC Agency, Seoul.

천황 아키히토와
헤이세이 일본사

냉전 후 30년, '상징' 천황이란 무엇이었나

와타나베 오사무渡辺治 지음 | 박삼헌 옮김

뿌리와
이파리

일러두기

— 저자의 주는 권말의 미주이고, 본문의 각주는 모두 옮긴이가 단 것이다.
— 독자들의 이해를 돕기 위해, 편집자가 책 뒤쪽에 '일본국헌법'의 '제1장 천황' 원문과 번역문, 그리고 이 책에 언급된 천황과 황실, 일본 정치 및 내각, 한일관계와 관련된 사항들을 간추려 일지로 정리해서 부록으로 붙여두었다.
— 단행본, 정기간행물은 겹낫표(『 』), 논문, 보고서, 기사 등은 홑낫표(「 」), 방송프로그램, 노래 등은 홑화살괄호(《 》)로 표시했다.

한국어판 서문

한국의 독자 여러분께

이 책이 한국어판으로 출판되어 한국 시민이 읽을 수 있게 된 것은 제게 큰 기쁨입니다.

천황과 천황제 문제는 일본 국민뿐만 아니라 아시아, 특히 한국 시민들에게도 남의 일이 아닙니다.

천황제하에서 일본은 한국을 식민 통치하고, 식민 통치에 반대하는 독립운동을 가혹하게 탄압했습니다. 간토関東대지진 때는 천황의 대권인 긴급 칙령으로 계엄령이 발동되어 수많은 조선인이 학살당했습니다. 전후에도 천황과 한국의 문제는 계속되었습니다. 일본 정부는 정면으로 식민지 지배의 사실을 조사하고 사과하기를 회피하는 태도로 일관했기 때문입니다. 이 책에서도, 취임한 아키히토明仁 천황이 가장 먼저 직면했던 문제는 한국의 노태우 대통령이 방일했을 때의 만찬에서 '말씀'에 어느 정도의 '사죄' 문구를 담을 것인가 하는 문제였습니다. 대국으로서 아시아 진출을 노리는 일본 정부와 외무성은 그 앞에 놓인 '가시'인 사죄 문제를 끝내고 싶다는 한국 측의 요구에 '배려'를 담은 문구를 넣고 천황도 동의했지만, 외무성안이 알려지자 자민당 내에서는 "언제까지 무릎을 꿇어야 하느냐"는 반발이 나왔습니다. 위안부 문제, 징용공 문제를 비롯해 간토대지진 당시의 조선인 학살 문제에 이르기까지 천황제하에서 행해진 행위에 대해 일본은 현재까지도 진정한 검토와 사죄를 회피하고 있습니다. 그리고 천황은 과거 천황제 국가의 주권자로서 이러한 사태의 당사자였을 뿐만 아니라, 전후에는 그러한 사실을 어떻게든 적당히 처리하기 위한 보수 정권의 도구, '사죄의 사절使節'로도 이용되어왔습니다.

이 책은 1989년 1월 쇼와昭和 천황의 서거 후 천황에 취임한 아키히토가 2019년에 '퇴위'하고 나루히토德仁로 교체되기까지의 30년을, 처음에는 "여러분과 함께 일본국헌법을 지키고 이에 따라 책무를 다할 것"을 맹세하며 등장한 아키히토가 점차 군주로서의 자신감을 키워가며 헌법의 이념으로부터 이탈해가는 역사로서 비판적으로 고찰한 것입니다.

아키히토 천황에 대해서는 재임 중일 때부터 수많은 책이 출판되었지만, 그 대부분이 아키히토의 업적을 '헤이세이류平成流'라며 예찬하는 내용이었으므로, 이 책은 그 점에서는 드문 책입니다.

이 책을 쓴 이유

'들어가며'에서도 언급했지만, 제가 이 책을 집필하게 된 동기를 말씀드리고 싶습니다.

저는 일본의 급속한 근대화와 제국주의화를 추진한 천황제 국가 연구에서 출발한 탓에 근대 천황제의 전제적 지배구조에 관심을 가져왔는데, 그 천황제가 전후 개혁의 과정에서 '상징'으로 개혁된 후, 전후 정치 속에서 천황, 천황제가 어떻게 보수 정치에 이용되기에 이르렀는지 검토하는 『전후 정치사 속의 천황제』를 집필했습니다.

그러나 1990년 이후 30년 동안은 냉전 이후 유일한 패권국이 된 미국의 압력에 의한 자위대의 해외파병, 군사대국화와 해외 진출을 본격화한 글로벌 기업의 경쟁력 강화를 위해 강행된 신자유주의 개혁으로 일본이 크게 변모한 시기였고, 제 관심도 이 두 가지 개혁에 집중되었습니다.

그랬던 제가 천황 아키히토의 문제를 풀어야 한다고 생각하게 된 직접적인 계기는 2016년 7월, 천황 아키히토가 퇴위를 원한다는 NHK 특종과 함께 퇴위 찬반 논의가 이어지면서 '헤이세이平成'의 천황의 업적을 예찬하는 대합창이 나타나고, 그 천황 예찬의 목소리가 3년 후인 2019년 5월, 천황 퇴위와 황위 계승에 즈음하여 최고조에 달한 것에 대한 놀라움이었습니다.

퇴위 의사 표명에서부터 황위 계승에 이르기까지 '퇴위'를 둘러싸고 천황, 정부, 우파 이데올로그, '리버럴파' 논객 등이 벌인 논쟁과 공방 과정은 전후 정치사에서 반복되어온 천황과 정치를 둘러싼 공방의 구도와는 현저히 다른 양상을 보였습니다.

첫째, 지금까지 천황을 둘러싼 정치적 대항은 모두 천황제의 강화를 꾀하고 천황을 정치에 이용하려는 보수 정치 및 그 지위의 복권을 원하는 천황과 전후 복권에 반대하는 혁신 세력 및 '리버럴파' 지식인들의 대립이었습니다. 그러나 이번 퇴위를 둘러싼 대립은 이와는 전혀 다른 구도로, 퇴위를 원하는 천황과 이를 지지하는 '양심적 보수', '리버럴파' 지식인, 언론의 다수와, 이와 맞선 퇴위를 원치 않는 아베 정권과 퇴위를 반대하는 우파 논객들의 대결이 되었습니다. 쇼와 천황 시대에는 항상 천황을 옹호하는 쪽이었던 우파 논객들이 이번에는 천황 비판에 나섰고, 반대로 천황제 부활과 강화를 비판해온 '리버럴파'가 천황 옹호로 돌아섰습니다. 전후 정치사 속에서의 천황을 둘러싼 대립이 뒤틀린 것입니다.

둘째, 그 연장선상에서 2019년의 황위 계승을 둘러싸고 1989년의 쇼와 천황 서거 때와는 전혀 다른 양상이 나타나고, 이를 계기로 천황제에 대한 비판적 총평이 전무하다고 해도 과언이 아닐 정도로 언론의 보도가 '헤이세이류' 예찬 일색으로 넘쳐났다는 점입니다. 물론 1989년 당시에도 주요 언론에서는 쇼와 천황 예찬이 넘쳐났지만, 그럼에도 불구하고 보도 중에는 비판적 내용도 적지 않았고, 특히 좌파계 언론은 천황의 전쟁 책임 추궁을 비롯해 비판 일색이었으며, 나가사키長崎 시장을 비롯한 다양한 곳에서 천황의 전쟁 책임을 묻는 목소리도 나왔습니다.

또한 이에 대항하여 우익의 폭력과 테러도 횡행했습니다. 전후 정치와 천황에 대해 비판적인 강연을 하고 원고를 써오던 저에게도 거의 매일 밤 협박전화가 걸려왔고, 대학에는 '참회문'을 받으러 오겠다는 우익의 엽서도 날아왔습니다.

그러나 이번 황위 계승에는 천황을 비판하는 담론이 거의 없었고, 우익도 조용했으며, 폭력이나 테러도 일어나지 않았습니다. 무엇보다 저를 놀라게 만든 것은 양심적 보수, '리버럴파', 헌법학자들의 아키히토 옹호와 예찬이 이어졌다는 점입니다.

아직도 선명하게 기억에 남아 있는 일입니다. 역시나 황위 계승 즈음에, 예찬 기사만으로는 균형이 안 맞는다고 생각했는지, 몇몇 대형 언론에서 필자와 같은 '이단아'에게 원고와 인터뷰 요청이 쇄도했습니다. 한 대형 통신사로부터 코멘트를 요청받아 비판적인 논평을 했습니다. 짧은 내용이고 오해의 소지가 없으니 "편집만 하면 된다"는 말에 승낙한 것이 화근이었습니다. 다음날 신문을 보니 제가 했던 말에서 나온 '천황' 뒤에 모두 '폐하'라는 존칭이 붙어 있었습니다. 물론 제가 그렇게 말했을 리가 없는데, 논평을 취재한 젊은 기자가 제멋대로, 아마도 지극히 당연한 것으로서, 늘 그러듯이 제 논평에 '폐하'를 붙인 것입니다.

이러한 천황 예찬의 범람, 비판적 담론의 소멸, 우파와 '리버럴파' 담론의 뒤틀림은 도대체 왜 일어났을까? 그 원인이 천황 아키히토 시대에 들어서면서 쇼와 천황 시대와 달리 천황의 헌법 일탈, 보수 정치의 천황 이용이 없어졌기 때문이라면 아무런 문제도 없겠지만, 제가 보기에 상황은 전혀 그렇지 않았습니다. 오히려 지난 30년 동안 천황의 행동은 명백히 헌법으로부터의 일탈을 강화하고 있는 것으로 보였습니다. 그렇다면 왜 그러한 왜곡이 일어났을까요?

저는 이 물음으로부터 출발해서 천황, 군주제가 품고 있는 문제를 살펴볼 수 있다고 생각했습니다.

이 책에서 말하고 싶었던 것

이 책은 '헤이세이'의 천황의 30년을 역사적으로 추적한 것이지만, 여기서 제가 말하고 싶었던 것은 군주제, 특히 일본의 천황제가 일본국헌법하에서 이미 80년 가까이 지난 현대에 이르러서도 여전히 큰 문제, 민주주의와의 충돌·모순이라는 문제를 안고 있다는 점입니다.

전전의 천황제는 아시아에 대한 식민지 지배와 침략전쟁을 반복했고, 아시아·태평양전쟁에서 일본 국민을 포함한 2000만 명 이상의 사상자를 냈습니다. 그 비참한 경험을 되풀이하지 않기 위해 일본국헌법은 천황제도를 '상징'의 형태로 남겨두되, 천황으로부터 모든 정치적 권능을 박탈하고 천황의 행위를 엄격하게 열거된 '국사행위'에 한정했으며, 그 국사행위조차도 '내각의 자문과 승인'을 받도록 하는 형태로 제한을 두었습니다. '상징'제는 입헌군주제하의 군주가 가지고 있는 외형적인 통치권한조차 없는, 더이상 군주제라고 할 수 없는 제도였습니다. 그럼에도 불구하고 헌법에 '천황' 제도가 남아 있었기 때문에 전후 보수 정권은 통치를 위해 틈만 나면 천황의 권위를 이용하려 했고, 통치권 총람자였던 대일본제국 시대를 잊을 수 없었던 쇼와 천황도 천황 권한의 부활에 적극적이었습니다. 이리하여 쇼와 천황 아래에서는 또 다른 의식儀式, 서위서훈敍位敍勳이 부활했고, 외교적으로 천황은 마치 원수와도 같은 대우를 받았습니다.

문제는 대원수로서 전쟁을 수행한 쇼와 천황이 아니라 헌법에 대한 친밀감을 숨기지 않았던 아키히토 천황조차도, 헌법 준수를 내걸고 출발했음에도 불구하고 자신감이 깊어질수록 헌법이 인정하지 않는 '상징으로서의 행위'를 비대화하여 군주로 변모해갔다는 점입니다.

저는 두 가지 점에서 현행 천황제도 민주주의와 모순된다고 생각합니다.

첫째는 국민의 민주적 선출에 의하지 않은 천황의 정치적 언행이 정치에 큰 영향력을 행사한다는 점입니다. 아키히토 천황에 대한 지지로 인해 용인된 잦은 '말씀'과 '행행行幸' 등 위헌 혐의가 짙은 행동이 '상징으로서의 직무'라는 명분으로 기정사실화되고 확대되었다는 것입니다. 그 위험성은 2016년 아키히토 천황이 '퇴위'를 요구했을 때의, 아베 정권을 능가하는 정치적 행동으로 나타났습니다. 이 퇴위를 둘러싼 공방에서 헌법이 요구하는 천황의 정치행위 제한 등은 어디론가 날아가버렸고, 아키히토파 지식인도 언론도 일제히 '폐하의 뜻'을 방패삼아 정부를 비난하는 모양새였습니다.

가장 큰 문제는 퇴위와 같은, 국민과 국민을 대표하는 국회가 결정해야 할 사안을 천황이 주도하려 했다는 점에 있었습니다.

아베를 싫어하는 지식인들은 천황의 이런 행보를 지지했지만, 천황은 선거로 선출된 기관이 아닙니다. 만약 천황이 러시아의 우크라이나 침공에 대해 '말씀'을 하고 일본은 안전보장을 위해 헌법을 재검토해야 한다고 발언한다면, 아키히토파 지식인들은 뭐라고 할까요.

두 번째의, 더 큰 문제는 천황이라는 권위에 의존함으로써 국민이 주권자라는 자각과 책임이 모호해지고 결과적으로 문제 해결을 계속 회피하고 있다는 점입니다. 전쟁 책임 문제와 원자력 발전 문제, 그리고 오키나와 기지 문제는 국민 스스로 해결해야 할 과제입니다. 천황과 황족의 방문이나 '말씀'은 일시적 위안은 될지언정 문제를 해결할 수도 없고, 해결해서도 안 됩니다.

천황의 중국 방문을 예로 들어보겠습니다. 언론은 천황의 방중을 예찬했습니다. 그러나 중국에 대한 일본의 침략전쟁 책임은 양국 정부의 작은 꼼수, 천황의 방중으로 해결될 수 있는 것이 아닙니다. 그 문제를 해결하는 것은 국민과 국민을 대표하는 정부가 국민적 논의를 바탕으로 명확한 사과를 하는 것이고, 그러므로 중국이 천황을 불러서 사과하게 하더라도 일본 정부의 대표는 수상이라며 분명하게 거부했어야 했습니다.

헤이세이의 천황은 전몰자 위령을 위해 사이판, 팔라우 등의 전적지 방문을 강행하고, 오키나와 방문을 반복했는데, 이 또한 '헤이세이' 예찬의 요인이 되었습니다. 그러나 천황의 전적지 방문, 오키나와 방문은 아무것도 해결하지 못합니다. 전쟁과 오키나와를 생각하라고 말하는 것은 괜찮지 않느냐는 목소리도 있을 것입니다. 하지만 그렇지 않습니다. 이러한 천황의 언행은 본래 주권자인 국민이 스스로 해결해야 할 책임을 모호하게 만들고, 천황의 언행으로 '해결'이나 '위로'를 받을 수 있을 것 같은 권위에 대한 의존과 대리 의식을 낳을 뿐입니다.

그 비참한 사례가 천황이 주최하는 엔유카이園遊会에서 천황에게 원전 문제를 적은 편지를 전달한 참의원 의원 야마모토 다로山本太郎의 '직소' 사건입니다. 야마모토는 두 가지 잘못을 저질렀습니다. 첫째, 천황은 원전 문제를 해결할 능력도 자격도 없으며, 이를 해결하는 것은 국민과 그 대표인 의회와 정부, 그리고 거기에 영향을 미치는 운동입니다. 둘째, 더 큰 문제는 야마모토가 당시 국민을 대표하는 국회의원이었다는 점입니다. 야마모토야말로 국민 대표의 한 사람으로서 원전 문제를 해결해야 할 책임이 있는 인간이었습니다.

그러나 바로 이러한 어리석은 행동 속에 비대해진 상징천황제의 무서움이 있는 것입니다.

아키히토 천황의 언행을 제멋대로 아베 정권에 대한 비판이라 생각하고, 아키히토를 치켜세우며 아베 정치에 제동을 걸기를 기대했던 '리버럴파' 지식인의 태도도 어리석기는 마찬가지입니다. 아베 정권에 문제가 있다면 그것을 비판하고 정권을 교체하는 것은 국민 자신이지, 결단코 천황이 아니기 때문입니다.

그렇다면 앞으로의 천황제는 어떤 모습이어야 할까

이 책의 말미에도 언급했지만, 이 책을 쓰고 나서 제가 앞으로의 천황제에 대해, 그리고 우리가 앞으로 취해야 할 행동에 대해 어떤 생각을 하고 있는지 짚어두고 싶습니다.

우선 두 가지 과제가 있습니다.

첫 번째 과제는 현대의 천황제도를 헌법이 지향하는 상징제도에 가깝게 만드는 것입니다. 천황의 공적 활동은 엄격하게 국사행위로 제한하는 방향으로 재검토하고, '4대 행행' 등으로 불리는 천황의 지방 방문, 식전 참가는 중단해야 합니다. '황실 외교' 등으로 불리는 공적 외국 방문도 중단해야 합니다. 꼭 가고 싶은 곳이 있다면 시민으로서, 즉 '민간인' 자격으로 가면 됩니다.

헤이세이에서 레이와令和로 넘어가는 황위계승 의식에서도 이어진, 의식에 남성만 참석하게 한다거나 천황은 남성만 될 수 있다는 식의 성차별도 즉각 중단해야 합니다. 여성 천황을 인정하느냐 마느냐는 황위를 세습하는 특권적 제도하에서 소수의 황위계승자에 여성을 포함시키느냐 마느나의 문제일 뿐 여성 차별의 문제는 아니라는 의견도 있지만, 이는 현상 유지의 논리에 지나지 않습니다. 모든 차별을 점검하고 고쳐나갈 필요가 있고, 그것이 결코 찻잔 속의 태풍이 아니라는 점은 아베 신조를 비롯한 자민당 우파가 여성 천황을 절대로 인정하지 않으려는 것을 보면 명백합니다. 헌법의 인권에 정면으로 저촉되는 이런 '전통'은 즉각 재검토되어야 합니다.

그래도 세습 천황과 민주주의 및 헌법의 '법 아래의 평등'과의 모순은 여전히 남는데, 이를 해소하기 위한 천황제도 폐지는 상징을 헌법에 따라 축소해가는 긴 작업의 끝에 있을 뿐입니다.

두 번째 과제는 위안부, 징용공을 비롯한 전쟁 책임과 원전, 오키나와 기지 문제를 천황의 '여행'이나 '말씀'으로 얼버무리는 게 아니라, 국민이 주권자로서 정면으로 대처하는 것, 그런 정치를 만드는 것입니다. 사실 이 책을 통해 제가 가장 강조하고 싶은 점은 바로 이것입니다. 천황제를 생각하는 것은 우리의 민주주의를 다시 묻는 것입니다.

이런 생각으로 이 책을 썼습니다. 부족한 책이지만, 한국의 시민 여러분께서 읽어주시고 비판해주시면 고맙겠습니다.

2024년 8월

와타나베 오사무

들어가며

2019년 4월 30일 천황 아키히토明仁가 퇴위하고, 5월 1일 나루히토德仁가 새 천황으로 즉위했다. 2016년 8월 8일 아키히토가 '퇴위'를 밝히는 '말씀 おことば'을 공표한 이후, 이번 즉위식*을 비롯한 즉위례 정전 의식卽位礼正殿 の儀,** 다이조사이大嘗祭***에 이르는 몇 년 동안 천황과 상징을 둘러싼 논의 가 '활발'해지면서 헤이세이의 천황에 대한 찬사가 쏟아졌다.

지난 몇 년 동안의 사태는 1989년 쇼와昭和 천황이 사거하고 새 천황이 즉위했을 때와는 전혀 다른 양상을 보인다. 물론 대중언론을 필두로 천황 예찬이 쏟아진 것에는 변화가 없었다.

달랐던 것은 천황이 바뀔 때 등장하는 천황과 천황제에 대한 비판적 언 설의 강도였다. 1989년 당시 언론에서는 쇼와 천황 예찬에 맞서서 전쟁 책임을 묻는 목소리를 비롯한 많은 비판이 전개되었다. '자숙' 캠페인이 한창인 가운데 전전戰前의 '암흑시대'로 복귀하는 것이 아닌가 하는 우려 도 제기되었다. 또한 그러한 쇼와 천황 비판에 반발한 우익의 폭력도 빈발

---

*   새로운 천황이 황통의 정통성을 상징하는 3종의 신기神器와 옥쇄를 승계하는 국사 행 위.

**   즉위한 천황이 국내외에 즉위를 천명하는 국사 행위. 서양 군주국의 대관식에 해당한 다. 2019년 10월 22일 황거의 정전正殿에서 거행되었다.

*** 천황이 즉위한 후 처음 거행하는 니이나메사이新嘗祭. 2019년 11월 14~15일 별도로 조영된 다이조큐大嘗宮에서 개최되었다. 니이나메사이는 매년 11월 23일 천황이 햇곡 식을 천황의 조상신 등에게 바치는 궁중제사이다.

했다.

하지만 이번에는 '헤이세이류平成流' 예찬이 넘쳐났던 것에 비해 '헤이세이류'와 천황제 자체에 대한 비판은 매우 적었다.

그 결과 우익의 폭력도 잠잠했다. 우익이 '위기'라 느낄 만한 사태가 없어졌기 때문이다.

천황과 천황제 비판이 감소한 것은 쇼와 천황의 시대에 비해 '헤이세이' 시대에 정치에 대한 천황의 영향력이 줄어들었기 때문일까. 아니면 헌법이 금하는 천황의 행위, 즉 보수정치의 천황 이용이 줄어들고 이전보다 헌법에 기초한 운용이 이루어졌기 때문일까. 필자는 양쪽 모두 아니라고 생각한다.

분명히 1989년 당시 비판파의 일부가 우려했던 바와 같은, 전전 일본과 같은 복고주의에 천황이 이용되는 경우는 발생하지 않았고, '헤이세이'의 천황*은 틈만 나면 '평화'를 입에 달고 다녔다. 때문에 천황과 천황제에 대한 비판이 줄어든 것도 당연하다고 생각하는 경향도 있다.

하지만 앞으로 자세히 살펴보겠지만, 헌법이 지향하는 천황상에 대한 접근이라는 점에서는 지난 30년의 동향은 오히려 거꾸로였다. 전후 일본국헌법 아래에서 보는 한, 쇼와 천황과 천황 아키히토의 시대를 비교해 보면, 아키히토 천황의 시대가 헌법이 지향하는 천황상에서 훨씬 더 일탈

---

* 근대 일본의 천황제는 천황의 재위 중에 하나의 원호만 사용하는 '일세일원제一世一元制'와 함께 그 연호를 사후에 시호로 사용하는 '일원일호제一元一号制'를 채택했다. 예를 들어 재위 중 '쇼와'라는 원호를 사용한 천황 히로히토裕仁는 사후 그 원호를 시호로 사용하여 '쇼와 천황'이라 칭한다. 하지만 생전에 퇴위한 천황 아키히토는 '헤이세이 천황'이 아니라 '상황上皇'이라 칭하고 있다. 향후 상황 아키히토가 사거하면 그가 사용했던 원호를 시호로 사용하여 '헤이세이 천황'으로 칭할 가능성이 있지만, 2024년 7월 1일 기준으로, 이 책에서는 "'헤이세이'의 천황"이라 칭한다.

하고 있다. 본인들이 '여행'이라 말하는, 헌법이 인정하지 않는 외국 방문의 경우, 쇼와 천황은 2회에 불과한 데 비해 헤이세이의 천황은 즉위한 후만으로도 총 41회에 달하고, 국내의 행행行幸과 행계行啓*도 현저히 증가했다.[1] 정치적 성격이 농후한, 즉 헌법이 금지하는 '말씀'도 현저히 늘어났다. '헤이세이의 치세' 등과 같은 용어가 '아무렇지도 않게' 사용되고 있는 실정이다.

그럼에도 천황과 천황제 비판은 훨씬 줄어들었다. 그 이유는 무엇일까.

게다가 이번 황위 계승을 둘러싼 언설과 논의에는 지금까지의 천황 논의에서 볼 수 없었던 논의의 **뒤틀림**이 나타난 것도 주목된다. 그것은 천황의 퇴위 표명 이후, 퇴위와 황위 계승 때마다 일관되게 천황과 천황제 옹호를 주장하던 '우파'와 '전통파'가 강하게 천황 비판과 퇴위 비판을 전개하고, 거꾸로 쇼와 천황의 시대에는 천황과 천황제를 심하게 경계했던 '리버럴' 측이 '온건 보수'와 함께 천황과 천황제 옹호의 논리를 내세운 것이다.

본래 천황의 언동에 대한 우파의 비판은 나중에 살펴보듯이, 그 어느 것이든 이번 퇴위 표명 이후 시작된 것이 아니라 '헤이세이'의 천황 계승 이후 간헐적으로 분출되었다. 소위 '리버럴'파의 천황 비판도 '헤이세이'의 천황 계승 이후 점차 줄어들기는 했다. 그러나 이번의 퇴위와 황위 계승 때 나타난 우파의 공공연한 천황 비판, 그리고 온건 보수파와 '리버럴'파의 '헤이세이' 예찬 대합창과 같은 왠지 으스스한 사태는 이번에 처음 등

---

* 천황이 궁 밖으로 외출하는 것을 행행, 황후·황태자·황태자비의 외출을 행계라고 한다.

장했다.

그럼 도대체 이러한 천황과 천황제 비판의 쇠퇴, 그리고 천황론을 둘러싼 논의의 뒤틀림은 왜 발생한 것일까. 그 비밀은 천황 아키히토가 황위를 계승한 이후 30년에 달하는 정치와 천황의 관계가 걸어온 과정에 숨겨져 있다고 생각된다.

본래 '헤이세이'의 천황과 천황제는 무엇이었을까.

이 책에서는 다시 한번 냉전 후 일본정치를 둘러싼 대항과 천황의 관계에 초점을 맞춰서 지난 30년을 되돌아보고, 도대체 그동안 무엇이 있었는지 찾아보고자 한다.

실제로 천황 아키히토가 퇴위를 표명한 이후 헤이세이의 천황을 되돌아보는 서적이 상당수 등장하고 있다. 그러나 그러한 천황론의 대부분은 '**여행**'과 같은 천황의 행동에 초점을 맞추고 있으며, 정치는 다룬다 해도 아주 부분적으로, 그것도 천황의 진심 어린 생각을 고려하지 않는 천황의 **숭고한 이념의 방해자**로서만 극히 사소한 에피소드만으로 다뤄진다. 하지만 그래서는 헤이세이의 천황과 천황제를 이해할 수 없다. 그러므로 여기에서는 오히려 정치와 천황의 관계에 주목하고 그 역사를 되돌아보고자 한다. 검토 후 마지막에는 '헤이세이'의 천황과 천황제가 어떠한 유산을 남겼는지 생각해볼 것이다.

'헤이세이' 천황의 30년은 정치, 그리고 천황의 행동과의 관계에 초점을 두고 보면, 몇 개의 시기로 구분할 수 있다.

제1기는 1989년부터 1994년까지, 보수정권이 일본의 대국화를 지향하는 가운데 천황에게 새로운 역할을 요구하고, 그것에 천황이 응답하면서 자신의 역할을 **모색**한 시기이다.

제2기는 전후 50년에 해당하는 1995년부터 2012년까지, 천황에 대한 기대가 정치 쪽에서 줄어들고, 이것에 반비례하여 '헤이세이'의 천황 자신의 의사에 기초한 행동이 늘어나면서 천황이 **자신**自信을 갖게 된, 이른바 '헤이세이류'가 확립된 시기이다. 이 시기에 쇼와 천황 때는 없었던 천황 행위의 비대화가 진행되었다.

제3기는 제2차 아베安倍 정권이 탄생한 2012년 말 이후 황위 계승에 이르기까지, 천황의 권위가 증대하고 천황과 보수정권이 **긴장** 관계에 빠진 시기이다.

이하, 이러한 시기 구분에 따라 지난 30년을 되돌아보고자 한다.

또한 본문 중 경칭은 모두 생략한다.

차례___

제2장 '헤이세이류'의 확립과 헌법으로부터의 이륙

제3장 '부활' 아베 정권 시기, 보수정권과 천황의 긴장과 대립

소결: '헤이세이류'의 유산

제1장

'헤이세이' 전기의
정치와 천황

1.
냉전 후 정치의 대변모와
천황의 새로운 이용

천황의 재위 기간에 따라 구분되는 연호로 시대의 특징을 논하는 것은, 특히 일본국헌법에 의해서 천황이 정치권력을 잃어버린 이후에는 없다. 따라서 '쇼와'에서 '헤이세이'로, '헤이세이'에서 '레이와令和'로 연호가 바뀐다고 해서 시대가 바뀌지는 않는다.

  하지만 때마침 쇼와 천황의 사거와 '헤이세이'의 천황으로의 황위 계승은 세계사 대전환의 시기와 맞물렸다. 게다가 그 시대 전환에 즈음하여 일본의 진로 전환을 도모하던 당시의 지배층이 그 새로운 노선 수행의 불가결한 장치로서, 이제 막 즉위한 새 천황을 이용하려고 했다. 그 결과 쇼와에서 헤이세이로 천황의 황위 계승은 정치와 천황의 관계, 그리고 천황이 완수해야 하는 역할이 전환되는 중요한 시발점이 되었다.

냉전 종언과 글로벌 대국을 향한 일본의 야망

냉전의 종언, 소련과 동유럽의 붕괴, 중국의 시장경제화는 그때까지의 자본주의 시장을 대폭 확대하고, 미국과 일본의 다국적기업에게 활동 영역의 비약적 확대와 기업 간의 격심한 경쟁을 초래했다. 이제는 세계의 유일한 패권국이 된 미국은 확대된 자유시장 질서의 경찰관으로서 '자유로운' 시장의 유지 및 확대와 교란자 제재에 나섰다.

냉전의 종언은 이미 GDP로 세계 2위의 지위를 차지하고 있던 일본의 지배층에게도 새로운 바람을 만들어냈다. 자유시장 질서 유지를 위한 공동의 부담을 요구하는 미국의 요청에 답하면서도 일본이 정치적으로도 **대국**으로 부활하고 싶다는 야망이 그것이다.

대국화를 가로막는 특수한 곤란

하지만 일본의 정치·군사대국화에는 특수한 곤란이 가로놓여 있었다.

첫째, 일본의 다국적기업의 주된 진출지는 중국을 비롯한 아시아 각국이고,[1] 일본의 대국화도 우선은 아시아 지역 안에서의 패권 확립을 지향했지만, **아시아**는 다름 아닌 전전 일본제국주의의 식민지 지배와 침략전쟁의 대상이었기 때문에 일본의 대국화를 용인받기 매우 어렵다는 점이다.

이미 동남아시아 각국과는 배상을 통해서 일단 결착을 짓고, 일본 상품과 자본의 진출도 이루어져왔다. 또한 일본 자본이 진출하길 바라던 중국과는 중일평화조약으로, 한국과도 한일조약으로 일단 '전후처리'는 하긴 했지만, 이들 국가가 일본의 대국화를 쉽게 인정할 것 같지는 않았다.

둘째, 그 연장선상에 있기도 하지만, 일본 정부는 이들 국가와의 배상, 전후처리에 있어 과거 식민지 지배와 침략을 공개적으로 인정하고 사죄하는 것을 계속 **회피**해왔다는 점이다.

그럼에도 '냉전' 시기에 동남아시아 각국과 한국은 '공산주의 위협'에 맞서 개발과 경제성장을 촉진하기 위해 일본의 원조, 일본과의 무역 그리고 일본 자본의 투자를 요구하며 일본의 타협적인 전후처리를 용인했다. 또한 중국도 소련과의 대결 관계로 인해 일본과 화해의 길을 걷기 시작했다. 게다가 이들 국가 대부분은 독재체제 또는 권위주의체제 아래에 있었기 때문에, '화해'에 반대하는 국민의 목소리나 이견은 권력에 의해 봉쇄되었다.

하지만 냉전의 종언은 냉전 시기 독재정권에 의한 '냉동冷凍' 상태를 해동시켰다. 한국에서 '전 일본군 위안부'가 증언을 하고 나선 것은 그것을 상징하고 있었다. 이러한 움직임은 일본의 대국화에 새로운 장애물로 등장했다.

셋째, 국내적으로도 대국화는 큰 장애물에 직면했다. 일본의 군사대국화, 그 초점인 자위대 해외파병에 대해 사회당, 공산당 등 야당과 시민운동이 맞섰던 것이다.

'국제공헌'과 '사죄'

이러한 장애물을 극복하고 일본의 대국화를 추진하기 위해 당시 정부와 지배층 **주류**가 취한 방침은 다음 두 가지였다.

첫째, 국내적으로는 일본 국민 다수가 품고 있는 헌법 9조에 대한 친근감을 거스르지 않도록, 헌법 9조를 유지한 채 자위대의 해외파병을 실행한다는 방침이었다. 이 경우, 9조 아래에서 쌓여왔던, 자위대 유지를 정당화하기 위한 '정부해석'을 변경하기는 어려웠기 때문에, 당면한 미국의 요청에 답하기 위해 해외에서의 무력행사 금지, 집단적 자위권 행사 금지와 같은 자위대 활동에 대한 제약을 인정하면서, '무력을 사용하지 않는다'는 제한을 달아 자위대의 파병을 실행하려고 꾀했다.[2] 자세한 해석론은 생략하지만, 정부가 자위대 해외파병을 정당화하는 이데올로기로 내세운 것이 '국제공헌론'이었다.

둘째, 대외적으로 지배층 주류가 취한 방침은 일본의 해외 진출이 전전의 그것과는 **단절**되어 있음을 강조하고, 그것을 선명히 하기 위해서 일본에게 큰 부담이 되지 않는 범위 내에서 **'사죄' 같은 것**을 하여 아시아 각국에게 일본의 대국화를 용인받는 것이었다. 외무 관료의 다음과 같은 발언은 이러한 생각을 상징적으로 보여준다.

> 일본이 아시아 외교를 전개하려고 하면, 곧장 대동아공영권 부활이라고 의
> 심 어린 눈초리로 본다. 이것은 과거 역사를 일본이 제대로 사죄하지 않았
> 기 때문이다.[3]

이럴 때 등장한 것이 새 천황 아키히토였다.

대국화와 천황에 대한 새로운 기대

전후 보수정치가 쇼와 천황에게 기대했던 것은 국민통합의 보완이었다.[4] 일본국헌법 아래에서 천황의 제도에는 근본적인 변경이 가해졌지만, 1950년대 말까지 보수정치는 정치적 위기를 극복하거나 거꾸로 국민통합을 강화하기 위해서 천황이 전전 시기에 지녔던 절대적 권위를 어떻게든 이용할 수 없을까 하고, 무슨 일이 있을 때마다 전통적인 천황 제도의 부활을 시도했다. 한편 쇼와 천황 쪽도 그러한 권한 '회복'에 매우 적극적이었다.

하지만 1960년 안보투쟁의 고양에 의해 기시岸 내각이 붕괴하면서, "정

치적 위기에 직면했을 때 천황이 전전과 같은 권위를 발휘하는 것도, 또한 천황에게 그러한 권위를 부활시키는 것도 무리"라는 것이 판명되었다. 기시가 지향하는 복고주의가 국민의 강한 반발에 부딪힌 것을 자각한 보수 정권은 복고와 개헌을 단념하고, 당시 부상하던 기업사회에 편승해 경제 성장과 이익 유도 정치로 안정을 꾀했다. 천황은 그러한 자민당 정권의 입맛에 맞게 이용당했다.

쇼와 천황은 그러한 보수정치의 편의주의에 강한 불만을 품으면서도 어쩔 수 없이 그러한 역할을 수행해야만 했다.

그러나 일본의 대국화 지향과 아키히토 천황의 등장은 쇼와 천황의 시대에는 생각지도 못했던 **새로운** 정치적 역할을 천황에게 요구하게 되었다.

천황 아키히토의 생각

반면, 천황 아키히토는 부친인 쇼와 천황을 대신해 자신의 정체성을 어떻게 확립할 것인지 심각하게 고민하고 있었다. 쇼와 천황이 가지고 있던 압도적 권위를 가질 수 없는 아키히토에게 우파와 언론의 시선은 따갑기만 했다.

고민에 빠진 새 천황 아키히토가 자신의 특색으로 내세우려 했던 노선은 다음 두 가지였다.

'열린 황실'론 ┃ 첫째, '열린 황실'론이라 일컬어지는 것이었다. 이것은 쇼와 천황의 '권위'와 달리 지금까지 이상으로 황실이 **국민 앞에** 모습을 드러내고 국민과 소통하려는 황실의 존재 방식을 추구하는 것이고, 동시에 일본국헌법이 내건 '상징'에 부합하는 천황·황실상이라고 생각했다는 점이 중요했다.

즉위할 당시 '조현 의식朝見の儀'에서 천황 아키히토가 "여러분과 함께 일본국헌법을 지키고 이에 따라 책무를 다할 것을 맹세한다"[5]며 '헌법'을 강조한 것은 당시 보수정권의 사고방식에 부합하는 것이었지만, 그러한 아키히토의 심정에도 부합하는 것이었다.

> 돌이켜보면, 대행천황*은 재위 60여 년 동안 오로지 세계 평화와 국민 행복을 기원하셨고, 격동의 시대에 항상 국민과 함께 숱한 고난을 이겨내어 오늘날 우리나라는 국민 생활의 안정과 번영을 이룩하고 평화 국가로서 국제 사회에서 명예로운 지위를 차지하게 되었습니다.
> 저는 황위를 계승함에 있어 대행 천황의 유덕을 깊이 생각하고, 언제나 국민과 함께하기를 염원하신 뜻을 마음에 새기며, **여러분과 함께 일본국헌법을 지키고** 이에 따라 책무를 다할 것을 맹세하며, 국운의 더욱 큰 발전과 세계 평화, 인류 복지 증진을 간절히 희망합니다(강조는 인용자, 이하 동일).[6]

새 천황과 측근이 이러한 정책을 내건 배경에는 쇼와 천황과 같은 권위를 갖추지 못한 아키히토가 국민과 멀어져서 '제사만 지내고' 있으면 '국민은 따라오지 않고',[7] 상징천황제는 무너질 수밖에 없다는 위기감이 있었다.

예를 들어 아키히토를 지원하고 일찍부터 '열린 황실'론을 주장했던 가와하라 도시아키河原敏明는 앞으로 20~30년, "황실의 기반은 지금보다 훨씬 약해지는" 시대가 되므로, 천황 아키히토에게 황실을 유지하기 위해 한층 더 '열린 황실' 정책을 강화하도록 주문했다.

---

* 大行天皇: 천황이 죽은 뒤, 시호를 정하기 전에 이르는 칭호.

아마도 향후 20년이나 30년이면 대부분의 사람은 황실 교육을 전혀 받지 않은 세대가 되죠. …… 지금 상태가 2, 30년 지속되면 황실의 기반은 지금보다 훨씬 약해집니다. 반면, 공화제에 대한 동경이 강해지지는 않을는지. 이러한 시대에 살아가는 우리 황실은 어떠해야 하는지 생각해보면, 역시 서구의 왕실처럼 하지 않으면 안 됩니다. 될 수 있는 한 국민과 밀착하여 친밀감을 높이기 위해 **여러 곳을 다니거나 복지 관계에 힘을 쏟아야 합니다.** …… 인애仁愛와 복지에 힘을 쏟는 자세를 지니고, 가능한 한 국민과의 접촉을 늘리는 행동을 **전국적으로 펼치길** 바랍니다. 힘드시겠지만.8

가와하라는 엘리자베스 여왕이 호주 방문 당시, 현지에서 발생한 철도 사고를 접하자마자 "바로 예정을 바꿔 현지로 행했던 것"을 언급하면서 "일본은 그런 일이 매우 드물어요. 예를 들어 4년 전에 오스타카야마御巣鷹 山에 JAL 항공기가 추락해서 500명이 넘게 사망한 일이 있었지요.* **하지만 황실에서는 그 누구도 그곳에 가지 않았어요.** 그 정도로 엄청난 사고였던 만큼, 초연하게 계시는 모습은 그다지 좋지 않다고 생각합니다."9라고 고언苦 言을 하기도 했다.

'헤이세이' 천황의 이후 '**여행**'을 촉구하는 듯한 발언이었다.

과거의 전쟁에 대한 집착 | 새 천황 아키히토가 추구한 두 번째 노선은 과거의 일본이 벌였던 '**전쟁**'에 집착こだわり하는 것이었다.

이미 황태자 시절부터 아키히토는 기억해야만 하는 네 가지로서 종전기 념일, 히로시마와 나가사키 원폭 투하일, 오키나와 전투 종전일을 언급했

---

* 가와하라가 언급하는 것은 1985년 8월 12일 일본 도쿄 하네다 국제공항을 출발하여 이타미의 오사카 국제공항으로 향하던 일본항공(JAL) 비행기가 군마현 오스타카야마에 추락한 사고이다. 단일 사고로는 사상 최대의 사망자를 낸 사고였다.

고,[10] 특히 오키나와에는 황태자 시절에 몇 번이나 방문했다.

지배층의 의도와 아키히토의 생각이 일치

이러한 방향을 추구하는 새 천황의 등장은 대국화의 장애물 극복으로 머리가 아팠던 지배층 주류에게 둘도 없는 **행운**으로 비쳤다.

첫째, 자위대 파병, 대국화를 전전 일본으로의 복고와 연결하여 경계하는 시민들의 분위기에 대해 '헌법'을 강조하는 아키히토 천황은 그 경계심을 완화하는 효과가 있을 것으로 기대되었다.

둘째, 대외적으로 일본이 지향하는 대국화 노선의 용인을 압박하는 **'특사'**로서, 직접적으로 전쟁을 알지 못하는, 게다가 전쟁에 집착하면서 그러한 국가들에 대한 방문에도 의욕을 보이는 듯한 아키히토 천황은 매우 적절한 인물로 보였다.

이리하여 쇼와 천황에게는 기대할 수 없었던 커다란 **정치적 가치**가 아키히토 천황에게 기대되었다.

2.
천황의 역할을 둘러싼 새로운 대항의 대두
─새 천황에 대한 우파의 회의와 비판

이러한 새 천황의 정치적 이용을 둘러싸고 지배층 안에서 새로운 대립이 발생했다. 이 대항은 이후 '헤이세이' 30년 동안 간헐적으로 나타나고, 마침내 아키히토 천황의 퇴위를 둘러싸고 그 정점에 이르게 된다.

쇼와 천황 시기의 대결 구도와 천황 아키히토 시대의 새로운 대결 구도
쇼와 천황 시기에는 천황의 이용을 둘러싼 대립이 오로지 천황과 천황제에 관련된 여러 제도를 부활시켜 천황을 보수정치의 권위화에 이용하려는 보수세력과, 헌법으로부터의 일탈과 전전 회귀 지향을 경계하는 혁신세력, 자유주의자, 시민운동 측의 대결이었다.

국가 제도로서 야스쿠니 신사의 부활, '기원절' 부활, 원호 법제화, 상훈제도 활용, 국체, 식수제植樹祭 등에 대한 천황의 '참석' 이용 등을 둘러싼 대립은 항상 **보수와 혁신의 대결** 양상을 보였다.

분명히 보수세력 내부에서도 보수정치를 담당하는 주류와 우파 사이에는 항상 대립과 긴장이 있었지만, 그것은 그러한 제도의 부활을 보수정권이 정권의 안정과 다른 중요 법안 통과를 위해 혁신세력과의 거래 재료로 사용하며 '희생'해온 것에 대한 우파의 반발에 불과했다.

하지만 천황 아키히토의 등장과 지배층의 새로운 천황 이용에 관해서는 그때까지 일관되게 천황을 옹호하는 편에서 천황의 정치적 활동 확대를 주장하던 우파-전통파가 반대편에서 논진을 펼치게 되고, 거꾸로 혁신 측의 천황 비판이 점차 적어지게 되었다.

우파와 주류파—두 개의 대결 축

우파가 처음 이론파異論派로 대두한 것은 쇼와 천황의 사거에서 새 천황의 즉위에 이르는 시기였다.

쇼와 천황의 장례, 새 천황 즉위식을 '전통' 즉 메이지헌법 체제하의 황실령을 토대로 실시할지, 아니면 그것이 지닌 위헌성을 고려해서 되도록 헌법으로부터의 일탈을 최소화하여 실시할지를 둘러싸고 정부-자민당 내부에서도 대립이 발생하고, 이것을 계기로 우파세력의 정치 불신이 증폭되고 우파에 의한 운동이 활성화되었다. 대립은 황위 계승 의식의 존재 방식에서 파생되어 '헤이세이' 황실의 존재 방식 그 자체에까지 이르렀다.[11]

우파세력이 우려했던 것은, 천황 아키히토로의 황위 계승을 계기로 보수지배층 주류가 채용하려는 천황 정책이 천황제의 권위를 상실시키는 방향으로 향하는 건 아닌가 하는 것이었다. 문제는 이 새로운 정책에는 천황 아키히토와 그의 측근이 관여하고, 오히려 적극적으로 그 노선을 실천하고 있는 것처럼 보였다는 점이다.

우파세력이 이의를 제기한 것은 바로 천황 아키히토가 중시했던 다음과 같은 두 가지였다.

'열린 황실'론에 대한 이론異論 | 하나는, 새 천황이 추진하고 있는 '열린 황실' 정책이었다.

우파-전통파에게 '열린 황실' 정책은 **이중으로** 받아들이기 어려운 것이 었다. 첫째, '국민'에게 접근하는 영국 모델 정책은 천황의 권위를 높이기 는커녕 황실을 연예인 못지않은 **소비의 대상물**로 만들어서 천황의 권위를 떨어뜨리는 것이라는 점이다. 우파-전통파는 그것에 대해 천황은 "신에게 기도나 해주면 됩니다"[12]라고, '제사왕祭祀王'으로서의 천황상을 요구했다.

둘째, '열린 황실' 정책이 의거하고 있는 일본국헌법의 '상징'천황 규정 자체가 지니는 문제이다. 앞에서 언급한 '조현 의식'에서 천황 아키히토가 언급한 '말씀'이야말로 전통파가 아키히토를 불신하는 계기가 되었다.

이를 둘러싸고 니시베 스스무西部邁의 다음과 같은 발언은 이후 '헤이세 이' 동안 우파가 천황에게 이론異論을 제기하게 되는 것을 예고하는 선언 이었다.

> 이번 '조현 의식'에서 한 '말씀'은 민주, 평화, 번영, 복지, 헌법 옹호라는, 개 인적으로는 가장 싫어하는 다섯 가지를 세트로 나열하고 있다.[13]

> 지금까지 천황을 지킨다는 점을 중심에 두고 전후 진보파와 싸워온 사람들 이 어쩌면 **천황을 비판할 각오를 해야만** 전후 진보주의, 민주주의에 대한 비 판을 계속할 수 있을지도 모른다.[14](강조는 인용자)

'사죄' 사절에 대한 이론異論 | 우파세력이 이의를 제기한 또 하나는, 황위 계승 시점에서는 '열린 황실'론만큼 주목받지 않았지만, 이미 제기되고 있

었다. 그것은 지배층 주류의 천황 정책이 아시아 각국을 중심으로 과거 일본의 정책에 대해 보다 진전된 **'사죄'**를 함으로써 일본의 대국화를 용인하도록 압박을 가하고, 그 '사죄'의 사절로 천황을 이용하려 한다는 것이었다. 게다가 우파에게는 그러한 외교 방식 또한 헌법 9조의 '평화주의'에 의거한 것으로 보였다.

3.
제1라운드:
한일 간의 '말씀' 마찰을 둘러싼 정치와 천황

(1) 노태우 대통령 방일과 천황의 '말씀' 사건의 경위

새로운 천황 정책을 둘러싼 지배층의 새로운 정치 대항이 표면화한 계기
는 의외로 빨리 찾아왔다. 1990년 5월 24일 일본을 방문한 노태우 대통령
을 천황이 주최한 만찬회에 초대했을 때 발언한 '말씀'이 그것이었다.

한국과 북한은 중국과 함께 일본이 대국화를 지향하는 데 있어 큰 '장애
물' 중 하나였다. 한국과 일본의 관계 재개에 얽힌 '사죄'를 둘러싼 공방에
는 이제 살펴보듯이 오랜 역사가 있다.

전두환 대통령에 이어서 두 번째 공식방문을 하기 전, 한국 측은 전두환
대통령이 일본을 방문했을 때의 천황의 '말씀'보다 진일보한 사죄의 의사
를 나타내는 '말씀'을 요구했다. 당시 가이후 도시키海部俊樹 내각과 외무성
도 이를 받아들여 진일보한 사죄 표현을 천황이 발언하도록 함으로써 과
거의 일본에 대한 반복되는 비판과 사죄 요구에 **종지부**를 찍고 싶다고 생

각했다.

하지만 이러한 정부의 움직임이 언론에 새어나가면서 예상치 못한 곳에서 반대 목소리가 터져나왔다. 다름 아닌, 이 내각을 사실상 좌지우지하는 간사장 오자와 이치로小沢一郎가 이끄는 자민당 집행부가 이론異論을 제기한 것이다. 이것은 가이후 내각과 외무성의 움직임에 제동을 거는 것처럼 보였으나, 6월 14일 자민당 중역회의에서 오자와 이치로가 했다는 "이 이상 한국에게 무릎 꿇을 필요가 있나"라는 발언에 한국 여론이 강하게 반발하며 큰 문제가 된 결과, 결국 이전보다 한 걸음 더 나아간 '말씀'이 되었다.

이 '말씀'은 이전에 전두환 대통령이 방문했을 때 쇼와 천황이 발언한 '말씀'을 인용하면서 다음과 같이 더욱 명확히 '사죄'의 뉘앙스가 강하게 밴 문구를 추가한 것이었다.

> 우리나라로 인해 초래된 이 불행한 시기에 귀국貴國의 사람들이 겪었던 고통을 생각하며, 저는 통석痛惜의 염念을 금할 수가 없습니다.[15]

'불행한 시기'를 초래한 "주어"로서 처음으로 **'우리나라로 인해 초래된'**이라는 문구가 들어가고, '유감' 대신 '통석의 염'이라는 단어가 들어간 것이 주목된다.

(2) '말씀'을 둘러싼 정치와 천황의 대항 관계 변화

이 '말씀' 사건에서 주목해야 할 첫 번째 지점은 이 사건에서 새 천황과 정치의 대항 관계가 쇼와 천황 시대와 크게 달라졌다는 것이다. 여기에서 이미, 이후의 정치와 천황의 관계를 보여주는 특징의 **단서**가 엿보인다.

　이 대항 관계의 변화를 살펴보기 위해 한국에 대한 식민지 지배와 관련된 '사죄', '말씀'의 추이를 간략히 확인해보자.

　상세한 경위를 좇을 수는 없지만,[16] 전후 한국과 일본의 국교 회복은 커다란 곤란의 연속이었다. 1950년대에는, 잘 알려져 있듯이 한일교섭에서 일본 측은 한국에 대한 식민지 지배 책임을 인정하려고도 하지 않아서 교섭이 난항을 겪었다.

　한국 식민지 지배에 대해 일본 측이 처음 한 '사죄'는 미국의 강한 압력이 행사된 한일조약 체결 교섭 당시의 시나 에쓰사부로椎名悦三郎 발언이었다고 한다.[17]

　시나는 서울 김포공항에서 발표한 성명에서 "양국 사이의 오랜 역사 속에서 불행한 기간이 있었던 것은 참으로 유감일 따름이며, 깊이 반성합니다"라고 말했다. 여기에서는 '불행한 기간' '유감' '깊이 반성한다'는 문구를 포함하고 있는 것이 주목된다. 이 시나 성명이 한국 측의 강한 반대로 난항을 겪던 교섭을 타협으로 이끄는 한 걸음이 되었다고 한다.

전두환 방일 당시의 '말씀'을 둘러싼 정부 대 궁내청

천황의 '말씀'이 문제시된 것은 1984년 전두환 대통령이 일본을 방문했을 때였다.

　전두환의 방일은 한국 대통령이 처음 공식 방문하는 것이고, 당연히 천황과의 회견과 천황 주최 만찬회가 준비되었기 때문에 그곳에서의 '말씀'이 문제시되었다.

　한국 측은 당연히 천황이 이전보다 진일보한 '사죄'의 문구를 내놓기를 바랐다. 일본 정부 측은, 일본국헌법 아래에서 천황은 정치적 행위를 할 수 없다는 제약이 있다고 주장했다. 하지만 한국 측은 "식민지 지배가 실행되고 전쟁에 동원된 것은 '천황'의 이름으로 이루어졌으므로, 천황에게 사죄받는 것은 반드시 필요하다"고 주장했다. "무슨 일이 있더라도 꼭 '천황이 직접 하는 말씀'이어야만 했다."[18]

나카소네 정권도 외무성도 이러한 한국의 요망을 받아들여 '말씀'에 **더 진일보한** 사죄의 내용을 포함하려 했으나, 이러한 방침을 강력하게 **가로막고 나선** 것이 궁내청이었다.[19] 주목할 만한 것은 궁내청의 저항이 천황의 **헌법**상의 위치를 근거로 이루어졌다는 점이다.

그런데 '더 진일보한'이라고 했을 때, 당사자가 염두에 두었던 것은 1974년 포드 대통령이 일본을 방문했을 때, 1975년 천황이 미국을 방문했을 때, 그리고 1978년 덩샤오핑鄧小平이 일본을 방문했을 때의 '말씀'이었다.

먼저, 1974년 포드 대통령이 일본을 방문했을 때, 쇼와 천황이 주최한 만찬회에서 한 '말씀'에는 다음과 같은 문구가 포함되었다.

> 이처럼 우호적인 양국 사이에도 한때 실로 **불행한 시대**가 있었다는 것은 **유감**입니다. 그러나 전후의 일본은 오로지 평화의 이념을 철저히 관철하는 국가 건설에 매진하여 오늘에 이르렀습니다.[20]

또한 다음해인 1975년 10월 미국을 방문했을 때 포드 대통령이 주최한 환영 만찬회에서 쇼와 천황이 한 '말씀'은 다음과 같았다.

> 저는 오랫동안 귀국 방문을 염원하면서 만약 그것이 이루어졌을 때에는 다음과 같은 말을 귀 국민에게 꼭 전하고 싶었습니다. 그것은 제가 **깊이 슬퍼**

하는 저 **불행한 전쟁** 직후, 귀국이 우리나라 재건을 위해 따뜻한 호의와 원조의 손을 건네준 것에 대해 귀 국민에게 직접 감사의 말을 전하는 것이었습니다.[21]

이에 비해 1978년 10월 덩샤오핑과 회견하는 자리에서 한 천황의 발언은 다음과 같았다.

양국의 긴 역사 속에는 한때 **불행한 일**도 있었습니다만, 말씀하신 것처럼(덩샤오핑 부총리가 지나간 것은 지나간 것이고 이제 발전적으로 양국의 평화 관계를 건설하고 싶다고 말한 것을 가리킨다) 과거의 것은 과거의 것으로 하고, 이제부터는 오랫동안 평화로운 관계로 친선을 유지해나가고 싶다고 생각합니다.[22]

그런데, 덩샤오핑과의 회견에서 쇼와 천황이 한 걸음 더 나아간 사죄 발언을 했다는 증언도 있다. "**우리나라가** 귀국에게 수많은 나쁜 짓을 저질러 **폐**를 끼친 것에 대해 진심으로 **유감**스럽게 생각합니다. **오로지 저의 책임입니다**"[23]라는 발언인데, 이것은 공식적으로는 확인되지 않았다.

마에다 도시카즈前田利一 주한대사에 따르면, 한국은 "미국과 중국에게 했던 표현 이상의 말씀을 원했다".[24]

세 차례 '말씀'의 공통항은 '**불행한 시대**'라는 인식과 이에 대한 '**유감**' '깊이 슬퍼'한다는 유감의 뜻을 표명하는 것이므로, 이것을 넘어서기 위해서는 우선 '불행한 시대'를 **누가** 초래했는지 명시할 필요가 있었다. 또한 '유감'과 같은 애매한 단어가 아니라 더욱 명확한 '**반성**' 또는 '마음이 풀리는 표현'[25]이 필요했다.

하지만 궁내청은 '애당초론論'을 내세워 반대했다. 애당초, 천황은 헌법에 따라 '국정에 관한 권능'이 금지되어 있다. 그러한 사죄를 하는 것은 국민을 대표하는 정치 부문-내각의 책임이고, 천황은 정치적 의미를 지니지 않는 의례적인 발언밖에 할 수 없다. 그러므로 포드와 덩샤오핑이 일본을 방문했을 때의 '말씀'을 넘어서는 그 어떤 것에도 반대한다는 것이었다.

겨우 들어간 것이 "다시 반복해서는 안 된다고 생각합니다"라는 문구였다.

1994년 9월 6일 궁중에서 열린 만찬회 자리에서 천황의 '말씀'은 결국 "이러한 사이임에도 불구하고 이번 세기의 한 시기에, 양국 사이에 **불행한 과거**가 있었다는 것은 참으로 **유감**이고, **다시 반복되어서는 안 된다**고 생각합니다"[26]라는 발언이었다.

그런데 **색다른**異樣な 일이 발생했다. 다음날 7일 수상이 주최하는 환영 오찬회에서 나카소네 수상이 전날의 '말씀'에 **보족** 발언을 한 것이다.

> **우리나라가** 귀국 및 귀국 국민에게 다대한 고난을 주었다는 사실을 부정할 수 없습니다. 저는 정부와 국민이 이 **잘못**에 대해 **깊은 유감의 염**念을 가짐과 동시에 **장래에 이런 일이 없도록 굳게 결의**하고 있음을 표명합니다.[27]

여기에서 다시 확인해둘 것은 천황을 정치적으로 이용하려는 정부와 외무성의 의도에 대해 궁내청이 **헌법상**의 입장을 견지하여 저항했다는 점이다. 그리고 그 결과 **헌법상** 지극히 **정상적**으로, 천황의 발언은 종래 관행의 선에 그치고, 본래 국민을 대표하는 수상이 더 진일보한 사죄의 의사를 표명했던 것이다. 이때 궁내청이 취한 태도는 훗날 천황 아키히토 시대의 궁내청이 취한 태도와 **대조를 이룬다**.

그 배경에는 사회당과 공산당이 천황의 정치적 이용을 강하게 반대하고

'말씀'의 정치적 이용에도 강한 경고를 발하고 있었다는 사실도 존재했다.

노태우 방일과 '말씀'을 둘러싼 대립의 격변

하지만 '말씀'을 둘러싼 대항 구도는 노태우 대통령이 일본을 방문했을 때에는 **격변**하고 있었다.

앞에서 언급한 바와 같이 한국 측만이 아니라 일본 정부-외무성도 이번에 '사죄' 문제를 마무리하고 싶다는 입장에서 한층 적극적으로 천황의 '말씀'을 준비하고자 했던 것에 비해, 쇼와 천황 시대에는 헌법상의 이유로 일관되게 저항했던 궁내청이 **오히려 적극적으로** 그것을 지원하는 입장으로 바뀐 것이다.

전두환 대통령의 방일 때보다 진일보한 사죄의 뜻을 표명하는 "말씀의 핵심 부분에 대해 천황은 물론이고 궁내청은 전혀 주문하지 않았다."[28] 천황 아키히토는 "'좋을 대로 하라'는 식의 쇼와 천황과 달리, 항상 직접 '말씀'에 손을 대"[29]는데도 불구하고 말이다. 즉 새 천황-궁내청은 한국에 대한 '사죄' 외교에 **자신들도 적극적으로** 개입하려 했던 것이다.

'헌법'보다 '상징'

이처럼 대항 구도가 격변한 최대 요인은, 말할 것도 없이, '사죄'에 한층 적극인 천황 아키히토가 등장한 것이었다. 이 천황의 뜻에 따라 궁내청의 태도가 격변했던 것이다.

앞에서도 살펴봤듯이 아키히토는 자신의 특징을 전쟁에 대한 집착에서 찾고 있었기 때문에 이 문제에서도 적극적인 사죄 표현을 용인했다.

게다가 이 점에서는 한 가지 덧붙여두어야 할 유의점이 있었다. 그것은 천황 아키히토가 자신에 대한 헌법적 제한을 벗어나 **직접 나서서**, 더군다나 아키히토 개인으로서가 아니라 **'상징'으로서** '사죄'하고 싶다는 의욕을 드러냈다는 것이다.

자신이 지닌 **'상징'으로서의 의욕을 헌법보다 위에 놓으려는** 천황 아키히토의 태도는 이후 천황이 '진지하게' 헌법으로부터 일탈해갈 때 원동력으로 작동하게 되는데, 그 편린이 여기에서 나타났다.

(3) "천황 자신이 바란다"

이 사건에서 주목해야 할 두 번째 지점은 이 만찬회에서 나온 '말씀'을 둘러싸고 이른 단계부터 "폐하는 자신의 마음을 솔직히 말하고 싶어한다"[30]는, 당시 아키히토 천황이 사죄를 바라고 있다는 정보가 넘쳐나고, 외무성 간부도 그것을 부정하기는커녕 오히려 그것을 적극적으로 **이용**한 흔적이 있었다는 것이다.

이 수법이 통했기 때문에 정부는 지배층 내부의 이론異論을 억누르기 위해 이 '폐하의 마음'을 애용하고, 곧바로 천황의 중국 방문에서도 충분히 이용했다. 그 결과 한편으로는 우파의 천황·황실 비판을 유발함과 동시에 전쟁과 식민지 지배에 대한 반성이라는 '테마'에 대한 **공감**을 불러일으켜서 헌법에서 일탈하는 천황의 행위를 비판하지 않는 풍조를 만들어냈다.

(4) 천황 '말씀'에 대한 원칙적 반대론

그러나 주목해야 할 세 번째 지점으로, 이 시점에서는 천황의 '말씀'이 지니는 본래의 **문제성**을 지적하는 논의가 유력하게 존재하고 있었음을 지적해두지 않으면 안 된다.

오자와 이치로의 '정치의 책임'론

앞에서 언급한 오자와 이치로의 반대론이 큰 영향력을 발휘한 이유는 "한국에게 더이상 무릎 꿇을 필요는 없다"는, 자민당 우파 안의 대국주의적 분위기 탓도 있었지만, 오자와의 **논리 자체**는 **매우 적확**한 것이었다.

무릎 발언이 큰 반향과 한국의 반발을 불러일으켰기 때문에 오자와는 자신이 한 발언의 진의를 해명할 수밖에 없었는데, 이때 오자와가 강조한 것은 다음과 같은 논리였다.

천황을 이용하여 '말씀'을 하도록 하면 당장은 수습될지 모르지만, "한국 측도 헛된 기대를 갖고" 다음에는 "그것만으로는 부족하다"고 주문하면서 "사과하는 방식이 충분하지 못하다", 결국에는 "무릎을 꿇어라"라고까지 할 것이다. 본래 "천황을 정치적으로 이용하는 것은 옳고 그름의 문제가 아니라 헌법상 불가능한 일인 것이다. **정치상의 판단은 모든 것을 그때의 정부의 책임**으로 내리는 것이고, 그것 이외의 대응은 없다" "정치상의 모든 책임은 **정부**가 지는 것이지 **천황은 아니다**. …… 행정부 인간들이 자신의 책임을 회피해버리면, 정치는 성립하지 않는다."[31]

쇼와 천황 시대에 그토록 실컷 천황을 국사행위 이외 활동으로 끌어내어 정치적으로 이용했던 장본인인 자민당이 '정치 이용' 반대라니 이상하지만, 말하는 바는 실로 정론이었다.

노사카 아키유키, 스기하라 야스오의 '사죄'론

또한 이 '말씀'을 둘러싸고 '리버럴'파 노사카 아키유키野坂昭如도 다음과 같은 발언을 통해서 '말씀'의 문제점을 독특한 화법으로 표명했다. 그는 이렇게 말한다.

한국 사람들이 천황에게 사과하라고 요구하는 마음은 이해 못 하는 것은 아니지만, 식민지 통치하던 시기의 천황과 신헌법 아래의 천황은 다르다는 것을 정부도 분명히 한국에게 전달해야 한다고 생각한다. 우리가 적당히 해온 대가가 모두 천황에게 돌아갔다는 느낌이 든다.[32]

헌법학자 스기하라 야스오杉原泰雄도 이렇게 단언한다.

"한국 국민을 포함한 아시아 각국 국민에게 일본은 사죄해야만 하지만, 헌법상 천황은 그것을 할 수 있는 입장이 아니다," 해야 한다면 **국권의 최고 기관인 국회에서 뭔가 결의를 하든가 내각이 제대로 된 외교정책을 만들어내야** 하는데, 이 두 가지를 모두 소홀히 하고 천황을 전면에 내세워왔다," 이를 포함해서 자민당 정권이 천황을 정치적으로 이용해왔다, "이 정도로 기성사실이 쌓이면 외국인이 천황을 '원수元首'로 여기게 된다, 그래서 원수의 입장에서 답해야 하게 되었다, 이게 이번의 경우입니다."[33]

이러한 시각은 이후 천황의 외국 방문이 반복되는 것과 반비례해서 적어져가지만, 이 시대에는 아직 영향력을 지니고 있었다는 사실이 중요하다.

어떻든, 노태우 대통령이 일본을 방문했을 때의 '말씀' 문제는 지배층 주류·천황 대 우파라는, 1990년대 이후에 발생하는 새로운 대항의 전초전에 불과했다. 이 대립은 천황의 중국 방문 문제로 폭발하게 된다.

4.
천황의 방중을 둘러싼
지배층 내부의 대항과 천황

(1) 천황의 방중을 둘러싼 중국과 일본의 의도

천황의 방중을 둘러싼 중국 측 의도

천황의 중국 방문 이야기는 1978년 덩샤오핑이 일본을 방문했던 때까지 거슬러 올라가지만, 그것이 구체화되는 첫걸음은 천황의 황위 계승 직후인 1989년 리펑李鵬 수상이 방일했을 때 중국이 요청한 것이었다.[34]

쇼와 천황이 사거하고 "부친인 히로히토 천황과 달리 침략전쟁과는 아무 관계도 없는"[35] 아키히토 천황이 즉위했으므로, 중국이 천황의 방중을 본격적으로 추진하기 시작한 것이다.

중국 측 의도는 새 천황을 중국으로 불러 '사죄'하게 함으로써 중국과의 오랜 역사 문제에 결착을 보려는 것이었다. "새 천황의 즉위는 천황의 방중 문제 해결을 향한 새로운 기회"[36]라고 받아들여졌다.

방중 분위기는 1989년 6월 톈안먼天安門 사건으로 일단 좌절되는 듯 보였다. 하지만 이 사건 이후 중국 측은 새로운 **전략적** 목적을 부가하여 천황의 방중을 더더욱 추진했다. 첸치천錢其琛의 회고에서 확인할 수 있듯이, 톈안먼 이후 미국과 유럽의 중국 비난 포위망을 탈출하기 위한 **돌파구**로 일본에 주목하고, 천황의 방중으로 그것을 실현하려는 의도였다.

앞으로 살펴보겠지만, 당시 일본의 지배층 주류는 일본 자본의 중국 진출을 고려하여 톈안먼 사건을 이유로 내건 대중對中 제재에는 소극적이었다. 그로부터 30년이 지난 현재, 진출해 있는 일본 기업들의 압력을 받아 일본 정부가 중국공산당 정권의 위구르족 탄압과 홍콩의 탄압정책에 대해 의연하게 비판하지 못하는 것과 같았다. 중국은 그곳을 치고 들어왔다.

> 중국에 대해 공동으로 제재를 가하고 있던 국가 중에서 일본은 시종 적극적이지 않았다. …… 당연히 일본의 이러한 태도는 자신의 이익 때문이었다. 하지만 일본은 서방 측 대중對中 제재의 **가장 약한 고리**였고, 중국이 서방 측 제재를 돌파하려고 할 때 당연히 가장 좋은 **돌파구**였다.[37]

이리하여 대중 제재의 돌파구로서 천황의 방중이 새삼스럽게 자리매겨졌던 것이다.

불러야 할 사람은 국가 '원수'였다. 원수가 방문하면, 서방 측 여러 나라가 가하고 있는 **중국 지도자와의 교류 금지**라는 제재가 무너진다. 중국은 헌법상 원수도 아닌 천황을 '원수'처럼 다뤄온 일본 정부의 운용을 고의로 **악용**하여 수상이 아니라 '원수' 천황의 방중을 요구했던 것이다.

냉전 종언 직후, 일본의 전략에 있어서 중국

거대 시장이라는 매력 | 한편 일본 측도 천황의 방중에는 커다란 의도를 가지고 있었다.

우선 무엇보다도 시장경제라는 배에 올라탄 중국의 거대한 시장이 매력적이었다. 냉전 후 확대한 시장 중에서 중국은 단연코 가장 거대한 시장이었고, 이곳으로의 진출 여부는 일본의 다국적기업에게 사활을 건 문제였다. 다국적기업-재계에게 중국은 한국과는 비교도 안 되는 중대성을 지니고 있었다.

텐안먼 사건으로 미국이 제재를 가하고 있는 지금은, 거꾸로 일본의 거대 기업이 어부지리로 진출할 수 있는 **절호의 기회**이기도 했다. 일본이 선진국의 공동 제재에 소극적이었던 배경에는 이러한 재계의 요청이 있었다.

UN 외교와 중국 | 게다가 냉전 직후인 이 시기 특유의 사정도 일본이 중국을 중시하는 큰 요인이 되었다. 그것은 일본의 외교 전략의 부동의 축이었던 미일동맹이 이 시기에 '동요'하고 있었던 것과 관계가 있다.

냉전의 종언과 함께 우선 미국 측에서 대對아시아 전략과 미일동맹의 재검토가 시작되었다. 대對소련 전략상의 의의가 줄어든 까닭에 극동의 미일안보체제, 나아가 미군의 존재 의의가 일시적으로 낮아졌기 때문이다. 미국은 일본에게 더욱 큰 **공헌**과 **부담**을 요구하게 되었다.

또한 냉전 후의 미국에게 일본은 이제 독일과 더불어 미국을 위협하는 경제상의 위협이 되어 있었다. 미국에게 당시의 일본은 **경제**적으로는 지금의 중국에 필적하는 위협이었다. 서양에서는 '일본 위협론' '일본 이질론'이 붐을 이루고 '일본 때리기'가 유행했다.[38] 미국은 이런 측면에서도 일본에게 더한층의 부담을 요구하게 되었다.

또 한편, 일본에서도 일시적으로 미일동맹의 재검토가 시도되었다. 한편으로는 미국이 아시아에서 철수하는 것을 막기 위해, 미국의 부담 증대 요구에 답하여 자위대의 해외파병을 강행하려고 시도했다. 하지만 그것은 '의외'의 국내 저항에 부딪혀 좌절할 수밖에 없었다. 걸프전에 있어서 파병 실패는 정부에게 '두 번 다시 해외에서 전쟁하지 않는다'는 일본 시민의 목소리의 힘을 다시 한번 자각시켰던 것이다.

그래서 미국의 요청을 받아들임과 동시에 일본의 여론을 납득시키는 수단으로서 정부가 주목한 것이 **유엔**이었다. '유엔의 요청'이라는 깃발을 내걸면, 자위대 파병이 아시아 여러 나라와 일본 시민에게 '군사대국의 부활'이라는 우려를 안길 여지도 적다.

동시에 일본은 미국이 극동·아시아에서 철수하는 것에 대비하여 일본이 지금까지의 미국 추수에서 벗어나 아시아 중의 대국으로서 '독자적으로' 주도권을 발휘하는 것을 지향하게 되었다. 이러한 측면에서도 미일동맹의 비중이 낮아지는 것을 보완하는 유엔 중시, **다국간** 외교가 추구되었다.[39]

때마침 1990년대 초, 걸프전과 소련 붕괴로 유엔은 크게 변모하고 있었고, 당시의 미국도 세계 전략 수행에 유엔을 이용하는 노선을 취하고 있었다. 게다가, 소련이 붕괴하여 러시아로 바뀐 것은 외무성의 오랜 숙원이면서도 사실상 불가능하다고 생각했던 일본의 유엔안보리 상임이사국 선출의 전망도 열어주었다.

이리하여 일본이 미일동맹을 재고하는 과정에서 유엔을 중시하는 방향이 부상했다. 가이후 정권의 뒤를 이은 미야자와 기이치宮沢喜一 정권이 1992년, 자위대 파병의 돌파구로서 **유엔 PKO** 참가를 목표로 하는 PKO협력법 제정을 강행한 것은 이러한 유엔을 지렛대로 삼는 대국화 전략의 일환이었다.

당면한 외교 전략의 열쇠, 중국과 천황의 방중

당시 일본 정부의 전략에서 **중국**이 그 성패의 열쇠를 쥔 상대로 부상했던 것이다.

하나는 일본이 미국의 '대리인'으로서 아시아에 진출하려고 할 때 양해를 구하지 않으면 안 되는 '전후처리'의 최대 난관이기 때문이고, 또 하나는 일본의 유엔안보리 상임이사국 진출의 열쇠를 쥐고 있는 기존의 상임이사국이기 때문이다.

이러한 **이중의 요청**을 받아들이고 외무성은 중국과의 관계 개선에 적극적으로 달려들었다. "하루빨리 중국과의 전후처리를 매듭짓고, 앞으로는 경제력을 배경으로 한 정치대국으로서 독자적인 외교를 전개하고 싶다"[40]는 생각이었다.

그리고 그 비장의 수단으로 일본 측에서도 천황의 방중이 부상했다. 중국이 간절히 바라는 천황의 방중을 실현함으로써 단숨에 돌파구를 뚫을 수 있다.

"폐하가 방문하게 되면 중국과의 전후처리는 **끝난다**. 중국이 마무리되면 다음은 한국이라는 이야기도 가능하다. 그렇게 되면 아시아에서 가장 어려운 국가들과의 전후처리가 끝나고 일본 외교는 **신천지**를 맞이하게 된다."는 외무성 고위 관료의 발언[41]은 그 의도를 단적으로 보여준다.

PKO협력법을 강행 채결한 미야자와 정권이 그것과 함께, 말하자면 **세트로** 천황 방중에 집착했던 이유는 두 사안의 목적이 동일했기 때문이었다.

(2) 천황의 방중을 둘러싼 공방

하지만 천황의 방중 정책은 PKO협력법이 야당과 시민운동의 강력한 반대에 부딪힌 것과는 **대조적으로** 우파-전통파만이 아니라 자민당 내부에서도 반대 목소리가 크게 나왔고, 정부는 그러한 반대 때문에 애를 먹었다.

자세한 경위는 생략하지만,[42] 일본 측이 천황의 중국 방문을 본격적으로 시작한 것은 미야자와 정권의 와타나베 미치오渡辺美智雄 외무상이 베이징의 외무상 회담에서 중국 측의 초청을 받고 '진지한 검토'를 약속한 1992년 1월 이후의 일이었다.

그 직후부터 반대 목소리가 높아졌다. 우선 그해 2월, 자민당 총무회에서 반대 의견이 제기된 것을 시작으로 와타누미 다미스케綿貫民輔 간사장의 '신중' 발언 등이 이어졌다.

우파의 대중운동도 활발해졌다. 3월 31일에는 우파가 '천황 폐하의 방중 연기를 바라는 국민집회'를 열고 반대에 나섰다.

이것을 이어받아 우파계 잡지 『분게이슌주文藝春秋』, 『쇼쿤諸君!』, 그리고 우파계 주간지 『슈칸신초週刊新潮』, 『슈칸분슌週刊文春』 등이 일제히 반대·신중론을 펼쳤다.

중국 측이 취한 일련의 조치도 반대 운동의 불에 기름을 부었다. 국회에서 심의 중이던 PKO협력법안과 관련해서 중국 정부가 일본의 PKO 참가에 경계심을 표명하고, 중일전쟁 당시의 민간 피해에 대한 배상 청구 움직임에 대해 중국 정부가 관여하지 않겠다는 자세를 보였기 때문이다.

더욱이 반대파의 신경을 건드린 것이 1992년 2월의 영해법 제정이었다. 이 법은 센카쿠尖閣열도(중국명 댜오위다오釣魚島-옮긴이)를 중국의 영토로 명기하고 침범한 것을 무력으로 몰아내겠다는 것이었다.

그러나 이러한 반대 움직임에 대해 정부 측도 가만히 있지는 않았다. 미야자와는 자민당 최대 파벌 '게이세이카이經世会'를 좌지우지하는 다케시타 노보루竹下登에 부탁하여 와타누미 등을 제어함과 동시에 당초 방중 신중론을 내놓았던 나카소네 야스히로를 설득하여 찬성파로 돌려놓고 파벌 단속을 강화함으로써 자민당 내부의 반대를 억눌렀다.

우파도, 질 수 없다며 '천황 폐하 방중을 생각하는 국회의원 모임'을 결성하고 반대 서명에 돌입했지만 점차 정부 측에 제어당하고, 이윽고 7월 참의원 선거가 끝나자 미야자와는 단숨에 8월 25일의 각의에서 방중을 결정해버렸다.

천황은 1992년 10월 23일부터 28일까지 문자 그대로 계엄체제하의 중국을 방문하고, 양상쿤楊尚昆 국가주석이 주최한 만찬회에서 다음과 같은 문구를 포함한 '말씀'을 발표했다.

하지만 양국의 오랜 역사에서 우리나라가 중국 국민에게 다대한 고난을 끼친 불행했던 한 시기가 있었습니다. 이것이 제가 깊이 슬퍼하는 바입니다.[43]

이것은 한국의 노태우 대통령이 일본을 방문했을 때 만찬회에서 했던 '말씀'과 동일하다. 천황의 방중이라는 **사실**事實을 요구한 중국 정부는 '말씀'의 문구에는 집착하지 않는다고 되풀이했고, 이 정도로도 괜찮았던 것이다.

그리고 이 방중을 둘러싼 공방이 이후 '헤이세이'의 천황과 정치의 관계를 결정짓는 **전환점**이 되었다.

(3) 천황의 방중 문제에서 드러난, 정치와 천황

이쯤에서 천황의 방중 문제에서 드러난 지배층 주류, 우파, 천황, 그리고 혁신세력, 나아가 언론 간의 대항의 새로운 구도와 특징을 잠깐 살펴보도록 하자.

'폐하의 의향'의 전면 이용

방중 문제에서 나타난 대항의 새로운 구도 중 첫 번째 특징은 정부가 중국과의 '전후처리'에 적극적으로 천황을 이용했을 뿐만 아니라 방중에 반대하는 세력을 침묵시키기 위해 천황의 의사를 전면에 내세웠다는 점이다.

실은 이미 1989년 즉위 직후의 기자회견에서, 천황 아키히토는 기자의 질문에 답하면서 중국 방문에 의욕을 드러내고 있었다. 1989년 8월의 기자회견에서 아키히토는 이렇게 말했다.

> 중국과 한국 방문에 대해서는, 저의 외국 방문은 정부가 결정하는 것이지만, 그러한 기회가 주어진다면 이 나라들과의 이해와 친선관계 증진을 위해 노력하여, 의의가 있도록 하고 싶습니다.[44]

게다가 이러한 아키히토의 태도는 일본의 중국 침략을 염두에 둔 아키히토 자신이 "한마디 유감의 뜻을 표하고 싶은 마음이 있"[45]기 때문이라 생각되었다.

이에 정부는, 앞에서 살펴본 목적으로 강하게 방문을 요구하는 중국의 요청을 절호의 기회라 생각하고 천황의 방중으로 역사 문제에 '결착'을 지으려고 했다. 중국이 원하는 천황을 파견하는 **대가**로 '사과'는 애매모호한 채로 마무리지으려고 했던 것이다.

그뿐만 아니라 천황 방중에 대한 반대 목소리를 억누르고 언론의 지지를 얻기 위해, 정부는 의도적으로 방중은 '폐하의 의향'임을 암시했다.

예를 들어 외무성 정무차관으로 방중에 관계한 가키자와 고지柿沢弘治는 사쿠라이 요시코櫻井よしこ와의 인터뷰에서 다음과 같이 말한다.

> 쇼와 천황 이래 황실 내에서도, 중국에는 내 쪽에서 먼저 가고 싶다는 마음이 있었다고 들었습니다.[46]

이러한 천황 효과는 컸다. 방중에 반대하는 우파 측도 일단 "폐하의 마음이라는 둥 무책임하게 입에 올려서는 안 된다"[47]고 반론을 하기는 했지만, "천황의 마음을 내걸고 나오면 누구도 반론할 수 없다"는 곤경에 처했기 때문이다.

천황이 중국에 가서 사과하고 싶다고 진심으로 바란다는 정보는, 중국과의 관계 개선이 바람직하다는 판단과 함께 천황 방중에 대한 대중언론의 지지와 동조에도 공헌했다.

거대 신문들 중 『아사히朝日 신문』, 『마이니치毎日 신문』, 『니혼케이자이日本経済 신문』은 처음부터 천황의 방중에 찬성하며 추진파로 나섰고, 여기에 우파와 자민당 의원의 동향만 주시하던 『요미우리読売 신문』도 도중에 동조로 돌아 방중 환영으로 발을 맞췄다. 이것은 PKO협력법에 대한 대중언론의 태도와는 **정반대** 대응이었다.

대중언론의 방중 지지·예찬론에서는 헌법론은 뒷전으로 밀리고, 오로지 중일관계 개선, 중일 간의 '과거에 결착을 지을' 필요, '역사의 일단락' '새로운 시대를 연다'라는 것을 이유로 내건 중국 방문의 정당화가 시도되었다.

이러한 대형 신문사들의 대동소이한 언설은 주지하다시피 이후 '헤이세이' 시대에 점차 증폭되었고, 헤이세이의 천황 퇴위 '말씀'을 계기로 '헤이세이'의 천황 예찬으로 단숨에 **폭발**했다.

혁신과 리버럴 측의 비판 감소

두 번째 특징은 천황 방중의 경우, 사회당을 비롯한 야당과 군사대국화를 우려하는 시민의 반대 목소리가 유엔 PKO협력법 당시와 **대조적으로** 너무도 적었다는 점이다. 이것은 나중에 '헤이세이'의 천황의 행동을 둘러싼 대항관계 변화가 처음 드러난 것이었다.

1992년 7월 6일 민사당民社党은 위원장 명의로 '천황의 방중' 추진을 표명했고, 당초 방중에 우려를 나타냈던 사회당도 7월 23일에는 다나베 마코토田辺誠 위원장이 기본적으로 지지를 표명했다. 천황의 방중을 명확히 반대한 것은 공산당뿐이었다.[48]

정부가 천황을 이용한 것이 즉효를 보았다고 할 만하다.

잡지에서도, 『분게이슌주』, 『쇼쿤!』 등의 우파 잡지가 빈번하게 방문 문제를 다루면서 반대 및 신중 캠페인을 펼쳤지만, 리버럴계 잡지의 비판은 무디었다. 『세카이世界』가 헌법상 천황이 할 수 있는 행위라는 시점에서 천황의 방중을 정면 비판한 오쿠히라 야스히로奧平康弘의 논문 「'천황'이 할 수 있는 행위에 대하여」[49]를 실은 것이 눈에 띄는 정도였다.

평소와는 거꾸로, 『쇼쿤!』이 「천황 폐하의 헌법문제」[50]라는 제목으로, 천황의 방중을 위헌이라고 단정하는 요코타 고이치橫田耕一를 포함한 헌법학자 5인의 견해를 게재한 것이 주목할 만했다.

천황의 행동에 대한 우파 최초의 반대

방중 문제에서 나타난 새로운 구도 중 세 번째의, 가장 주목해야 할 특징은 천황의 방중에 대해 우파, 전통파가 처음으로 **공개적으로** 반대 운동을 펼쳤다는 점이다. 우파인 다이토주쿠大東塾*도 반대 운동에 가담했다.[51] 방중 추진파로 알려진 가네마루 신金丸信 등 자민당 간부들에 대한 우익의 습격도 줄을 이었다.

우파의 반대운동이 지니는 특징은 천황의 행위에 대해 집회에서 공개적으로 반대 주장을 밝히고, 나아가 반대 의견광고마저 냈다는 점이다. 다이토주쿠 관계자가 사무국 역할을 맡아 7월 17일자 『산케이産経 신문』 1면에 "천황의 중국 방문을 반대합니다"라는 의견광고가 실렸다.[52] 천황의 행위에 반대한 것도 '획기적'이지만, 그것을 공공연한 **대중운동**으로 전개한 것도 전대미문이었다. 우파의 위기감이 그만큼 강했던 것이다.

천황을 직접 비판하지 않는 비판

그러나 이 시점에서는, 우파의 반대 운동은 천황 자신이 아니라 어디까지나 천황의 중국 방문을 추진하는 정부와 외무성을 조준하고 있다는 점이 주목된다. 이것은 새로운 구도가 아직 **과도기적** 단계에 있었음을 보여준다.

게다가 **천황**의 행동에 반대한다는 점 때문에 초래되는 우파 내부의 '위

---

* 1939년에 가케야마 마사하루影山正治가 결성한 일본민족주의 우익단체. 1945년 8월 25일 요요기(代々木 연병장에서 가케야마의 아버지를 포함한 14명이 천황에게 패전을 사죄하며 할복 자결했다. 전후에는 기원절 부활운동, 야스쿠니 신사 국영화 운동 등을 펼쳤으며, 1979년 가케야마도 원호법제화를 주장하며 할복 자결했다. 현재도 보수계 집회 등을 주도하고 있다.

축'을 피하기 위해, 반대의 논거는 주로 중국이 얼마나 천황 방문에 적합하지 않은지에 맞춰졌다.

이러한 우파의 반대 논거는 우파가 3월 31일 개최한 '천황 폐하의 방중 연기를 원하는 국민집회'에서 채택한 '요청서'에 망라되어 있었다. 여기에서는 방중을 반대하는 9가지 논거를 제시하고 있는데,[53] 우선적으로 중일 간에 진정한 우호 관계가 수립되어 있지 않은 단계에서 중국을 방문하는 것은 천황을 정치적으로 이용하는 것에 해당하고, 헌법에도 위반된다는 점을 제시하고는 있지만, 나머지 중 일곱 가지 논거는 모두 중국 자신의 문제에 집중했다. 구체적으로, 중국은 공산주의국가이고, 이러한 국가를 천황이 방문한 예는 없다. 중국은 내정간섭을 되풀이하고 있다. 대상大喪 의식에도 부총리 파견에 그친 것은 무례다. 중국 국가원수는 한 번도 일본을 방문하지 않았다. 영해법으로 센카쿠열도를 군사력으로 탈취하려고 한다. 중국 정부는 민간배상 움직임을 용인했다. 톈안먼 사건 탄압, 중국의 군사대국화 등이다. 그리고 마지막에 미일관계 악화에 대한 우려를 언급하고 있다.

천황에게 비판의 화살이 향하지 않도록 우파가 가장 신경을 쓴 것은 천황이 중국을 방문했을 때 만찬회에서 한 '말씀'이었다.

우파는 앞에서 인용한 '말씀'의 문제의 부분은 '말씀'의 본질이 아니니, 전체를 보라고 강조했다. 예를 들어 '말씀'이 중일 교류를, 조공외교였던 왜 5왕 시대의 교섭을 포함하지 않고 견수사에서 시작한 점을 높이 평가하는 등 '천황의 의지'가 중국의 의도에 비판적이었다고 강조하는 동시에, 정작 중요한 '사죄' 부분은 '보좌 책임자의 불찰로 인한 약간의 표현상의 의문점'[54]으로 넘기려 했다.

이상과 같이 방중 문제는 '헤이세이'의 천황과 정치의 새로운 관계가 도래했음을 보여주고 있었던 것이다.

(4) 천황의 방중 문제가 초래한 것

천황의 방중은 역사문제를 마무리짓지 못했다

천황의 방중 문제가 남긴 최대 교훈은 지배층 주류의 생각과 반대로 천황의 방중과 '말씀'이 어떤 의미에서도 일본의 침략에 대한 진지한 사죄가 되지 못했고, 따라서 그 어떤 마무리도 되지 못했다는 점이다.

중국을 방문했을 당시, 이것이야말로 중일 국교에 전환점이 될 것이라는 보도가 넘쳐났고, 양국 국민의 의식도 단기적으로는 개선되었다.

하지만 1995년 일본 정부가 중국의 핵실험에 항의하고 '무상 원조 삭감'을 꺼내자마자 돌아온 것은 "과거의 침략을 반성하지 않는 일본이야말로 문제"라는 반론이었다. 중국 정부는 애당초 천황의 방중을 톈안먼 사건으로 초래된 중국 '포위망' 타파의 돌파구로서 자리매기고 있었으므로, 그 정치적 목적이 달성되면 그것으로 끝이었다.

이후 역사문제를 둘러싼 중일 간의 격한 대립은 언급할 필요가 없을 것이다. 정부·외무성이 몽상했던 바와 같은 결착은, 물론 이루어지지 않았다.

1931년의 '만주사변'을 계기로 중국은 일본에게 15년 동안 자국 영토를 침략당했고, 2,000만 명이 넘는 사상자가 발생했다. 그 전쟁을 수행한 '천황'이 중국을 방문한다는 소식을 계기로 중국 국내에서는 거센 반발과 사죄 및 배상을 요구하는 움직임이 확산될 조짐을 보였다. 그러나 일본의 '원수元首'를 어떻게든 중국으로 부르고 싶은 중국 정부는 그러한 국민의 움직임을 미디어, 인민해방군과 공안 당국을 총동원하여 억눌렀다.[55]

천황이 중국을 방문하는 동안 찾은 곳곳마다 민중의 '폭발'을 막기 위해 이례적인 엄중 경계 태세가 취해졌고, 중국 정부는 곳곳마다 아키히토 천황 부부를 '환영'하는 '시민'을 배치했다.

상하이에 들렀을 때도, 천황이 중국 시민과 만나고 싶다(!)고 해서 천황이 탄 기차의 속도를 줄이고 기찻길 옆의 20만 명이라 일컬어지는 '시민'에게 '친히' 손을 흔들어서 중국 국민을 감격시켰다고 보도되었지만, 그 20만 명도 중국 당국이 선별한 '가짜 시민'이었다고 한다.

『니혼케이자이 신문』 기자로 천황의 중국 방문에 동행했던 이노우에 마코토井上亮가 '이십몇 년 후에' 들은 궁내청 간부의 말이 아마도 그 진상이었을 것이다.

> 확인된 건 아니지만, 상하이 기찻길 옆의 **주민을 모두 교체했다**는 이야기도 들었습니다. 문제 없는 사람만 남기고 나머지는 멀리 떨어진 장소에 **격리**했다고요.[56]

참고로, 전전의 천황제 국가 시대에는 천황이 행행行幸할 때, 천황이 지나가는 길의 '위험'한 인물은 경찰이 사전에 '단속'하여 행행이 끝날 때까지 경찰의 유치장에 구속해 두는 것이 보통이었다. 중국 정부도 그러한 천황제 국가의 조치에서 배웠던 것일까.

그러니, 천황이 중국을 방문했던 그 기간에, 중국 정부의 통제가 비교적 느슨했던 홍콩—'국가안전유지법'이 시행되고 있는 지금의 홍콩을 보라!—에서 천황의 방중 반대 시위가 벌어졌던 것은 주목할 만하다.[57]

일본의 과거의 침략과 식민지 지배에 대한 책임과 사죄는 국민과 그 대표가 책임을 지고 해결해야 할 과제이고, 그것을 국민의 대표도 아닌 천황이 대신 '사죄'하거나 '마무리'지을 자격도 능력도 없으며, 그런 것으로 중일 간의 역사문제가 해결될 리도 없다는, 너무도 당연한 것이 천황의 방중으로 명확해졌다.

일본 정부는 오히려, 냉전의 종언이라는 전환점을 맞이하여 다시금 일본의 아시아 침략에 대해 전면적인 사실事實 조사와 함께 책임을 검토하는 작업을 시작했어야 했다. 그러나 정부·외무성은 그것과 정반대로, 중국과 한국이 천황의 사죄를 요구해온 것에 편승하여 천황을 보내는 것으로 그때까지 일본이 취해온 애매한 태도를 밀어붙이고, 그것으로 뚜껑을 덮어버리려고 꾀했던 것이다.

그때부터 이미 '일본군 위안부' 문제가 떠올라 있었고, 중국인 강제연행, 북한과 한국 노동자의 징용 문제도 부상하고 있었다. 이러한 냉전 후의 새로운 상황에 대한 정부의 대응도, 그리고 천황에게 그 역할을 기대했던 미디어도, 안이하고 무력했다.

천황의 '이륙'—위헌 행동이 비대해진 계기

천황의 방중이 지니는 두 번째 교훈은 이것이 그때까지 자신의 '권위'가 적은 것을 고민하던 천황 아키히토에게 '자신自信'을 심어주었고, 이후 '헤이세이' 시대에 천황의 위헌적 행동이 비대해지는 돌파구가 되었다는 점이다.

자민당 정권이 천황을 정치적으로 이용하면서, 이미 쇼와 천황 시대부터 헌법에 규정되어 있지 않은 행위가 이루어졌고, 그중 쇼와 천황의 외국 방문도 합헌인지 위헌인지 문제가 되어왔다.

헌법에 규정되어 있지 않은 여러 행위를 인정하지 않는 의견에 대해, 이것을 용인하자는 측에서는 그러한 행위들을 '상징으로서의 행위'라든가

'공적 행위'로서 어떻게든 합헌으로 만들려는 해석이 시도되어왔다.

그러나 천황의 방중은 쇼와 천황 **때** 문제시되었던 그러한 천황의 행위들과는 비교할 수 없을 정도로 **엄청난 일탈**행위였다. 오쿠히라奧平의 말을 빌리자면, 천황의 행위가 합헌인지 위헌인지 따지는 논쟁에 "엄청나게 큰 돌 하나를 던진 것"[58]과도 같았다.

그럼에도 이 외국 방문은 중일 관계 진전이나 역사에 대한 결착이라는 **실체적인** 정치적 가치가 전면에 내세워지면서—그 자체가 무가치했다는 점은 이미 쓴 바와 같지만—용인되고 예찬받고, 그리하여 용이하게 헌법적 문제를 회피해버렸던 것이다.

천황 아키히토는 방중으로 큰 자신감을 얻었다. '말씀'에 대해서도 방중을 계기로 한층 작성에 힘을 쏟게 되었다.[59] 여기서 헌법적 제한에 대한 자각은 희박해져갔다. 헌법으로부터의 자립화, 즉 천황의 '**이륙**離陸'이 시작된 것이다.

이를 계기로 천황의 외국 방문은 급속히 증가했다. 이미 방중 직후의 기자회견에서 한국 방문이 예고되었다. 이것은 방중에 대한 반대 목소리와 한국에서의 일본 비판을 고려해 실현되지 않았지만, 이듬해 1993년에는 이탈리아, 벨기에, 독일을 방문하고, 1994년에는 일찍이 방중과 함께 예정되어 있었던 미국 방문이 실현되었다. 이때 우파의 반대가 강한 진주만 방문은 유보되었지만, 하와이의 국립태평양기념묘지 방문도 이루어졌다. 그해에 프랑스, 스페인 방문도 감행되었다. 방중 이후의 방문에서는 더이상 헌법 문제도 정치적 이용 여부의 논점도 그다지 논의의 대상이 되지 못하고, 외국 방문은 '**일상화**'되어갔다.

(5) '사죄의 특사' 정책이 지닌 과도기적 성격

하지만 헤이세이의 천황 즉위 후 빠르게 진행된, 정치적 의도가 짙게 배어 있는 '사죄' 방문이 지닌 이 시기의 과도기적 성격도 간과해서는 안 된다.

냉전 후 초기에는 미국의 세계전략도 아직 확정되지 않았다는 사정도 있어서, 일본의 대국화도 처음에는 크게는 미일동맹의 틀 안에서 유엔을 지렛대 삼아 아시아 여러 나라로 전개한다는 방향을 취했다.

그러나 1993년 무렵을 계기로, 유엔을 활용하여 질서를 유지하려는 노선에서 군사동맹으로 미국의 의사를 관철하는 노선으로 미국의 세계전략이 크게 전환함에 따라,[60] 일본의 대국화도 유엔 중시에서 미국과의 종속동맹 아래의 아시아 진출이라는 노선을 취하게 되었다.

그 전환점이 된 것이 1996년 하시모토橋本 정권에서 이루어진 미일안보 공동선언, 1997년의 미일가이드라인, 그리고 주변사태법이었다.[61]

이렇게 **미일동맹** 노선이 확립됨에 따라 아시아 각국에 대한 일본의 '반성'을 심화하는 지향성은 **사라지고**, 이에 따라 '사죄의 특사'로서의 천황에 대한 기대도 낮아져갔다.

천황의 외국 방문도 정권의 요청이 아니라 천황 자신의 의향에 의한 비중이 커지고, 보수정권도 전략적이라기보다는 정권의 그때그때의 정치적 의도에 맞춰 그것을 이용하게 된다. 천황에 대한 보수정치 측의 기대 감소가 자신감을 갖게 된 천황의 '자립'화를 한층 촉진했다고 할 수 있는 '헤이세이' 시대 특유의 현상이 시작된 것이다.

5.
'황후 때리기'라는 형태로 나타난
우파의 천황 · 황실 비판과 그 종식

천황의 방중은 '헤이세이'의 천황에 대한 우파-전통파의 위구심과 우려를 증폭시켰다. 그것은 1993년 황태자 나루히토德仁의 결혼을 계기로, 우파계 잡지의 황실 비판과 주간지를 무대로 한 격렬한 황실, 특히 황후 비판 및 내정 폭로 캠페인으로 이어졌다.

'황후 때리기'라 불렸던 이러한 전대미문의 황실 비판을 거쳐, 제2기에 '헤이세이류'라 명명된 '헤이세이'의 천황의 존재 방식, 대중언론의 천황·황실 보도, 그리고 정치와 '헤이세이'의 천황의 관계가 고착되었다.

그러면 제1기의 마지막으로, 우파와 미디어에 의한 황실 비판을 되돌아 보도록 하자.

(1) 황실 비판의 분출과 그 종식의 경위

황태자비 결정 기자회견과 황실 비판의 시작
격렬한 황실 비판은 1993년 정월, 황태자비로 결정된 후에 열린 황태자와 오와다 마사코小和田雅子의 기자회견에 대한 비판으로 불이 붙기 시작했다.

기자회견에서 황태자가 "제가 곁에서 전력을 다해 지켜주고 싶다"고 한 발언은, 미디어에는 호의적으로 보도되어 황태자의 결혼 축복 캠페인의 분위기를 고조시켰지만, 다른 한편으로 우파는 여기에서 황실의 권위가 무너진 증거를 보았던 것이다.

그것은 1989년 황위 계승 당시부터 우파가 우려했던 '열린 황실'론에 의한 황실의 추락과 위기의 발현으로 간주되었다. 전년도의 천황 방중을 둘러싼 우파의 우려에 이러한 황실에 대한 위기감이 더해져 천황과 황실에 대한 우파의 비판이 시작된 것이다.

비판의 도화선에 불을 붙인 사카이 노부히코酒井信彦[62]는, 기자회견에서 있었던 기자들의 질문도 그에 대한 답변도 연예인의 그것과 똑같이 사적인 일을 요설로 꾸민 것에 불과하고, "황실과 우리의 거리가 가까워지면, 그만큼 황실의 가치는 감소"하는데, 이것이 바로 '열린 황실'론의 결과라고 단정했다.

그리고 이러한 '열린 황실'론은 실은 황태자의 아버지인 현現 천황으로부터 시작된 것이라며 비판의 화살을 천황과 황후에게 돌렸다.

이때부터 현 천황의 사적 외출이 대폭 증가하면서 시작된, 다양한 사적인 일에 대한 끈끈한 관심이 비판의 대상이 되었지만, 비판은 한 걸음 더 나아가 핵심적인 부분, 즉 현 천황의 정치적 지향, **'공公'의 내용**에까지 확대되었다. 그것은 '일본국헌법을 지킨다'고 말해 '호헌 천황'으로 칭송받는 태도, 그리고 이것을 중국에 이용당한 것이 천황의 방중이었다는 식이었다.[63]

황실 비판 캠페인

사카이의 비판은 일부의 주목을 받았을 뿐이지만, 이어서 『선데이마이니치サンデー毎日』와 『슈칸분슌週刊文春』이 황실의 내막을 폭로하는 기사를 연이어 게재하기 시작했다. 이러한 풍조를 결정지은 것은 『다카라지마宝島』 8월호에 오우치 규大內糺라는 이름으로 발표된 「황실의 위기」라는 논고였다.

이 논문의 필자도, 그리고 주간지의 매우 상세한 황실 내부 정보 폭로도, 모두 그 출처는 쇼와 천황과는 다른 헤이세이의 천황·황실의 존재 방식에 불만을 지닌 궁내청 직원이나 궁내청 기자라고 추정된다.

『다카라지마』 논고를 계기로 황실 비판 캠페인이 한층 가열되면서 『슈칸분슌』은 9월 16일호부터 7주 연속 캠페인을 벌였다. TV 와이드쇼도 연일 황실의 내부 사정을 특집으로 편성했다.

이러한 황실·황후 비판 기사의 주된 주장은 다음과 같이 정리된다.

첫째, 현 황실이 쇼와 천황 시대에 비해 권위와 덕德이 부족하다는 비판이다. 전 시종侍従이 퇴직하면서 "지금의 천황에게는 받고 싶지 않다"며 서훈을 고사했던 것 등을 들 수 있다.

둘째, 그 연장선상이지만, 현 황실은 쇼와 천황 때와는 대조적으로 **사적 쾌락**을 추구하고 **사치**에 빠져 있다는 주장이다. 쇼와 천황 때 세워진 후키아게吹上 고쇼御所가 있음에도, 그곳은 황태후의 기억이 남아 있다는 황후 미치코美智子의 뜻에 따라 화려한 고쇼를 새로 건설했다는 것을 들 수 있다. 이것의 연장선상에서 천황·황후가 전통적 천황의 가장 중요한 업무인 **궁중제사**에 열심이 아니라는 것도 들 수 있다.

셋째, 현 황실이 '국민과 함께'라는 생각에서 (자동차로 이동할 때-옮긴이) 개입하는 '신호에 멈추라'고 하거나 전용열차를 싫어하는 것 등이 측근과 경찰의 부담을 늘리고 있다는 비판.

넷째, 현 황실이 히노마루日の丸, 〈기미가요君が代〉, 자위대를 좋아하지 않는다는, 황실의 정치적 성향에 대한 위구심이었다.

그리고 마지막으로 이러한 황실의 최근 경향 전체가 황후의 주도로 이루어지고 있다는 황후=여제론女帝論으로 정리되었다.

'주간지 때리기'와 우익의 총격

하지만 이 캠페인이 한창일 때, 황후의 생일인 1993년 10월 20일에 황후 자신이 글을 써서 이러한 주장들에 대해 반론을 제기하고, 같은날 쓰러져 일시적으로 실어 상태에 빠진 것을 계기로 사태는 완전히 바뀌었다.

'미치코 님이 불쌍해'라는 논조로『다카라지마』와『슈칸분슌』때리기가 시작되었다. 와이드쇼도 미치코 옹호, 분슌 때리기로 바뀌었다.

급기야 다카라지마사宝島社에 대한 우익단체의 협박이 시작되어 사장 부친의 집과 본사 빌딩으로 총탄이 날아드는 사건이 발생했다. 끝으로 11월 29일, 분게이슌주사文藝春秋社 사장 집에도 총탄 두 발이 날아들었다. 시끌벅적하기 짝이 없었던 황실 비판의 언설은 우익의 총탄으로 순식간에 종식되었다.

이제 이 '황실 때리기'가 지닌 의의와 특징을 검토하도록 하자.

(2) '황실 때리기'의 의의

황실 비판의 천황론

'황실 때리기'와 그것을 지지하는 우파의 천황·황실 비판이 분출했던 이 사건이 지닌 첫 번째 의의와 특징은 우파-전통파가 방중 문제에서조차 주저하던 천황과 황실 **자체**에 대한 비판을 시작했다는 점이다. 그만큼 그들의 위기의식이 증폭되어 있었다.

'황실 때리기'에서 천황 비판의 초점은 '열린 황실'론으로, 1989년에 품기 시작한 의구심이 이제 철저한 확신으로 바뀌어 있었다.

'열린 황실'이란, '국민적 인기를 황실의 버팀목으로 삼으려는 것'이고, '천황을 비롯한 황족이 국민 앞에 모습을 드러내도록' 행동하는 것에 다름 아닌데,[64] 이것은 천황제를 소멸로 몰아가는 어리석은 정책이고, 이미 '황실은 급속한 변모'와 '변질'을 겪고 있는 것으로 여겨졌다. 게다가 이것은 현 황실이 **의도적으로** 추진하고 있는 방책이었다.

이리하여 무라마쓰 쓰요시村松剛는 천황 비판으로 돌아서지 않을 수 없었다.

> 금상 천황은 시대에 대응하여 황실 자체의 모습을 개혁하려고 계획하고 계신다. …… 그 방침이 황실의 장래에 도움이 될지, 아니면 **일본이 지닌 천황이라는 중핵적 제도가 소멸하는 서장**이 될지의 판정은 이후의 역사를 기다릴 수밖에 없을 것이다.[65]

가지 노부유키의 경우는 더욱 노골적이다.

> 나는 …… 현 천황제를 지지하는 사람이지 천황 개인을 반드시 지지하는 것은 아니다. 더군다나 황후와 황태자비에게는 아무런 관심도 없다. 나의 천황상은 천황제를 수행할 수 있는 천황이다. 만약 그것을 할 수 없는 천황이라면 **퇴위**했으면 좋겠다.[66]

그럼 '열린 황실'과 대치되는 천황제란 무엇일까. 그들은 하나같이 그것은 일본 민족의 연속성을 거울처럼 비추는 작용이라고 단언한다.

> 황후의 역할은 댄스도 아니고 재해피해지 위문도 아니다. …… 천황의 역할은 외유하거나 특정 회사의 호텔을 즐겨 이용하고 테니스를 치는 것 따위가 아니다. 궁중에서 종묘의 제례를 진정성을 가지고 지내고, 그것을 통해서 일본국과 일본 민족을 위해 기도하는 것뿐이다.[67]

이리하여 그들은 속내를 털어놓게 된다. '헤이세이' 천황의 소행이 어차피 근본적으로 천황제와 양립할 수 없는 민주주의와 헌법에 대한 자신의 생각을 드러내려는 것이라고 지적한다.

그러나, 라고 그들은 말을 잇는다. 혈통에 의해 그 지위에 오르는 "천황은 태어날 때부터 황족이며, 국민 일반과 신분적으로 구별된다. 즉 **본질적으로 민주주의와 양립할 수 없는 존재**이다". 여기까지는 그들의 지적대로이다. 그들은, **그렇기에** "천황은 그러한 민주주의와 헌법에 대해 생각할 필요가 없다", "헌법 같은 것은 결국 일시적인 약속", 민주주의도 "당분간은 유용한 이데올로기"에 불과하다,[68] 그런 것을 신경 쓰지 말고 역사의 연속성을 지켜가는 것이야말로 천황의 역할이다, 라고 덧붙이고 있다.

이 점은 우파가 천황을 비판하는 핵심 부분이므로, 조금 길지만 반복을 무릅쓰고 다시 한번 그대로 인용한다.

> 천황의 역할은 외유하거나 특정 회사의 호텔을 즐겨 이용하고 테니스를 치는 것 따위가 아니다. 궁중에서 종묘의 제례를 진정성을 가지고 지내고, 그것을 통해서 일본국과 일본 민족을 위해 기도하는 것뿐이다. ……

천황은 제례와 궁중의 연중행사에만 전념해야 하고, 다른 것에는 신경을 쓸 필요가 없다. 예를 들어 금상 폐하는 종종 민주주의와 헌법을 언급한다. 그러나 천황은 태어날 때부터 황족이며, 국민 일반과 신분적으로 구별된다. 즉 본질적으로 민주주의와 양립할 수 없는 존재이다. 천황이 민주주의를 언급하면 언급할수록 민주주의와 위배되는 자기모순에 빠진다. ……천황은 그러한 민주주의와 헌법에 대해 생각할 필요가 없다. 헌법 같은 것은 결국 일시적인 약속에 불과하다. 민주주의도 당분간은 유용한 이데올로기에 불과하다. 그러한 일시적 실용물 따위보다도 역사라는 훨씬 중요한 '생명의 연속'을 천황은 확실하게 지켜가야 하지 않을까.

황실은 국민의 인기 따위와 같은 부질없는 것을 좇을 필요는 없다. 국민 앞에 모습을 드러낼 필요도 전혀 없다. 궁중 깊은 곳에서 천황 일족이 제례를 중심으로 조용히 살아가는 것, 그리고 천황가의 생명이 계속 존재하며 일본의 역사를 상징적으로 표현하는 것, 여기에 천황제의 커다란 의의가 있다.[69]

여기에 우파-전통파가 '황실 때리기'에 동조한 이유가 있었다. 동시에 여기에는, 나중에 살펴볼 아키히토 천황의 '헤이세이류'에 대한 우파의 비판이 이미 개진되어 있다.

이러한 천황제 본질론이 근년에 퇴위와 황위 계승이 논의되는 가운데 우파에 의해 똑같이 반복되고 있는 것에 주목할 필요가 있다.

'황실'에 대한 정치 쪽의 관심 저하

이 사건의 두 번째 특징은, 이 사건에서는 '헤이세이'의 천황과 정치를 둘러싼 공방에 등장하는 인물 중 천황·황실과 우파, 우파 미디어만 등장하고 보수정치도 '리버럴'파와 좌파도 거의 관여하지 않았다는 점이다.

사실 이 1993년은 정치 대변동의 한 해였고, 보수정치는 황실과 천황에 관심을 가질 만한 여유가 전혀 없었다. 70년 가까이 지속된 중선거구제를 소선거구제로 개편하는 것을 골자로 하는 '정치개혁' 운동이 한창이었지만, 1993년 통상국회 회기 말에 이것을 미야자와 정권이 단념하면서 사태는 급변했다.

이에 반발하여, 다케무라 마사요시武村正義, 하토야마 유키오鳩山由起夫 등이 자민당을 이탈하여 '신당 사키가케新党さきがけ'를 창당하고, 이어서 '정치개혁'의 주모자였던 오자와 이치로 등이 탈당하여 신생당新生党을 창당한 후, 미야자와 내각 불신임결의안이 가결되어 1993년 7월에는 총선거가 실시되었다. 선거 결과, 자민당은 과반수가 무너지고, 이어서 오자와 등의 주도로 8월 9일 일본신당日本新党의 호소카와 모리히로細川護熙를 수반으로 하는 8당 연립정권이 탄생했다. 1955년 결당 이래 38년간 이어진 자민당 정권이 붕괴한 것이다.

'정치개혁'은, 겉으로는 리크루트 의혹 등으로 드러난 정치 부패를 일소하는 결정적인 방법으로 선전되었지만, 그 목적은 소선거구제를 실시함으로써 사회당을 해체하고 보수 양당 체제를 만들어 냉전 종언 이래 지배층이 간절히 원하면서도 실현하지 못했던 자위대의 해외파병, 신자유주의 정치를 추진하는 체제를 구축하는 것에 있었다.[70]

이러한 정치는 그후 천황·천황제에도 적지 않은 영향을 끼쳤지만, 당장은 이러한 정권 교체의 격동 속에서 자민당도 새로이 정권을 잡은 호소카와 정권도 천황·황실 문제에 대처할 여유가 전혀 없었다.

반면, 1993년 당시 '리버럴'파와 좌파도 관심은 오로지 정권 교체와 '정치개혁'에 있었고, 그 평가를 둘러싸고 **분열**을 드러냈다. '리버럴'파의 주류는 '정치개혁'과 정권 교체를 일본의 민주주의의 시작으로 환영하고 기대한 데에 비해, '리버럴'파와 좌파의 일부는 그것이 민주주의를 강화하기는커녕 보수 양당 체제를 구축하기 위한 '개혁'이라고 비난했다. 어느 쪽이든 천황·황실을 둘러싼 소란에 관심을 보이는 사람은 적었다.

'황실 때리기'를 둘러싼 미디어의 분열

하지만 우파와 우파계 미디어에 대한 반론이 미디어에 등장하지 않았던 건 아니라는 점에 주목해야 한다. 황실 비판이 『슈칸분슌』 등 우파 미디어의 주도로 불붙은 것에 비해, 우파로부터 '리버럴'로 간주되는 아사히신문사계 미디어가 반론을 펴고 나섰기 때문이다.[71] 『슈칸아사히』는 『슈칸분슌』 기사에 대해 정력적으로 반론 캠페인을 펼치면서,[72] 일련의 보도를 '미치코 황후 때리기'라 명명하고, 그 '때리기'를 "헤이세이류의 '열린 황실'을 향한 위장전술"[73]이라고 단정했다.

앞에서 살펴본 바와 같이 분슌文春 등 우파 미디어의 황실 폭로전에 대해 황후가 자신의 생일 메시지로 '반론'을 내놓은 직후 쓰러진 뒤로, 다카라지마宝島와 분슌文春에 대한 우익의 공격이 시작되었지만, 그런 의미에서 이 '황실 때리기'를 둘러싸고는 아사히와 우익이 보조를 맞췄던 것이다.

이러한 '황실 때리기'를 둘러싼 대항은 제2기에 들어선 이후 현재화하는 우파의 헤이세이 천황 비판 대 '리버럴'파의 천황 옹호라는, 대항의 '뒤틀림'의 선구였다고 생각된다. 이런 가운데 후쿠다 가즈야福田和也는 이 현상을 포착하여 "역전이랄까 **뒤틀린 현상**"이라고 지적하고 있다.[74] 이 대립은 쇼와 천황 시대의 보수·우파 대 혁신이라는 천황제를 둘러싼 구도가 무너져가는 과도기적 양상을 보여준다고 말할 수 있다.

황실 때리기 사건이 보여준 세 번째 특징은, 이 시점에서는 나중에 제2기 들어 노골화되는 우파 내부의 대립이 아직 나타나지 않았다는 점이다. 『슈칸분슌』 등 우파 미디어에 의한 폭로가 증폭하는 것에 대해 우파 안에서도 "참으로 황실을 생각한다면, …… 그에 상응하는 신중한 절차와 일정한 예절을 지켜야 한다"[75]는 비판은 나왔지만, '황실 때리기'에 불을 붙인 사카이 노부히코에게 이러한 비판을 했던 오하라 야스오 자신이 황실의 최근 양상에 대해, 그리고 '열린 황실론'에 대해 사카이 등과 동일한 비판을 했다.[76] 이 시점에서는, 우파는 한 몸이 되어서 천황 아키히토의 방중과 주간지에서 폭로된 여러 언동에 비판적이었던 것이다.

'헤이세이류'라는 새로운 노선으로의 암전

어찌 되었든, 이러한 우파–전통파의 위기감을 기반으로 한 '헤이세이'의 천황·황실 비판은 역설적이게도, 게다가 그것이 천황이라는 제도의 찜찜함을 상징하고 있지만, 우파의 총탄에 의해 침묵을 강요당하게 되었다.

이후 『슈칸분슌』, 『슈칸신초』 등의 주간지뿐만 아니라 『쇼쿤!』과 같은 우파 잡지에 이르기까지 천황·황실 비판은 봉인되어갔다.

그러나 이 비판은 천황·황후에게 작지 않은 충격을 주었다. 천황의 방중과 외국 방문으로 자신감을 얻은 천황 아키히토는 우파의 비판을 받아 변신을 완수하고 자신의 노선을 확립하게 된다.

제2장

'헤이세이류'의 확립과
헌법으로부터의 이륙

1995년을 경계로 '헤이세이'의 천황제는 제2기에 들어섰다. 이 제2기는 2012년에 제2차 아베 정권이 등장할 때까지 이어진다. 이 시기에 정치와 천황의 관계에는 큰 변화가 생겨서 **'헤이세이류'**라고나 불러야 할, 정치와 천황의 새로운 관계가 만들어졌다.

전후 개혁 이후의 쇼와 천황의 시대는 대체로, 보수정권이 상징이 된 천황을 자신의 통치를 위해 이용하려고 했던 시대였다고 할 수 있다. 이 시대는 보수정치가 자신의 통치에 자신을 가지지 못하고 전전戰前에 실증을 거친 천황제 시스템을 이용하고 싶어서 각종 천황 제도의 부활을 도모한 1950년대, 그리고 1960년대 이후 보수정치가 기업사회와 자민당 정치 아래에서 안정되면서 천황을 보수정권과 보수정치가의 권위 부여에 이용하려던 시기로 구분되는데, 전체적으로는 보수정치의 의도가 천황제의 성격을 결정지은 시대였다. 쇼와 천황도, 불만이 쌓여가며서도, 보수정권의 정치에 따를 수밖에 없었다.

아키히토 천황 시대에 들어서 보수정치의 전환과 더불어 새 천황에게 지금까지와는 다른 새로운 기대가 주어졌다. 그것은 '사죄의 특사'라는 역할이었다. 하지만 변한 것은 보수정치 쪽만이 아니었다. 정치가 요구하는 천황의 역할에 천황 아키히토도 **적극적으로** 응하며 자신의 주도권을 발휘하려고 했다.

그리하여 1990년대 중반 이후에 해당하는 제2기에는, 아키히토에 대한 정치 쪽의 기대가 줄어드는 것과 반비례해서 천황 쪽의 **능동적인** 정치적 행동이 늘어나고, 천황의 의향과 의욕이 때때로 보수정치와 긴장을 초래할 정도로 그 비중이 커졌던 것이다.

문제는 이러한 천황의 행동 확대가 헌법이 추구하는 '상징' 천황상과 쇼와 천황 시대 이상으로 **괴리**되는 방향으로 진행되었다는 점이다. 이처럼 헌법과의 괴리를 포함한 천황의 의욕과 행동의 확대와 정치의 긴장 상태를 여기에서는 '헤이세이류'라 부르기로 한다. 이와 같은 '헤이세이류'의 의미는 미디어와 연구자가 호의적 의미를 담아 빈번하게 사용하는 '헤이세이류'의 함의와는 현저하게 다르다.

이제 천황이 독자적 의사를 가지고 행동을 확대해나가는 모습을 검토해보도록 하자.

1.
1990년대 중반 이후의 정치의 격동,
그리고 정치와 천황제의 거리

(1) 정치의 요청, 관심의 감소

천황의 방중을 실현한 미야자와 정권 이후 일본 정치는 격동의 시대를 맞이했다. 앞에서 살펴본 바와 같이 오자와 이치로 등을 중심으로 '정치개혁'을 요구하는 운동이 자민당 내부에서 대두하고 야당도 끌어들이면서 자민당 분열, 자민당 독재정권 붕괴, 8당파 연립에 의한 호소카와 정권 탄생, 그리고 호소카와 정권에 의한 '정치개혁' 강행으로 돌진했기 때문이다. 호소카와 정권이 단명으로 끝나자, 하타 쓰토무羽田孜 정권을 거쳐 이번에는 자민당·사민당·신당사키가케 연립으로 무라야마 도미이치村山富市 정권이 탄생했다.

　이러한 정치의 격동은 정치와 천황의 관계에 큰 영향을 끼쳤다. 첫째, 연이은 정변으로 정치가 천황을 **돌아볼** 여유가 없어진 것이다. 그 결과 1990년대 초반과 달리 천황제에 대한 보수정권 쪽의 **기대**나 관심도, 따라서 천황에 대한 **간섭**과 **규제**도 현저히 낮아졌다. 이것이 본격적으로 회복되기에는 2001년에 성립한 고이즈미小泉 정권까지 기다려야만 했다.

둘째, 이 시기의 정치가 추구했던 군사대국화, 신자유주의 개혁 과제와의 관계에서도 **천황에 대한 기대가 낮아졌다.**

이상의 내용을 순차적으로 살펴보도록 하자.

군사대국화·국제관계와 천황에 대한 기대

당시 보수정권이 직면했던 가장 큰 정치 과제는 국제 사회에서 대국으로서의 지위를 확보하는 것이었다. 앞에서 살펴본 바와 같이 냉전이 종언을 고했던 당시의 대국화 전략은 미국과의 관계를 주축으로 하면서 널리 다국간 협조 외교를 전개함으로써 일본의 아시아 진출을 꾀하는 것이었다. 변모한 유엔안보리에서 상임이사국 지위를 확보하는 것도 목표의 하나였다.

그러나 이러한 전략은 미국의 방침 전환과도 맞물리면서 1990년대 중반 이후에는 미일동맹 재편·강화에 의한 아시아 진출이라는 방향으로 크게 전환했다. 유엔안보리 상임이사국 지위 확보도 당장은 어렵다는 게 명확해졌다.

그 결과 세계시장 유지를 위해 미국이 압박하는 '함께 피를 흘리자'는 요구에 응하여 미국과 함께 자위대를 해외로 출동시키는 것이 지배층의 당면 과제로 떠올랐다.

이러한 대국화 전략의 **전환**에 따라 제1기에 부풀어올랐던 천황에 대한 보수정권의 기대는 급속도로 감소했다. 아시아 여러 나라에 대한 '사죄 외교'에 천황을 이용하던 것도 그다지 필요치 않게 된 것이다.

또 한편, 군사대국화에 대한 국민적 동의를 이끌어내는 데에도 천황은 필요하지 않았다. '폐하를 위해 목숨을 버린다'고 했던 전전처럼 천황이 침략전쟁에 국민을 동원하는 축으로 작동하는 것은 이미 있을 수 없는 일이었고, 요구받고 있던 해외파병은 전전과 같은 일본 단독의 군사 진출이 아니라 미국의 요청에 따른 글로벌 시장 질서 유지를 위한 **공동 군사행동**에 참가하는 것이기 때문에, 그 동의를 얻기 위해 '국제공헌'이라는 이데올로기는 필요했지만, 천황은 필요하지 않았다.

아시아 여러 나라에 대한 정치 쪽의 사죄

그뿐만 아니라 정변 과정에서 '헤이세이'의 천황의 행동이 활성화되도록 촉진하는 상황도 발생했다. 이 정변 과정에서 탄생한 **非자민당** 정권에 의해 천황의 애매한 '말씀'보다 훨씬 강한 메시지가 나왔기 때문이다.

즉 호소카와 수상은 취임 직후인 1993년 8월 15일의 '전몰자 추도식'에서 수상으로서는 처음으로 아시아에 대한 **가해 책임**을 언급했고, 이어서 전후 50년을 맞이해서는 '무라야마 담화'가 한층 명확하게 아시아에 대한 일본의 책임을 밝혔던 것이다.

이에 관해서는 나중에 다시 살펴보겠지만, 호소카와 정권과 무라야마 정권의 이러한 행동이 전쟁과 평화에 관련된 천황 아키히토의 행동에 큰 영향을 미친 것은 틀림없다.

신자유주의 개혁과 천황에 대한 기대

지배층이 추구하게 된 또 하나의 과제인 신자유주의에 대해서도 천황의 역할은 그다지 기대되지 않았다. 신자유주의 개혁과의 관계에서 천황에게 요구되는 것이 있다면, 그것은 신자유주의로 분열된 사회를 봉합하는 역할이었지만, 신자유주의 개혁 강행에 따른 실업, 비정규화, 사회보장 구조

개혁에 따른 의료와 돌봄介護 예산의 삭감이 초래한 빈곤화 및 가족 분열에 대해 천황이 무슨 역할을 할 수 있는 것도 아니었고, 실제로 그것이 요구되지도 않았다. 고이즈미 정권을 비롯하여 신자유주의 개혁을 추진한 역대 정권도 개혁의 결과로 나타난 사회 분열을 **봉합**하는 데에 천황을 이용하려고는 생각하지 않았다.

예외는 있었다. 2000년대 초부터 우파·신보수파가 신자유주의 개혁으로 분열·붕괴되고 있는 사회와 가족을 재통합하는 지렛대로 교육기본법 개정운동을 시작하면서, 새로운 교육 목표로서 황실을 중심으로 하나로 뭉친 일본의 전통을 중시하려는 움직임이 나타난 것이다.[1] '일본회의'와 '일본회의 국회의원간담회'가 추진한 교육기본법 '개정'은 2007년 제1차 아베 정권 때 이루어졌다. 그 제2조 '교육의 목표'에는 "전통과 문화를 존중하고, 그것들을 키워온 우리나라와 향토를 사랑하는 태도를 기른다"는 문장이 명기되어 있다. 하지만 이러한 움직임도 아베 정권의 붕괴와 함께 대규모 운동으로는 확대되지 못한 채 끝났다.

이처럼 제2기에는 천황과 천황제에 대한 보수정권 쪽의 기대와 개입이 많이 감소했다.

(2) 정치의 변모가 천황에게 남긴 결과

이러한 정치의 변모는 '황실 때리기'를 배경으로, 상징으로서의 권위를 확립하는 데에 더욱 초조해지고 있었던 천황 아키히토의 행보에 영향을 미쳐, 권위 확립을 위한 **독자적인** 행동을 확대하도록 이끌어주었다.

천황의 행동의 '자유' 증가

우선, 정치 쪽의 기대와 관심이 희박해지면서 천황 아키히토의 행동에 대한 보좌 활동이 느슨해지고, 천황의 행동에 더욱 큰 **'자유'**가 주어졌다.

게다가 우익의 폭력으로 주간지 등의 '황실 때리기'가 사라지고, 주간지뿐만 아니라『쇼쿤!』같은 우익 잡지의 천황 비판도 억제되었기 때문에, 이러한 측면에서도 천황은 더더욱 '자유롭게' 행동할 수 있게 되었다.

또한 이전부터 정치와 천황 사이에 서서 정치의 요청을 구체화함과 동시에 그 압력을 완화하는 역할을 수행해왔던 궁내청이 정치 쪽의 요청과 압력이 저하됨에 따라 한층 천황 쪽에 **가까워진** 입장을 취하게 되었다.

그뿐 아니라 무라야마 정권의 탄생은 천황이 추구하려던, 전쟁과 평화에 관한 한층 대담한 행동을 가능하게 만드는 토양이 되었다.

그리고 2001년에 탄생한 고이즈미 준이치로 정권은, 야스쿠니 참배 문제에서는 천황과의 관계에서 미묘한 긴장 상황을 만들어냈지만, 아키히토가 우려하는 황통 존속 문제에는 적극적으로 움직였을 뿐만 아니라 아키히토가 간절히 바라던 외국에서의 위령도 추진하는 방침을 취해 아키히토의 의욕을 지지하는 역할을 수행했다.

이상과 같은 여러 요인이 맞물려서 이전과 달리 **정치의 요청이 아니라 천황 아키히토 자신의 주도로** 지방 방문 및 재해피해지 방문을 비롯한, 헌법에 얽매이지 않는 '상징으로서의 행위'가 증가하고 정착되었다.

정치 측의 무관심, 경시에 대한 불만

또 한편, 천황에 대한 정치 쪽의 관심이 감퇴함에 따라 아키히토 천황 즉위 이후 이어졌던 정치와 천황의 **2인3각 상태에 종언**을 고하고, 천황의 자신감이 커짐과 동시에 쇼와 천황 시대와는 다른 정치와의 거리, 긴장을 만들어냈다.

이것은 고이즈미 정권에서 제1차 아베 정권, 그리고 민주당 정권으로 정권이 요동치는 가운데 황실의 장래, 특히 황통 존속에 대한 정치권의 방침이 흔들리고, 진지하게 관심을 기울이지 않는 것에 대한 불만이라는 형태로 나타났다.

이렇게 정치에 대한 천황 측의 불신과 불만이 증대된 결과, 제3기, 즉 제2차 아베 정권 시기에 들어서 천황과 정부의 대립, 정부에 대한 천황의 반기叛旗로 표출되기에 이른다.

2. '헤이세이류'의 확립

(1) '헤이세이류' 형성에 대한 의욕과 모델

우익의 반대에도 불구하고 강행된 천황의 방중을 통해, 천황 아키히토는 쇼와 천황과는 다른 존재감을 드러냈다고 생각했다.

그러나 그후 폭발한 황실 비판이 아키히토의 노선에 불만을 품은 우파만이 아니라 미디어까지 비판에 가담하며 격해진 것에 천황은 충격을 받았다. 천황은 황태자 시절부터 쇼와 천황의 권위를 대신하는 자신의 아이덴티티를 모색해왔는데, 그것이 여전히 확립되지 못했음을 자각할 수밖에 없었기 때문이다.

때문에 황실 비판 이후, 천황 아키히토는 황후와 함께 한층 정력적으로 쇼와 천황과는 **다른** 자신만의 노선 확립에 매진하게 되었다.

천황이 자신의 노선을 형성하는 데 염두에 둔 것은 **두 개**의 선례였다.

하나는 유럽 왕실, 특히 영국의 왕실과 입헌군주의 행동양식이었다. 천황은 황태자 시절인 1953년에 영국을 다녀온 이래 종종 유럽의 왕실을 방문했을 뿐만 아니라 고이즈미 신조小泉信三와 함께 읽은 조지 5세 전기 등을 통해[2] 영국의 군주를 자기 천황 노선의 모델로 의식해왔다.

하지만 실은, 천황 아키히토가 영국 왕실 이상으로 의식했던 또 하나의 모델이 있었다. 그것은 그가 일본 천황제의 **전통**이라고 생각한 것이었다. 다만, 아키히토가 생각하는 '전통'이란, 1993년의 황실 비판 당시 우파가 반복적으로 강조했던 기도하는 천황, 국민과 일정한 선을 긋는 천황이라는 의미의 '전통'과는 현저하게 다른 것이었다.

'상징'이라는 단어는 말할 것도 없이 일본국헌법 제1조에서 처음 등장한 문구이고, 아키히토는 자신의 노선을 '상징'이라는 단어로 표현해왔는데, 그 '상징'의 내용은 영국 왕실과 일본 천황의 '전통'만으로 이미 충분했던 것이다.

아키히토가 제2기에 자신의 노선으로 중시한 활동은 정력적인 지방 행행行幸과 행계行啓, 재해피해지 방문, 장애인과 약자에 대한 배려, 환경문제에 대한 관심, 그리고 이전의 전쟁과 오키나와에 대한 집착이었다. 이러한 활동은 헌법이 명시하지 않은 '공적 행위'로서 이루어졌고, 세트로 아키히토 특유의 '공무公務'를 형성했다.

천황과 황후는 이러한 일련의 '공무'를 빙의라도 된 듯이 수행했다. 이 '공무에 대한 헌신'이라는 것 자체도 '헤이세이' 천황과 황후의 큰 특징이 되었다. 이 모든 것이 '헤이세이류'라 일컬어지는 실체를 만들어냈던 것이다.

그러므로 본절에서는 지방 방문을 비롯하여 '헤이세이류'라 높이 평가받은 천황 아키히토의 여러 활동을 먼저 되돌아보면서 그것이 어떻게 헌법이 요구하는 '상징'으로부터 벗어나게 되었는지 살펴보고, 제3절에서는 이러한 '헤이세이류'의 원동력이 된 아키히토의 '상징' 인식, '헌법' 인식, '전통' 인식 그리고 '전쟁과 평화' 인식의 구조를 검토하고자 한다. 그 검토를 통해서 당초 '헌법'을 높이 내걸고 등장했던 '헤이세이'의 천황제가 그 천황상을 진지하게 추구함에 따라 헌법이 구상하는 천황상으로부터 점차 멀어져간 이유도 명확히 할 수 있기 때문이다.

다만, 이 '헤이세이류'라 불리는 천황·황후의 활동 내용에 대해서는 근래에 많은 연구자들이 검토하고 있으므로, 여기에서는 그 연구들에 의거하여[3] 그 특징만 간단히 짚어두고자 한다.

(2) 국내—전 지역 방문

천황에 취임하고 아키히토가 가장 힘을 쏟은 것은 지방 방문이었다.

아키히토의 지방 방문을 상세히 검토한 하라 다케시原武史가 지적하고 있듯이,[4] 아키히토는 황태자 시절부터 지방 방문을 중시했다. 이미 그때부터 아키히토는 쇼와 천황과의 차이를 이러한 방문 활동에서 찾고 있었다고 생각된다.

그러나 제2기의 지방 방문은 그때까지와는 다른 특징을 지니게 되고, 지방 방문은 '헤이세이류'의 중심 가운데 하나로 떠오른다.

가장 우선적인 '공무'는 지방 방문

제2기의 지방 방문에서 보이는 첫 번째 특징은 아키히토가 지방 방문의 의의를 한층 명확히 위치지으려 했다는 점이다.

아키히토는 황태자 시절에 지방 방문의 의의를 다음과 같이 말했다.

중앙만이 아니라 지방 전체가 각각의 입장에서 살아갑니다. 그것이 일본에게 중요하다고 생각합니다. 그런 의미에서 지방과의 접촉에 주의를 기울이

려고 합니다.[5]

　이 시점에서는 지방의 의의가 아직 막연하게 추상적인 단계에 머물러
있었다.

　하지만 제2기 이후 아키히토 부부는 황태자·황태자비 시절의 지방 방
문을 확충하고 정식화했을 뿐 아니라 그 활동에 **특별한 비중과 의의를 부여**
하게 된다.

　즉위했을 당시 천황이 '공무'로서 중시했던 것은 중국 방문으로 대표되
는 외국 방문이었지만, 공무의 중점이 재해피해지 방문을 포함한 지방 방
문으로 바뀐 것이다.

　이러한 '공무' 비중의 이동을 상징하는 발언이 1994년 탄생일 기자회견
에서 나왔다. 이 회견에서 기자는 당연히 아키히토가 공무로서 외국 방문
을 중시하고 있다고 생각하고서, 외국 방문 등의 공무가 너무 바쁘지 않으
냐고 질문했다. "올해처럼 1년에 두 번 외국을 방문하는 일정은 폐하와 황
후님께 정신적으로 혹은 육체적으로 부담이 되지는 않았습니까?"라는 질
문이다. 그러나 이에 답하는 형태로, 아키히토는 외국 방문은 거론하지 않
고 갑자기 지방 방문을 언급했다.

　아키히토는 다음과 같이 단호히 말했다.

　　황거에서, 또는 지방을 방문해서 국가의 다양한 분야의 상황을 알고, 또한
　　각지에서 사회를 위해 최선을 다하는 사람들을 만나 마음을 전하는 것은
　　저의 중요한 업무라고 생각합니다. 그리고 즉위 후, 가능한 한 이른 기회에
　　각 현縣을 돌고 싶습니다. 이것도 중요한 업무라고 생각합니다.[6]

기자의 질문은 '외국 방문'의 부담에 대한 것이었으므로, 아키히토의 답은 다소 당돌했다. 하지만 아키히토가 외국 방문과 관련지어 굳이 지방 방문부터 언급한 것은 주목할 만했다. 이것은 아키히토에게 있어서 제일 중요한 '공무'가 이제 외국 방문이 아니라 지방 방문임을 시사한 발언이었다.

그후 해마다 열리는 기자회견에서, 1년 동안의 활동을 총괄할 때 우선 그해에 발생한 재해를 언급한 다음 재해피해지를 포함한 국내 지역 방문을 언급하는 형태로, 지방 방문이 공무의 중점임이 강조되기에 이르렀다.

두 번째 특징은 그 연장선상에서 아키히토 부부가 황태자 시절보다도 더, 의욕적으로 전 도도부현都道府県 방문을 계획·실행하게 되었다는 점이다. 그만큼 지방 방문의 일정과 방문지 선택에서도 보수정치가의 요청이 아니라 **아키히토** 등의 주도권이 강하게 관철되었다.

천황은 즉위 후 일찍부터 천황으로서 **전국** 방문을 목표로 삼고 항례의 행행·행계에 맞춰 근린 부현을 방문하는 계획을 세웠다. 행계에 맞춘 지방 방문은 황태자 시절부터 확립된 관행이었는데,[7] 이것을 자각적으로 시작했던 것이다.

이후 여기에 전국식수제植樹祭, 국민체육대회 추계대회가 추가되고, '전국풍요로운바다만들기대회全国豊かな海づくり大会' 행행 및 행계도 정례화되어 '3대 행행·행계'라 일컬어지게 되었다.[8]

이를 계기로 천황·황후는 전 부현 방문을 가속화하기 시작했다.[9] 그 계획도 앞에서 살펴본 바와 같이 1994년 기자회견 때 "그리고 즉위 후, 가능한 한 이른 기회에 각 현을 돌고 싶습니다. 이것도 중요한 업무라고 생각합니다"[10]라고 명언되었다.

그 결과 천황은 2003년 즉위 후 14년 만에 47도도부현 전체의 방문을 달성하고, 황후 미치코도 2004년에는 전 도도부현 방문을 달성했다. 그후 천황은 곧바로 두 번째 전국 순회를 시작해서, 2017년에 그것도 달성했다.

3대 행행·행계는 정작 중요한 식수제와 바다만들기대회 그 자체의 개최는 매너리즘에 빠지기 십상이었지만, "오히려 천황과 황후의 지방 방문이 주를 이루고, 그 이유를 갖다붙이기 위해 행사가 계속"[11]된다는 시각마저 나올 만큼, 억지로 자치체로 하여금 행사를 개최하겠다고 손들게 만들어 매년 개최될 정도였다.

'약자'에게 다가서는 '지방 방문'

세 번째 특징은 천황이 지방 방문을 나중에 살펴볼 장애인과 고령자에 대한 집착과 공통되는 생각, 즉 쇠퇴하는 지방을 '약자'로 인식하고, 약자에게 다가서는 '상징으로서의 직무'의 일환으로 위치지었다는 점이다. 이것은 2002년 기자회견의 다음과 같은 언급에서도 알 수 있다.

> 국내와 관련해서는 매년 전국식수제, 국민체육대회, 전국풍요로운바다만들기대회 등과 같은 행사의 기회에 각지를 방문하여 사람들을 만나고 지역의 실정을 접하려고 노력해왔습니다. **각지에서 고령화가 진행되면서 지역 사람들이 무척 고생한다**는 것을 알고 있습니다.[12]

고도성장기 때부터 쇠퇴하기 시작한 지방은 1990년대 중반 이후 지방을 덮친 글로벌화와 신자유주의 개혁, 즉 '지방구조개혁'에 의한 지방 재정 삭감, 다국적기업의 제조 거점 해외 이전 등으로 '쇠퇴'가 **가속화**되었다.

전국을 순회한다는, 자신이 세운 목표에 따라 지방을 돌면서 천황 일행은 극히 표면적이기는 하더라도 지방의 쇠퇴를 보고 듣는 가운데 지방 순회의 새로운 '의의'를 찾았을 것으로 추측된다. 그것이 더더욱 지방 순회에 대한 열의를 만들어냈다.

(3) 재해피해지 방문, 장애인, 고령자, 약자에 대한 집착

지방 순회와 함께 천황·황후가 힘을 쏟은 것은 재해피해지 방문, 그리고 장애인과 고령자에 대한 집착이었다. 이것은, 이미 앞에서 살펴봤듯이 가와하라 도시아키河原敏明가 영국 왕실과의 비교를 통해 일본 황실이 가장 힘써야 하는 분야로 언급했던 것이다.

아키히토는 황태자 시절부터 재해피해지와 장애인 시설 방문에 신경을 썼는데, 새로운 활동으로서 특히 중시했던 것이 재해피해지 방문이고,[13] 천황 즉위 후 이것을 '상징으로서의 직무'의 핵심으로 삼았다.

실제로 즉위 직후인 1991년에는 운젠후겐다케雲仙普賢岳 분화, 1993년에는 홋카이도 남서앞바다 지진, 1995년에는 한신·아와지 대지진이 연이어 발생하는 가운데 천황·황후는 궁내청을 독촉하여 재해피해지 방문을 서둘렀다.

천황·황후에게는 이러한 '약자' 방문이야말로 영국 왕실뿐만 아니라 일본 황실의 전통적 업무로 받아들여진 것이다.

이러한 활동이 정착함에 따라 기자회견에서 기자들이 하는 질문도 당초의 **국제친선**에서 점차 **지방 방문**, **재해피해지**와 장애인 시설 방문으로 그 중점이 옮겨졌다. '헤이세이류'의 확립이었다.

1999년의 천황 즉위 10년 기자회견에서, 천황은 장애인, 고령자, 재해피해지 방문 활동을 총괄해달라는 질문에 대해 이를 **일괄**하여 다음과 같이 답했다.

> 장애인과 고령자, 재해를 입은 사람들 또는 사회와 사람들을 위해 헌신하는 사람들에게 마음을 기울이는 것은 저희들의 중요한 직무라고 생각합니다. 그런 마음에서 복지시설과 재해피해지를 방문했습니다. …… 방문했던 시설과 재해피해지에서 만난 사람들과 조금이라도 마음을 함께 나누고자 노력해왔습니다.[14]

'마음을 기울이는 것', '마음을 함께 나누는 것', 즉 약자를 위해 기도하는 것에서 천황은 일본의 전통적 천황제 이래의 '상징으로서의 직무'를 찾아낸 것이다.

(4) 환경에 대한 관심

아키히토가 황태자 시절부터 지녔던 관심 중 하나가 환경문제인데, 이 테마도 제2기에 들어서 새롭게 '헤이세이류'의 핵심 중 하나로 자리잡았다.

아마도 영국 왕실 등을 고려했으리라 짐작되지만, 이미 1970년대 초반에 공해가 심각해지던 시대부터 아키히토는 적극적으로 환경문제에 대한 언급을 되풀이했다. 1972년 기자회견에서는 당시의 심각한 공해를 염두에 두고 콤비나트 건설과 광화학 스모그와 관련하여 "증상이 발생하고 나서 조사하는 것이 아니라 사전에 예방적으로"[15]라고 발언했고, 자연보호에 대해서도 발언을 거듭해왔다.

환경문제에 대한 집착도 천황 즉위 이후 아키히토가 자신의 개성으로 내세운 핵심이 되었다. 1981년 시작된 '전국풍요로운바다만들기대회'에 아키히토는 황태자 시절부터 출석했는데, 천황 즉위 이후로는 이것을 3대 행행·행계 중 하나로 '격상'하여 매년 출석하도록 한 것도 그 결과였다.[16]

1992년의 탄생일 기자회견에서, 외국 손님을 응접할 때 환경문제를 많이 언급하지 않느냐는 기자의 질문에 대해 아키히토는 다음과 같이 답했다.

> 역시 환경은 지금 가장 중요한 문제가 아닌가 생각합니다. 인류의 행복을 생각할 경우, 누구나 쾌적한 환경에서 생활할 수 있기를 바라지 않을까 생각합니다.[17]

환경문제에 대한 아키히토의 집착은 원자력발전소 사고를 동반한 3·11 동일본대지진을 거치면서 한층 강화되었다. 지진 피해 이후에만 후쿠시마를 여섯 번이나 방문했고, 나아가 2013년에 처음으로 미나마타水俣*를 방문한 것[18]은 환경문제에 대한 아키히토의 관심이 한층 절박해졌음을 보여준다.

(5) 전쟁, 평화, 오키나와에 대한 집착

이상과 같이 아키히토가 중시한 직무—지방 방문, 재해피해지·장애인·고령자·복지시설 방문, 환경문제에 대한 집착—는 모두 영국 왕실의 활동이

---

* 구마모토현熊本県 최남단에 위치한 도시. 수은 중독으로 인한 미나마타병이 발생한 곳이다.

나 일본 황실의 전통에서 아키히토가 찾아낸 결과 '공무公務'로서 중시한 활동이었다.

하지만 아키히토가 이것들과 더불어 자신의 '상징으로서의 직무'로 가장 중시한 과거의 전쟁, 뒤집어 말하자면 평화에 대한 집착, 그리고 아시아·태평양전쟁 중에 국내에서 유일하게 주민이 전장으로 휘말려들었던 오키나와, 원폭 피해를 받은 히로시마, 나가사키 등의 국내외 지역 방문은 영국 왕실에서도 일본 황실의 전통에서도 아니고 아키히토가 **독자적으로** 집착하여 직무로 규정한 과제였다.

아키히토가 이렇게 '전쟁' 문제에 끈끈한 관심을 가지고 전적지 방문을 '상징으로서의 직무'의 중심에 둔 배경에는 자신이 유소년기에 전쟁을 체험했다는 점과 함께, 아버지 쇼와 천황의 '전쟁책임'이 끊임없이 문제시되어, 그것을 어떻게든 결착을 짓지 않으면 안 되었다는 점을 들 수 있다.

나중에 다시 살펴보겠지만, 아키히토의 주된 관심은 전쟁 일반도 천황제 국가가 행한 침략전쟁도 아니고, 1941년에 개시된 전쟁(여기에서는 편의상 아시아·태평양전쟁이라 불러둔다)이었다. 위령을 되풀이한 지역이 오키나와, 이오지마硫黄島, 히로시마, 나가사키, 사이판, 팔라우로, 모두 아시아·태평양전쟁과 관련된 장소였다는 점은 이러한 아키히토의 집착이 무엇을 향한 것이었는지를 보여준다.

천황의 이러한 관심이 이미 황태자 시절부터 시작되었다는 점, 특히 그 최초의 표명이 1981년 8월 7일의 기자회견에서 있었던 다음과 같은 발언이었다는 사실은 이미 널리 알려져 있다.

이러한 전쟁(태평양전쟁-인용자)이 두 번 다시 있어서는 안 된다고 강하게 느낍니다. 그리고 많은 희생자와 그 유족을 생각하지 않을 수 없습니다. 일본에서는 반드시 기억해야 할 것이 4개 있다고 생각합니다. (종전기념일과) 어제의 히로시마 원폭과 모레의 나가사키 원폭의 날, 그리고 6월 23일 오키나와 전투가 끝난 날, 이날에는 묵도를 올리고 지금과 같이 생각합니다. 그리고 평화의 고마움을 가슴 깊이 새기고, 또한 평화를 지켜가고 싶다고 생각하고 있습니다.[19]

이 발언을 사이에 두고, 특히 오키나와에는 하라 다케시가 지적하고 있듯이[20] 1975년의 방문 이래 황태자 시절에 다섯 번이나 방문했고, 천황 즉위 이후에도 여섯 번에 걸쳐 방문했다.

게다가 주목해야 할 것은 제2기에 들어서 천황은 이 '전쟁'에 대한 위령의 행동을 다시금 두 개의 영역에서 새롭게 확대하여 '상징으로서의 직무'로 확립했다는 점이다.

전몰자 추도식의 '말씀'

하나는 8월 15일 전몰자 추도식의 '말씀'에서 과거의 아시아·태평양전쟁에 대한 생각을 표명하게 된 것이다. 이 '말씀'에 관해서는 이미 요시다 유타카吉田裕의 분석[21]이 있으므로, 상세한 내용은 요시다의 분석에 맡기고 이 책의 논지와 관계되는 것만을 언급해두기로 한다.

8월 15일의 추도식 행사 출석은 쇼와 천황 이래의 관행을 계승한 것으로, 식전에서 하는 '말씀'도 약간 순서를 바꾸는 정도의 변화는 있었지만 1994년까지는 쇼와 천황 때의 그것을 계승하여 반복하고 있었다.

그렇지만 '전후 50년'이 되는 1995년 추도식의 '말씀'에서는 마지막 단락에 "이 자리에서 **역사를 되돌아보고, 전쟁의 참화가 다시 반복되지 않기를 간절히 바라며**……"라는 문구가 삽입되었다.[22] 이 '말씀'은 아키히토 천황의 제2기가 **개시**되었음을 알리는 것이었다.

이후 20년에 걸쳐 이 문구가 계속되었다. 하지만 제2차 아베 정권 시기이자 전후 70년에 해당하는 2015년에는, 즉 제3기에 들어서는 다시 문구가 대폭 추가되었다.

종전 이래 벌써 70년, 전쟁에 의한 황폐로부터의 부흥과 발전을 향한 국민의 꾸준한 노력과 평화의 존속을 갈망하는 국민의 의식에 힘입어 우리나라는 오늘날의 평화와 번영을 만들어왔습니다. 전후라는 이 오랜 기간에 걸친 국민의 고귀한 발걸음을 생각하면, 실로 감개무량합니다.

이 자리에서 과거를 되돌아보고, 지난 대전大戰에 대한 깊은 반성과 함께 향후 전쟁의 참화가 다시 반복되지 않기를 간절히 바라며, 전 국민과 함께 전쟁터에서 산화하고 전화에 쓰러진 사람들에 대해 마음에서 우러나는 추도의 뜻을 표하고, 세계의 평화와 우리나라의 더한층의 발전을 빕니다.[23]

고딕체로 표시한 곳이 2015년 '말씀'에서 처음으로 추가된 부분이다.

여기에서 알 수 있듯이, 전후의 평화를 지탱하는 데에 있어서 '평화의 존속을 갈망하는 국민의 의식'을 언급하고, 제3단락에서는 '지난 대전에 대한 깊은 반성'이라는 문구가 새롭게 추가된 것이다.[24]

전몰자 추도식에서 나온 '말씀'의 이러한 문구는 쇼와 천황 때와 달리 아키히토 천황이 궁내청과 상담하면서 직접 집필한 후 내각의 손을 거치지 않고 발표한 것으로 추측된다. 여기에서도 내각의 통제로부터 '독립'된 천황의 행위가 나타나고 있다.

왜 1995년부터 '전쟁과 평화'에 대한 노력이 시작되었을까

그럼 도대체 왜 다름 아닌 1995년에 전쟁과 평화에 대한 아키히토의 집착이 시작된 것일까. 그 배경에는 1995년이 '전후 50년'이 되는 해였다는 점에 더해, 이미 요시다 유타카가 주목하고 그 관련성을 검토한 바[25]와 같이 당시의 무라야마 정권하에서 나온 '무라야마 담화' 등의 정치적인 움직임이 있었다.

무라야마 정권은 오자와 이치로가 주도한 연립에서 이탈한 사회당과 정권 복귀를 노리는 자민당이 사회당의 무라야마 도미이치를 수반으로 내세워 탄생한 정권이었다. 수상이 된 무라야마는 사회당의 안보조약, 자위대 용인으로의 **전향**을 추진하는 한편, 다른 한편으로는 전후 50년을 맞이하여 아시아 여러 나라에게 명확한 사죄를 하려고 했다.[26]

무라야마가 전후 50년에 즈음하여 사죄를 표명하려고 했던 이유는 그것이 연립정권의 합의사항에 명기되어 있었고, 또한 무라야마 자신이 소신 표명 연설에서 명언한 공약이었기 때문이다. 무라야마로서는 선거에서 국민의 신임을 얻어 탄생한 건 아니지만, 1947년 이래 47년 만에 탄생한 사회당이 수반인 내각이었기에 더더욱, 할 수 있는 것은 하고 싶다고 생각했다.

그러나 무라야마가 담화 표명에서 주의를 기울인 것은 그것만이 아니었다. 수상이 된 후 아시아 여러 나라, 특히 한국과 중국 방문에서 일본이 사죄하지 않는 데에 대한 불만의 목소리를 들은 것도 하나의 추진력으로 작동했다. 일본에 그보다는 친근감을 가지고 있는 ASEAN 여러 나라 방문에서도 무라야마는 겉으로야 어떻든 "마음속 깊은 곳에서는 역시 역사 문제에 대해 불만도 가지고 있다"[27]는 것을 느끼지 않을 수 없었기 때문이다.

하지만 정치적으로는, 한층 더 힘이 있는 국회결의를 만들어내는 일은 난항을 거듭했다. 결의안은 여당 3당이 만든 '전후 50년 문제 프로젝트팀'에서 먼저 격론을 거듭하고, 이어서 3당 간사장·서기장 회담에서 조정되었지만, 식민지 지배와 침략적 행위를 상대화하는 듯한 애매한 안이 되어버렸다.

그런데 그런 안에 대해서도 자민당 우파 의원들이 강하게 반발하여 표결에 불참했고,[28] 거꾸로 신진당은 침략과 식민지 지배를 더 명확히 한 수정안을 제출했으나, 여당이 받아들이지 않아서 이것에 대해서도 표결에 불참한 결과, 표결 결석자가 250여 명에 이르렀다. 출석한 공산당도 문구가 그렇게 애매한 데에 반발하여 반대로 돌아섰기 때문에, 결의안은 찬성 다수로 채택되기는 했지만, 찬성은 230명으로 중의원 의원의 과반수에도 못 미치는 참담한 결과였다(당시의 의원 정수는 511명이었다-옮긴이). 게다가 참의원에는 국회결의안이 제출되지도 못했다.

이와 달리, 무라야마 담화는 수상의 담화이기도 했기 때문에 여당 각료의 반발도 적어서 사죄의 방향을 더욱 명확히 제시할 수 있었다. 여기에는 다음과 같은 문구가 들어 있다.

우리나라는 멀지 않은 과거의 한 시기, **국가정책을 그르치고** 전쟁에의 길로 나아가 국민을 존망의 위기에 빠뜨렸으며 **식민지 지배와 침략**으로 많은 나라들 특히 **아시아 제국의 여러분들에게** 다대한 손해와 고통을 주었습니다. 저는 미래에 잘못이 없도록 하기 위하여 의심의 여지도 없는 이와 같은 역사의 사실을 겸허하게 받아들이고 여기서 다시 한번 **통절한 반성의 뜻**을 표하며 **진심으로 사죄**의 마음을 표명합니다. 또한 이 역사로 인한 **내외의 모든**

희생자 여러분에게 깊은 애도의 뜻을 바칩니다.29*

이것은 ① 일본의 식민지 지배와 침략으로 특히 아시아 여러 나라 사람들에게 손해와 고통을 주었다는 것을 인정했다는 점, ② 이 행위에 대해 '통절한 반성'과 '진심으로 사죄'를 표명하고 있다는 점, ③ 이 역사로 인한 '내외의 모든 희생자에게' 애도의 뜻을 표명하고 있다는 점, 이 세 가지에서 1995년의 전몰자 추도식에서 천황 아키히토가 한 '말씀', 앞에서 살펴본 천황의 중국 방문 당시의 '말씀', 노태우 대통령 방일 때의 '말씀'과 비교해도 훨씬 직접적이고 정치적으로도 강한 내용이었다.

무라야마 담화 자체는 8월 15일, 즉 천황 아키히토의 추도식 '말씀'과 같은날 발표되었지만, 천황은 분명 그 전부터 무라야마 정권 아래에서 펼쳐진 전후 50년 국회결의와 담화를 둘러싼 공방을 신문 등을 통해 상세히 알고 있었을 것이다. 이러한 정치의 움직임이 '전쟁과 평화'에 대한 아키히토의 수년 전부터의 집착을 행동으로 옮기도록 떠밀었다고 생각된다.

2015년의 '말씀'을 둘러싼 대항

이와 관련하여, 20년이 지난 2015년에 나온 아키히토의 '말씀'은 1995년의 '말씀'과는 대조적인 구도 속에서 만들어졌다. 이 점은 제3장에서 다시 검토하겠지만, 우선 천황의 '말씀'이라는 점에 대해서만 살펴보고자 한다.

2015년에는 1995년 당시의 무라야마 정권과 천황의 **암묵적 연대**와는 거꾸로 무라야마 담화의 재검토를 공언하는 아베 정권의 정치적 자세와

---

* 「전후 50주년 종전기념일을 맞이하여」(이른바 무라야마 담화), 주대한민국일본국대사관의 한국어번역본.

천황의 의향이 날카로운 **긴장 관계**에 있었다.

나중에 상세히 검토하듯이,[30] 아베는 2013년 이래 추도식의 수상 인사말에서 그때까지 역대 수상이 답습해온 아시아에 행한 가해에 대한 반성이라는 문구를 삭제했다. 이런 상황을 고려하여 정치에 대해 배려를 하면서도 아베 총리와는 대립적인 뉘앙스를 과감하게 드러냈던 것이 2015년의 '말씀'이었다. 이런 의미에서 2015년 추도식의 '말씀'은 자신감이 커진 아키히토가 **굳이** 아베 정치에 대한 **대항**을 표명한 것이었고, 따라서 분명하게 제3기적 특성을 지니고 있었다고 볼 수 있다.

사실, 2015년의 '말씀'에는 뒷이야기가 있다. 2016년 추도식의 '말씀'은 2015년 '말씀'보다 크게 '후퇴'했기 때문이다.[31] 나중에 제3기에서 상세히 다루겠지만, 그 배경은 아베와 아키히토의 공방과 관계가 있었다.

이 2016년은 아키히토의 퇴위 의향이 NHK 특종이라는 형식으로 보도되고, 그것을 해설하는 '말씀'을 8월 8일에 천황 자신의 입으로 내놓았으므로, 8월 15일의 추도식을 앞두고 아베와 아키히토의 **긴장이 극**에 달했던 해였다. 아키히토는 그 긴장을 고려하여 2015년 '말씀'보다 표현을 애매하게 함으로써 천황 퇴위를 향한 아베의 행동을 기대했던 것으로 짐작된다.

어찌 되었든, 아키히토는 지극히 **정치적**으로, **군주**로서 행동하고 있었음을 알 수 있다.

해외 '전적지'에 대한 위령 여행

'전쟁'에 집착한 결과, 제2기에 아키히토가 새롭게 시작한 또 하나의 행동이 **해외의** '전적지'에 대한 위령 '여행'이었다.

이것은 2005년 '전후 60년'을 맞이한 사이판 방문, 그리고 2015년 '전후 70년'을 맞이한 팔라우 방문이라는 형태로 나타났다.

위령 여행의 첫 번째 특징은 천황의 중국 방문과는 대조적으로 **정치**의 요청이 아니라 천황의 **독자적**인 생각에 의거한 행동이었다는 점이다.

종래의 외국 방문은 내각의 요청에 따라 이루어졌다. 그리고 "어디까지나 수동적이고, 순전한 국제친선의 목적으로 국한되어"[32] 있었다. 천황의 중국 방문은 '순전한 국제친선의 목적'을 크게 일탈했다는 점에서, 그때까지의 외국 방문이 지닌 한계를 넘어선 것이었지만, '수동적'이라는 틀은 유지되고 있었다.

외국 방문이 어디까지나 '수동적'이라는 점은 헌법에 규정된 천황의 지위와 관련된 것이고, 그것은 아키히토도 몇 번이나 명언해왔다. 예를 들어, 제1기의 일이긴 하지만, 즉위 직후의 기자회견에서 중국과 한국 방문에 대한 의욕을 질문받은 천황은 자신의 의욕을 감추지 않으면서 다음과 같이 답했다.

> 중국과 한국 방문은, **저의 외국 방문은 정부가 결정합니다만**, 그러한 기회가 생긴다면 두 나라와의 이해와 친선관계 증진에 힘써서 의의 있는 일이 되도록 노력하고 싶습니다.[33]

천황이 원한다는 소문이 돌았던 한국 방문에 대해서도 1992년에는 다음과 같이 답했다.

> 한국을 포함하여 어떤 나라를 언제 방문할지는 **정부가 결정합니다만**, 그런 기회가 주어진다면 방문국 사람들과 상호이해를 깊게 하고, 또한 제 입장에서 우호관계 증진에 노력하고 싶습니다.[34]

1994년의 탄생일 기자회견에서도, 필시 천황의 생각을 **헤아린** 기자로부터 한국 방문에 관한 질문이 나오자, 천황은 약간 짜증 섞인 답변을 하기도 했다.

한국은 일본의 가장 가까운 이웃나라이고, 역사적으로도 많은 관계가 있습니다. 따라서 두 나라의 이해와 신뢰관계·우호관계를 깊게 만들어가는 것은 매우 중요한 일이라고 생각합니다. 저의 방문과 관련해서는, **이전에도 답했습니다만, 정부가 검토**하도록 되어 있으니, 그에 따라 행할 일이라고 생각합니다.35

그러나 2005년의 사이판 방문은 외국 방문에 관한 그때까지의 관행을 깨고 '일본 측'이 미국 정부와 현지 마리아나 자치정부에게 요청하여 실현되었다.36 천황 자신이 강하게 요청하고, 궁내청이 노력을 거듭하여, 고이즈미 정권의 이해를 얻어 실현되었던 것이다.37 사이판 방문 후인 2005년 기자회견에서 천황은 **자신**이 주도해서 이루어진 방문이었음을 감추지 않았다.

이전 대전大戰에서는 대단히 많은 일본인이 돌아가셨습니다. 전체 전몰자 310만 명 중 해외에서 돌아가신 분은 240만 명에 달합니다. 전후 60년을 맞이하여 우리는 이렇듯 많은 분이 돌아가신 해외에서의 위령을 생각하고, **많은 사람의 협력을 얻어서** 미국의 자치령인 북마리아나제도에 속하는 사이판섬을 방문했습니다. …… 61년 전 격렬한 전쟁을 생각하며 마음이 무거운 여행이었습니다. …… 이번 사이판섬 방문을 위해 애써주신 **일본 측 관계자**를 비롯하여 미국 측 및 북마리아나제도 측 관계자에게 깊이

감사드립니다.[38]

　‘우리’에 정부가 포함되지 않는다는 점은 명백하고, 오히려 정부는 미국 정부도 포함하는 ‘많은 사람’ 또는 ‘일본 측 관계자’로 격하되어버렸다.

　위령 여행에서 주목할 만한 두 번째 특징은, 사이판 방문과 팔라우 방문을 놓고 요시다 유타카가 지적하는—즉 팔라우를 방문했을 때는 사이판 방문에서 했던 한국인 희생자 위령비와 오키나와 현민 희생자 위령비 방문이 빠진—차이[39]는, 요시다가 드는 세 가지 이유[40] 이외에도 사이판 방문 당시의 고이즈미 정권과 팔라우 방문 당시의 아베 정권의 차이에서 기인했다고도 생각된다.

　앞에서 언급한 2016년 전몰자 추도식의 ‘말씀’에서 했던 아베에 대한 배려와 동일한 정치적 고려가 아키히토의 방문 일정에 반영되었다고 생각된다. 팔라우 방문은 2015년 4월이었다. 그해 8월에 아키히토는 추도식에서 앞에서 언급한 ‘말씀’을 발표하고, 나아가 2016년에는 정부와 상의하지 않고 NHK 특종이라는 형태로 퇴위 의향을 공표했다. 이러한 상황 속에서 천황·황후 측이 다른 것에서는 되도록 아베의 의향을 거스르지 않는 방법을 선택했다고 생각된다.

(6) ‘헤이세이류’의 헌법적 문제점

이상 간단히 살펴본 천황의 여러 행동은 앞서 말했듯이 ‘헤이세이류’라 칭송받았고, 나중에는 미디어만이 아니라 평론가와 연구자 등으로부터도 예찬받았다.

　그러나 이러한 천황의 행동은 헌법이 구상한 ‘상징’의 존재 방식에서는 크게 벗어난 것이었다. 그 행동들은 모두 헌법이 요구하는 상징으로서의 활동을 **절차적으로도 실체적으로도** 위반하는 것이었다.

여기에서는 그것을 재해피해지 방문을 예로 들어 생각해보도록 하자.

헌법이 요구하는 절차 위반—'공적 행위'의 의도적 비대화

재해피해지 방문을 비롯하여 아키히토 시대에 팽창한 방문들은 헌법이 상징으로서의 천황에게 인정한 유일한 활동인 '국사 행위'가 아니기 때문에 쇼와 천황 시대부터 그 헌법적 문제점이 지적되어왔다.[41]

그러나 천황의 지방 방문이 지닌 절대적인 정치적 효과를 노렸던 보수 정권은 이렇듯 헌법이 인정하지 않는 행위를 잇따라 쇼와 천황에게 요구했다. 천황을 지방에 '유치'함으로써 자민당 정치가는 큰 점수를 얻을 수 있었기 때문이다.

지방도 천황과 황족의 '행행'과 '행계'를 환영했다. 행행이 실시되면 도로, 시설을 비롯한 인프라 건설에 대한 보조가 나올 뿐만 아니라, 천황을 불러들인 지사나 수장의 권위 향상에도 도움이 되었기 때문이다. "천황이 오면 도로가 생긴다고 해요. 국민체육대회도 그렇고요. 전국 여기저기에 국체 도로가 있잖아요"[42]라는 보도기자의 말은 그것이 **상식**임을 말해준다.

위헌론을 불식시키기 위해 정부와 일부 헌법학자가 내세운 것이 '공적 행위'론이었다.[43] 재해피해지 방문도 포함한 이러한 지방 방문은 헌법상 인정되는 국사행위는 아니지만, 상징이라는 지위에 걸맞은 행위이고, 헌법상 용인된다는 주장이었다.

천황의 '공적 행위'에 대해 내각법제국은 다음과 같은 입장이다.

'공적 행위'는 천황의 자연인으로서의 행위 중 공적 색채를 띤 행위라는 것이 저희가 내린 하나의 정의입니다. …… 천황이 상징으로서의 지위를 지니는 이상, 그곳에 공적 색채의 행위가 있을 수 있다, 이렇게 말씀드리는 바입니다.[44]

동일한 입장은 몇 번이고 확인된다. 2010년 '정부통일견해'에서도 '공적 행위'에 대해서는 다음과 같은 정의가 제시되고 있다. 다소 길지만 당시의 통일견해 전문은 다음과 같다.

1. 소위 천황의 공적 행위란, 헌법에서 정한 국사행위 이외의 행위이고, 천황이 상징으로서의 지위에 기초하여 공적인 입장에서 행하는 것을 말한다. 천황의 공적 행위에 대해서는 헌법상 명문明文의 근거는 없지만, 상징이라는 지위에 있는 천황의 행위로서 당연히 인정되는 바이다.

2. 천황의 공적 행위는 국사행위가 아니기 때문에 **헌법에서 말하는 내각의 조언과 승인은 필요하지 않지만**, 헌법 제4조에서 천황은 "국정에 관한 권능을 지니지 않는다"라고 규정되어 있고, 내각은 **천황의 공적 행위가 헌법의 취지에 맞게 이루어지도록 배려**해야만 하는 책임을 지고 있다.

3. 천황의 공적 행위에는 외국 빈객賓客 접우接遇 외에 외국 방문, 국회 개회식 참석 및 '말씀', 신년 일반참하一般参賀* 행차, 전국식수제와 국민체육대회 참석 등 여러 가지가 있고, 각각의 공적 행위의 성격에 따라 적절한 대응이 필요하기 때문에 통일적인 룰을 만드는 것은 현실적이지 않다.

4. 따라서 천황의 공적 행위에 대해서는 각 행사 등의 취지와 내용 외에 천

---

* 새해를 맞아 1월 2일 천황·황후가 황족과 함께 수차례 궁전 베란다로 나가 국민의 축하를 받는 행사.

황 폐하가 참석 등을 하는 것의 의의와 국민의 기대 등 여러 사정을 감안하여 판단해가야 한다고 생각한다.

5. 어느 쪽이든, 내각은 천황의 공적 행위가 헌법의 취지에 맞게 이루어지도록 배려해야 하는 책임을 지고 있고, 앞으로도 적절히 대응해 나가고자 한다.[45]

정부는 이러한 '공적 행위'를 합헌적인 것으로 보는 동시에 그 한계에 대해서도 거듭거듭 지적해왔다. 가장 중요한 한계는 2010년 '정부통일견해'의 2에서 헌법 제4조의 천황은 '국정에 관한 권능을 지니지 않는다'는 규정에 따라 발생하는, 공적 행위가 '국정'에 영향을 끼쳐서는 안 된다는 한계이지만, 정부는 그것을 세 가지 한계로서 정식화하고 있다.

여기에서 그 한계로서 우리가 생각하고 있는 것은 세 가지입니다. 첫 번째는 국정에 관한 권능이라는 것이 그 행위 속에 포함되어서는 안 된다, 이러한 것이 있다고 생각합니다. 좀더 알기 쉽게 말하자면, 정치적인 의미를 지니거나 정치적인 영향을 끼치는 것, 이러한 것이 거기에 포함되어서는 안 된다는 것이 최우선적이라고 할 수 있습니다. 그리고 두 번째는 어디까지나 그 천황의 행위에 대해 내각이 책임을 지는 행위여야 한다고 생각합니다. 그리고 세 번째는 상징천황으로서의 성격으로부터 말해, 그것에 반하는 듯한 것이어서는 안 된다는 것, 우리로서는 이상 세 가지가 공적 행위를 생각할 경우의 한계라고 생각합니다.[46]

이처럼 정부는 언뜻 천황의 공적 행위에 엄격한 규제와 제한을 가해온 듯 보이지만, 실제로는 보수정권의 그때그때의 요청에 응해 점점 확대되고, 내각법제국의 정부견해는 그것을 추인하는 역할만 하게 되어 있었다.

게다가 '공적 행위'에 대한 정부해석은 헌법이 요구하는 절차론에서 보더라도 잘못된 논의였다. 왜냐하면 천황의 행위를 엄격하게 통제하기 위해 헌법은, "천황은 이 헌법에서 정하는 국사國事에 관한 행위만을 행한다"(제4조)고 규정하고, 천황이 행하는 것이 허락되는 행위를 '국사행위'만으로 한정하며, 그 '국사행위'를 헌법 제7조에서 한정 열거했을 뿐만 아니라 그 '국사행위'를 행할 때에도 '내각의 조언과 승인'을 의무화했다. 이중의 제어장치를 두고 있는 것이다. 그렇다면 헌법에 **아무런** 규정도 없기는커녕 **금지**된 것으로 추론되는 행위를 잠정적으로 인정한다면, 그것이 헌법상 과연 허용되는지, 어떤 형태로 허용되는지는 '내각의 자문과 승인' **이상**의 엄격한 절차, 예컨대 내각이 제기하고 국회의 초당파적 대표에 의한 심의와 승인과 같은 절차를 거쳐서 판단하는 것이 불가결하기 때문이다.

그러나 '공적 행위'에 대한 정부의 해석은 완전히 거꾸로이다. 앞에서 인용한 '정부통일견해'의 2에서도 명기하고 있듯이, 공적 행위는 국사행위가 아니므로 그것에 요구되는 '내각의 조언과 승인'과 같은 **엄격한 규제는 필요하지 않고**, 어디까지나 천황의 의사에 기초하여 이루어진다는 입장인 것이다.

그 결과 쇼와 천황 때부터 국회 개회식 출석과 '말씀'이 시작되고, 국빈 방문 때의 만찬회 주최, 식수제와 국민체육대회 출석, 외국 공식 방문, 서훈자 알현 등 통례의 군주가 해온, 또는 해야 하는 행위가 비대해졌다. 헤이세이의 천황 시대에 들어서 지방 방문 등이 이러한 비대화의 **연장선상**에서 증가했다는 점은 분명하다.

천황 자신의 의사에 의한 정치적 행위

그러나 쇼와 천황 시대의 '공적 행위'와 천황 아키히토 시대의 그것에는 **단순한 양적 비대화라고는 할 수 없는 중대한 차이**가 있었다. 그것은 '헤이세이류', 즉 헤이세이의 천황 시대에 새롭게 증가한 지방 방문, 외국 방문 등과 같은 '공적 행위'의 적지 않은 경우가 정부의 요청**조차** 없이 다름 아닌 천황 자신의 요구에 기초해 이루어졌다는 점이다.

이것은 오로지 국민 다수의 의사에 기초한 정부가 주도하여 실시되었던 쇼와 천황 시대의 공적 행위 비대화와는 전혀 다른 상황이고, '군주'다운 천황의 의사에 의한, 사실상 정부는 거부할 수 없는 행위로서 헌법이 규정하는 천황상에서 한층 멀어졌다고 할 수 있다.

헌법은 왜 천황의 행위를 엄격하게 제약했을까?

그러나 이쯤에서 근본적인 의문이 생긴다. 그것은, 지금까지의 논의에서는 천황의 행위에 대한 헌법상의 제한을 당연한 것으로, 말하자면 자명한 **전제**로서 검토했지만, 본래 일본국헌법은 왜 천황의 행위에 대해 그렇게 엄격한 제한을 설정했을까 하는 의문이다. 이 질문에 전면적으로 답하기 위해서는 새로이 책 한 권이 필요할 정도이지만, 그럼에도 이 물음에 관해 최소한의 검토는 해둘 필요가 있을 것이다.

일본국헌법이 천황을 '상징'으로 하고 그 행위를 엄격히 제한했던 이유는 두말할 필요 없이 전전戰前·전시의 비참한 경험이 남긴 교훈 때문이었다.

메이지유신으로 탄생한 천황제 국가는 일본의 급속한 근대화를 통해 서구 열강과 대치하는 강국=제국주의 건설을 지향했다.

따라서 천황제 국가의 지도자들은 일본의 근대국가다움을 서양 각국에게 인정받을 필요 때문에라도 헌법을 제정하고 국민을 대표하는 의회를 설치하는 동시에, 그로 인해 국가 운영이 의회세력에 의해 제약되고, 나아가 정권이 의회·정당세력에게 장악되는 것을 막는 데 부심했다. 특히 정부 지도자가 **부정적인** 모델로 삼았던 것이 영국의 '입헌군주제'였다. 영국형을 취하는 한 군주의 권한은 명목적인 것이 되고 국가의 의사결정을 의회가 장악하게 되기 때문이다.

그래서 메이지헌법에서는 영국류 입헌군주제로 빠지지 않고 천황과 지도부가 그 의사를 관철할 수 있는 체제가 만들어졌다.[47] 천황은 정치의 전권을 쥐는, 즉 통치권을 '총람總攬'하는 '원수'로 규정되었다. 입법권은 의회의 '협찬協贊'을 거치도록 되어 있었지만, 의회의 다수당이 정권을 장악할 수 없도록 '의원내각제'는 규정하지 않았고, 천황은 국무대신의 임면권, 의회의 정회停會, 중의원 해산권을 가지고 있었다. 또한 의회의 논의를 거치지 않고 행사할 수 있는 '대권大權'이 군사에 관한 결정, 개전開戰, 강화, 조약 체결 등의 외교와 관리 임면 등으로 광범위하게 인정되었다. 특히 군의 지휘명령에 관해서는, 천황은 의회는 물론이고 정부의 논의도 거치지 않고 군부의 '보익輔翼'을 받아 독재할 수 있는 관행이 확립되었다.

게다가 '긴급사태'에는 천황은 긴급칙령 발포를 비롯하여 의회의 간섭을 받지 않고 독재할 수 있는 '대권'을 복수로 지니고 있었다.[48]

이렇듯 천황에게 모든 권력을 집중하는 체제와 국민의 정치적, 시민적 자유에 대한 엄혹한 제한·금지가 맞물리는 가운데, 천황의 정부가 일찍부터 전쟁을 거듭하고 식민지를 확대하면서 일본은 빠르게 열강의 일원이될 수 있었다.

그러나 이렇듯 천황에게 모든 정치권력을 집중시킨 전제專制체제는 연이은 침략전쟁, 특히 1931년 이후의 '만주사변'에서 시작된 전쟁을 저지

할 방도가 없어서 비참한 전쟁에 국민을 동원했던 것이다.

전후에 "천황은, 자신은 일관되게 평화를 바랐지만, 입헌군주제 아래에서 내각이 결정한 결정을 뒤엎을 수 없었다. 이것이 천황의 뜻에 반反하여 일본이 전쟁에 돌입하고 전쟁이 장기화한 원인이다"라는 천황 자신의 변명도 포함한 언설이 유포되었지만,⁴⁹ 그것은 사실과는 다르고, 실제로는 천황은 항상 군부의 '보익'을 받으며 전쟁 수행에 지속적이고 적극적으로 관여했던 것이 명백하다.⁵⁰

패전 후 일본을 점령한 GHQ는 일본이 다시 침략전쟁을 일으키지 않도록 하기 위해서 천황제 국가의 개혁에 착수했는데, 그 최대 과제는 천황제였다. 맥아더는 일본이 오랜 침략전쟁에 국민을 동원할 수 있었던 것은 천황제의 전제적 지배 때문이라는 것을 인식하고 있었지만, 천황은 패전 후에도 여전히 일본 국민의 통합에 큰 역할을 하고 있고 그 권위가 지속되고 있다는 점, 만약 점령군이 천황제를 폐지하고 공화제로 바꾸는 개혁을 강행하면 국민의 저항이 발생해서 점령이 곤란에 빠질 수 있다는 점, 거꾸로 천황을 개혁에 협력하도록 만들면 그 권위를 이용하여 개혁을 원만하게 수행할 수 있다는 점 등을 고려하여 천황의 존속이라는 결단을 내렸다.

그렇다고 해서 천황이 다시 일본 군국주의 부활의 지렛대가 되는 것은 어떻게든 피해야만 한다는, 권위는 이용하고 싶지만 그것이 정치적 힘을 갖는 것은 금지하지 않으면 안 된다는 모순된 요청에 따라 점령권력이 채용한 것이 천황이 갖고 있었던 모든 정치권력을 박탈하고 그것을 국민과 그 대표자의 손에 넘기는 한편, 천황을 '상징'으로 남기는 개혁이었다.⁵¹ 이를 위해 헌법은 앞에서 언급했듯이, 천황은 '국정에 관한 권능을 지니지 않는다'고 명시하고, 천황이 할 수 있는 행위를 엄격하게 의례적·형식적인 '국사행위'에 한정할 뿐만 아니라 그러한 행위도 철저하게 '내각의 조언과 승인'을 받도록 했다.

천황과 그를 둘러싼 지도부는 이러한 점령 개혁에 강하게 반발하고 저항했다. 그들이 포츠담 선언을 수락한 이유는 오직 '국체', 즉 **천황이 모든 권력을 쥐는 체제를 유지하고 싶었기 때문**이었다. 천황이 정치권력을 박탈당하면 천황 통치의 체제는 무너질 수밖에 없다. 하지만 이 개혁을 받아들이지 않으면 천황이라는 제도 자체의 존속도 보장할 수 없다. 이런 상황이었기에 지도층은 마지못해 개혁을 받아들였다.[52]

이러한 헌법의 구상에서 본다면, 정부가 천황을 정치적으로 이용하는 것도, 거꾸로 천황 자신이 주도권을 쥐고 정치행위를 하는 것도, 어느 쪽이든 위헌적 행위이긴 하지만, 그 역사적 경위에서 보면 후자 쪽이 한층 더 **해악이 큰 일탈**이라고 말할 수 있다.

자격도 권한도 능력도 없는 행위

천황 아키히토의 지방 방문과 같은 행위는 천황이 그것에 집념을 보임에 따라, 아마도 그런 의도는 없었겠지만, 점차 메이지헌법의 '통치권 총람자'로서의 천황의 행동에 가까워졌다.

천황 아키히토는 빈발하는 재해에 대해 정치 부문의 요청이 아니라 **자신의 발의**로, '상징의 직무로서', 게다가 가능한 한 조기에 방문하기를 희망하고, 그것을 실현했다.

이것이 "천황과 황후가 재해피해지를 방문하고, 이로써 사람들이 위로와 격려를 받는 것은 좋은 일이 아닌가, 수상이 가는 것보다 훨씬 위안이된다"며, '헤이세이류'라 예찬되고 있는 것이다.

그러나 과연 그럴까.

재해피해지에 해당 지방자치체 책임자뿐만 아니라 정치 담당자, 경우에 따라서는 담당 대신이나 수상이 방문하는 것은 피해 실태를 파악하고 대책의 빈 곳을 찾기 위한 불가결한 행동이다. 그것들은 법률에 근거하여 행정과 재정 조치를 강구하기 위해 필요하기 때문이다.

또한 여당과 야당의 의원들이 방문하는 것도 정부의 대책에서 미비한 부분을 점검하고 감시하며 국회에서 논의를 하기 위해 중요한 활동이다.

그러나 천황이 재해피해지를 방문하기 위해 해당 도도부현 지사를 불러 정보를 수집하고 피해지에 들어가는 것은 헌법이 금지하고 있는 정치적 행위를 행한다는 점에서 **절차적으로** 위헌일 뿐 아니라 **실체적으로도** 불필요하고 유해하다. 천황은 그러한 정치 행동이 금지되어 있을 뿐 아니라 재해피해지를 복구하고 대처할 자격도 능력도 없고, 오히려 복구에 여념이 없는 지방자치체에게는 커다란 부담이 되기 때문이다.

다소 긴 인용이지만, 그런 모습을 1995년 한신·아와지 대지진 당시의 천황의 행동을 기술한 이와이 가쓰미의 글로 살펴보도록 하자.

헤이세이 7년1995년 1월의 한신·아와지 대지진 때는, 담당 대신으로부터 몇 번이고 사정을 들었습니다. 발생 직후인 1월 19일, 궁전에서 오자와 기요시小沢潔 국토청 장관(효고현 남부 지진 비상재해대책본부장)의 '내주内奏'를 받았고, 3월에는 노사카 고켄野坂浩賢 건설대신, 4월에는 오자토 사다토시小里貞利 국무대신(한신·아와지 대지진 대책 담당)의 '내주'도 궁전에서 받았으며, 그해 12월에는 궁전에서 이케하타 세이이치池端清一 국토청 장관의 '한신·아와지 대지진 복구·부흥 대책에 대한 설명'으로 이어지고 …… 해당 지역 지사 및 관계기관장들의 보고도 잇따랐습니다. 1월 말에 효고현 재해피해지를 위문한 후에도 효고현 지사는 고쇼御所에서 2월, 4월, 8월, 12월에 '설명'을 했습니다. 그 밖에도 일본적십자사 사장, 지진예지연락회 회장, 경찰청 장관, 소방청 장관, 방위사무차관과 통합막료회의 의장, 토목학회 회장, 일본건축학회 회장, 일본육영회 회장, 한신·아와지부흥위원회 회장, 외무사무차관, 후생성 사회·원호국장, 방재문제간담회 좌장으로부터 고쇼나 궁전에서 '설명'(황후가 총재로 있어서인지, 일본적십자사만은 '보고')을 들었습니다.[53]

덧붙여, 한신·아와지 대지진 당시 천황 부부의 피해지 방문은 그해 8월, 앞에서 살펴본 전몰자 위령식의 '말씀'과 함께 제2기 '헤이세이류'의 시작을 보여주는 사건이었다.

또한 천황은 3·11 대지진 때도 3월 15일부터 거의 매일 전 원자력위원회 위원장 대리, 경찰청 장관부터 해상보안청 장관, 방위대신, 통합막료회의 의장까지 차례차례 황거로 불러서 '설명'을 들었고, 대지진 직후부터 자위대 헬리콥터 등을 이용하여 재해피해지를 방문했다.

이를 취재한 이노우에 료에 따르면, 당시의 '설명'은 다음과 같다.

지진 발생 4일 후인 3월 15일부터 재해에 대처하는 중요한 임무를 짊어진 주요 관청의 장과 다양한 식견을 지닌 전문가 등이 거의 매일 고쇼를 찾아 천황과 황후 폐하에게 '설명'을 했다. 그중 몇 가지를 들면,

3월 15일 전 원자력위원회 위원장 대리, 경찰청 장관

3월 17일 일본적십자사 사장, 부사장

3월 18일 해상보안청 장관

3월 23일 일본간호협회 회장

3월 30일 외무사무차관

4월 1일 방위대신, 통합막료회의 의장

평상시 같으면 이러한 '설명'은 별문제가 없지만, 지진이 발생하고 1개월

간은 원자력발전소 사고 위기가 계속되던 유사시였다. 그러한 시기에 중책을 맡은 인간을 불러도 되는 것일까. 조금만 기다릴 수는 없었을까. 미증유의 대재해에 대응하느라 눈코뜰새없이 분주했던 수상 관저와는 별도로 또 하나의 '사령센터'가 생긴 듯한 느낌도 있었다.[54]

3월 15일이라는 날짜에 주목하길 바란다. 한창 지진 피해자의 안부 확인이 이루어지던 시기였을 뿐 아니라, 지진의 쓰나미 등으로 발생한 원자력발전소 사고가 복구되기는커녕 피해가 확대되던 시기였다. 미디어 등은 '7주 연속'이라 칭하며 그 고마움을 예찬하여 마지않지만, 그 **무지함**에 어처구니가 없을 따름이다.

이러한 '설명'과 천황·황후의 행동을 이와이 가쓰미는 "예전의 '대신주상大臣奏上'의 부활을 떠올리게 합니다"[55]라고 평하는데, 필자도 동감이다.

3·11을 취재한 이노우에 료도 동일한 감상을 가지고 "기자회의 중진기자 I씨에게 말하자, '내 의견도 그렇다. 상징이라는 틀을 벗어난 지나친행동이다'라고 대답했다"는 에피소드를 적고 있다. "마치 **원수**元首 같다"고.[56]

덧붙여, 이 점에서는 메이지헌법하에서 '통치권 총람자'로서의 경험을 지녔던 쇼와 천황 쪽이 사정을 더 잘 분별하고 있었다. 쇼와 천황은 현지에 끼칠 폐를 고려해서 재해피해지 방문은 되도록 삼갔기 때문이다.[57] 후지모리藤森 궁내청 장관도 한신·아와지 대지진 당시 아키히토 천황의 태도에 위구심을 품고 있었다고 전해진다.[58]

본래, 천황이 격려차 방문하는 '지방 행행'에서는 해당 현의 담당자를 궁내청으로 불러들이고, 행행을 시행할 때는 많은 궁내청 관료만이 아니라 경찰청 장관 등도 수행하며, 3대 행행·행계에는 **수상**마저 전송을 온다. 이러한 것들은 모두 메이지헌법하의 관행에 따른 것에 다름 아니다. '헤이세이류'란, 여기에서는 '메이지헌법류'였다.

신칸센新幹線의 경우는 전체 차량을 대절하고, 도중에 자동차로 이동할 때는 전체 구간 무정차, 호텔은 해당 층 전체를 비우고, 행행 때는 도로 옆에 초등학생들이 동원된다. 문자 그대로 전전戰前 이래의 '행행', 기자들 사이에서는 메이지를 넘어서 **'현대판 다이묘大名 행렬'**⁵⁹이라 불리는 관행이 계속되고 있다. 게다가 천황은 즉위 이후 속도를 높여서 전국을 두 번이나 돌았다.

천황 아키히토는 "각지의 요망에 답하여"⁶⁰라며 자랑스레 말하지만, 실제로는 "각 자치체가 적극적으로 손을 드는 상태는 아닌"⁶¹데도 천황의 뜻을 받든 궁내청 등에 의해 준비되어 행행이 실시되고 있다.

메이지헌법하에서의 천황의 재해피해지 방문

천황은 자신의 행위를 나중에 살펴보듯이 일본 천황제의 전통과 영국 왕실의 전통을 모델로 삼아 탐구하여, 재해피해지와 다양한 시설 방문에 힘을 쏟았다.

그러나 그것은 중세와 근세, 특히 절대왕정 아래의 왕실과 일본국헌법 아래 천황의 행동을 무매개적으로 연결시킨 시대착오적 발상에 불과하다.

전근대 왕실과 천황의 그러한 방문은 종종 재정적 조치와 왕실, 천황의 '자비お手元金' 지출을 수반하는 중요한 시정施政=정치의 일환이었다. 더군다나 메이지헌법하의 천황제에서는 천황의 재해피해지 방문은 중요한 행정적 조치의 일환이었고, 또한 경우에 따라서는 막대한 황실 재산의 일부를 하사함으로써 천황의 '인자함'을 드러내는 국민통합시책의 일환이기도

했다. 이러한 것이 중요한 의미가 있었던 이유는 천황과 왕이 **정치적, 재정적 권한을 쥐고 있었기 때문**이다.

예를 들면, 통치권자로서 천황이 했던 행행의 상징은 태평양전쟁 말기인 1945년, 10만 명 이 넘게 죽은 3월 10일의 도쿄대공습 직후에 있었던 쇼와 천황의 순행일 것이다. 도쿄는 폐허가 되었고, 불에 탄 사체가 산더미처럼 쌓였는데, 3월 17일에 천황이 순행을 온다니 밤낮 가리지 않고 달려들어 겨우 순행로 부근의 사체만 정리할 수 있었다.

그러나 이 순행도 당시의 통치권자가 천황이었다는 점에서 본다면, 필요한 시정의 일환이었다. 복구조치의 강화 유무와 연합국과의 강화교섭 개시의 판단 재료가 되었기 때문이다.

하지만 쇼와 천황은 이 시찰 후에도, 나중에 살펴볼 오키나와 결전에 기대하며 강화를 향해 움직이려고 하지 않았으므로, 10만 명의 희생도 이 시찰도 쓸모는 없었다.

이러한 시찰이긴 했지만, 쇼와 천황의 방문과 천황 아키히토의 방문에는 하늘과 땅의 차이가 있었다. 메이지헌법하의 천황의 순행은 통치권 총람자로서의 천황의 헌법상 권한權限 행사였던 것에 비해, 천황 아키히토의 재해피해지 방문은 전전戰前 천황의 위치를 무매개적으로 겹친 위헌적 행동이었기 때문이다.

사람들에 대한 위로─군주제에 의한 의존 체질 재생산 기능

하지만 천황·황후의 재해피해지 등의 '여행'이 얼마간의 사람들에게 '위로와 격려'를 준 것은 분명하다. 그러니 "재해피해자의 마음에 다가가는 것이야말로 상징으로서 아키히토가 추구했던 것이고, 그것이야말로 상징의 본래 역할로서 제대로 평가해야 하지 않겠는가"라는 의견도 있을 것이다.

실제로 3·11 당시에는 천황과 황후가 재해피해자 앞에서 무릎을 꿇고 말을 거는 모습이 일부 피해자들에게 분노에 찬 고함을 들었던 간 나오토 管直人 수상의 방문과 비교되었다. 그러나 여기에 문제가 내포되어 있다.

이 '위로'에는 구별되어야 할 두 가지 형태가 있다.

하나는 "폐하가 오셨다"라는, 소위 '신神'으로부터 받는 위로이다. 메이지헌법하에서 천황의 행행에 이러한 효과가 있었다는 점은 많은 연구에서 규명되었다. 이 위로는 종종 왕권의 물질적 시혜와 함께 세트로 주어지기도 하지만, 그것과는 다른 **정신적** 위무慰撫이기도 했다. 이것이야말로 군주제가 지닌 통합기능에 다름 아니다.

일본국헌법은 천황에 의한 전제정치의 비참함과 함께 이와 같은 '신'으로서의 천황의 권위가 가져온 권위주의적 통합과 그에 대한 국민의 의존도 문제시하고, 그 양쪽 모두를 부정하려고 했던 것이다.

하지만 아키히토 천황은 재해피해지를 방문할 때, 이러한 군주제가 지니는 위무 기능을 충분히 **의식**하고 행동한다. 아키히토 예찬자는 천황·황후가 무릎을 꿇고 피해자와 '같은 높이의 시선으로'라고 말하지만, 이는 아키히토 천황의 뜻을 전혀 알지 못하는 평가이다. 천황 아키히토는, 피해자와 **동일한** 시민으로서가 아니라 그 위에 군림하는 군주인 천황이 **무릎을 꿇었기 때문에** 고마움을 느낀다는 것을 자각하고 행동하기 때문이다. 아키히토 천황이 재해피해지 방문을 끝까지 **고집스럽게 '공무'**이자 '상징으로서의 직무'라고 말하는 것이 그 증거이다.

그러나 천황에게 '위로'받고 '격려'받는 것에는 피해자들이 재해피해지로 달려온 뮤지션이나 많은 자원봉사자들에게 격려받은 것과 동질의 감성도 들어 있다. 천황·황후가 만약 뮤지션이나 자원봉사자와 같은 격려를 하기를 바란다면, 천황은 현지와 관료를 독촉하여 '공무'로서 재해피해지를 방문하는 것이 아니라 '사인私人'으로서, 즉 한 명의 시민으로서 재해피해지로 향해야 한다. 물론 '사적 행위'라 해도 내각의 관여는 반드시 필요하지만, 천황·황후의 그러지 않고는 견딜 수 없는 마음에 바탕을 둔 행위라면, 경비도 최소화하고 비용도 '내정비內廷費'의 범위 안에서 방문을 해야 하지 않을까.

'상징으로서의 직무'에 매진하는 천황

이제까지 살펴본 바와 같이 즉위 당시에는 '헌법을 지킨다'고 큰 소리로 외쳐 우파의 빈축과 경계를 불렀던 천황 아키히토는 제2기에 접어들어 쇼와 천황 이상으로 헌법에서 벗어난 행동을 취하기에 이르렀다.

게다가 천황·황후가 지방 행행, 재해피해지·장애인·고령자 시설 방문, '전적지'에서의 위령 등에 홀린 듯 헌신한 결과, 천황 아키히토 시대에는 헌법이 인정하지 않는 '공무'가 불어나 천황 편을 드는 **기자들조차도** 공무가 가중된 게 아닌지 걱정하는 상황마저 발생했다. 이미 1990년대 중반부터 기자회견에서는 '공무'가 과다한 건 아닌가 하는 질문이 등장했다. 그러나 천황·황후는 고집스럽게 '공무는 과다하지 않다'고 반론하며 한층 그것에 매진했다.

그럼, 헌법에 충실하길 바랐던 아키히토는 도대체 왜 헌법을 일탈하는 '상징으로서의 활동'에 몰두하게 되었을까. 이 점을 다음 절에서, 아키히토의 '상징' 인식, '헌법' 인식, '전통' 인식, 그리고 독특한 '전쟁' 인식의 구조를 살펴봄으로써 명확히 하고자 한다.

3.
천황 아키히토의 '상징' '헌법' '전쟁과 평화' 인식의 구조

(1) 아키히토의 '상징' 인식
─전통과 헌법이라는 두 기둥

천황 아키히토가 '진지'하게 헌법이 지향하는 천황상에서 멀어져간 이유를 찾기 위해서는 우선 아키히토가 생각하는 '상징'이란 무엇인지부터 검토할 필요가 있다. 아키히토 본인은 퇴위를 시사했던 2016년 8월 8일 '말씀'에서도 "즉위 이래 저는 국사행위를 행함과 동시에 일본국헌법 아래에서 상징이라 규정된 천황의 바람직한 존재 방식을 줄곧 모색하면서 지내왔습니다"[62]라고 단언하고 있듯이, '상징'으로서의 존재 방식을 계속 추구해왔기 때문이다.

아키히토가 생각하는 '상징'像의 가장 큰 특징은, 그것이 **한편으로는** 일본국헌법 제1조에 규정된 것이라는 점, **다른 한편으로는** 그것이 오랫동안 이어진 천황제의 전통적 존재 방식에 다름 아니라는 점이 **두 기둥**으로

병존하고 있다는 점이다.

　이러한 두 기둥의 상징 인식은 이미 아키히토 황태자 시절부터 확립되어 있었다. 1983년, 50세 탄생일 회견에서 아키히토는 다음과 같이 말하고 있다.

> 헌법에서 상징으로 정해진 천황의 존재 방식은 일본의 역사에 비춰봐도 매우 적합한 방식이라고 느낍니다. 옛날의 천황도 역시 국민의 슬픔을 함께 나누며 살아왔습니다. 상징이라는 존재 방식은 그러한 것이 아닌가 생각합니다.[63]

　이러한 생각은 천황에 즉위한 이후 한층 강하게 주장되었다. 예를 들어 1995년에는 황실의 존재 방식을 묻는 질문에 다음과 같이 답하고 있다.

> 천황은 일본국의 상징이자 일본국민 통합의 상징이라는 **일본국헌법의 규정과 오랜 황실의 역사를 염두에 두고** 국민의 기대에 부응하여 국가와 국민을 위해 최선을 다하는 것이 황실에 주어진 직무라고 생각합니다.[64]

　그럼 이 두 가지는 아키히토 안에서 어떻게 연결되고 있는 것일까. 결론을 말하자면, 그것은 "'상징'이라는 규정은 일본국헌법에 의해 위치지어진 천황의 존재 방식이다. 그러나 그럼 '상징'이란 어떤 내용이고 어떤 행동이 적절한지는 아무리 헌법을 찾아봐도 나오지 않는다. '상징'의 구체적 내용은, 실은 연면히 이어져온 천황제의 존재 방식에 다름 아니다. 일본의 천황제는 실은 바로 그 상징으로서의 존재 방식을 추구해왔고, 그러한 의미에서는 '상징' 천황은 결코 전후 헌법에서 처음 등장한 것은 아니다"와 같은 연관으로 포착되고 있었다고 생각된다.

"상징이라는 것은 결코 전후에 만들어진 것이 아니고, 천황은 매우 오랜 시대부터 상징적 존재였다고 말할 수 있다"[65]는 것이다.

즉 아키히토 안에서 이 두 기둥은, 일본국헌법의 '상징'이란 실은 연면히 이어진 전통적 천황을 표현한 것에 다름 아니라는 형태로 '통일'되었던 것이다. 이 때문에 대일본제국헌법의 천황보다 일본국헌법의 천황 쪽이 전통적 천황제의 존재 방식을 따르고 있다는 아키히토의 발언도 나오게 된다.

결혼 50년이 되는 2009년 4월의 기자회견에서 천황은 다음과 같이 말했다.

상징이란 어떻게 존재해야 하는지가 언제나 제 머릿속을 떠나지 않고, 그 바람직한 존재 방식을 추구하며 오늘에 이르렀습니다. 또한 대일본제국헌법 아래의 천황의 존재 방식과 일본국헌법 아래의 천황의 존재 방식을 비교하면, 일본국헌법 아래의 천황의 존재 방식이 천황의 오랜 역사에 비춰봤을 때 전통적인 천황의 존재 방식을 따르고 있다고 생각합니다.[66]

바꿔 말하면, 아키히토에게 '상징'이란, 형식은 헌법에 의해서 주어졌지만, 내용은 전통에 의해서 충족되는 부류의 것이었다.

(2) 아키히토의 '헌법' 인식—헌법으로부터의 이륙

헌법의 상징 인식—좁은 '헌법' 이해, 제약뿐

그럼 도대체 아키히토는 일본국헌법 자체를 어떻게 생각하고 있었을까. 이 점부터 살펴보자.

아키히토의 헌법 인식에는 몇 가지 특징이 있다. 이 같은 파악이 전통적 천황상에 대한 이해와 맞물려 아키히토가 '헌법'을 내걸면서 헌법에서 멀어져간 이유가 되었다.

아키히토의 헌법 인식 중 첫 번째 특징은 아키히토가 '헌법'이라고 말할 때, 그것은 주로 제1조 이하의 천황 규정, 특히 제1조의 '상징' 규정으로 **특화**特化되어 있다는 점이다. 게다가 그 '상징' 규정은 오로지 천황의 행동을 소극적으로 **제약**하는 것으로만 이해되고 있다.

일본국헌법은 메이지헌법과는 완전히 다른, 민주주의와 평화주의, 시민적 자유의 보장, 평등이라는 적극적 가치의 실현을 지향한다. 이를 전제로 '상징'을 이해하려고 하면 '상징'은 민주주의, 평화, 자유, 평등의 체현자라는 적극적인 상像이 떠오르지만, 아키히토가 헌법이 말하는 '상징'으로 의식하는 것은 그러한 것이 아니다. 평화도 민주주의도 인권도 평등도 아키히토의 '상징' 인식을 만드는 데 그 어떤 역할도 하지 못한다.

아키히토가 생각하는 헌법은, 외국 등의 방문은 정부가 정하는 것이지 천황이 주체적으로 결정할 수 없다든가, 국사행위는 내각의 조언과 승인에 따라 해야 한다든가, 법률의 개정과 평가는 정치와 관계되므로 발언해서는 안 된다 등등, 한마디로 말하자면 정치와 관계하지 않는다는 자기 행동의 한계를 규정하는 **소극적**인 기준으로서 의미를 갖는 것에 불과하다.

다만, 헌법이 정한 규제 기준에 따라 천황은 '국사행위' 외에는 해서는 안 되는가? 이렇게 묻는다면, 그렇지 않다고 아키히토는 답한다. 천황은 일본국의 상징이자 국민통합의 상징이기도 하기 때문에 헌법에는 적혀 있지 않지만 국사행위 외에도 '국가의 상징으로서 하는 행위는' 할 수 있다고.[67] 아키히토는 정부와 헌법학자의 통설에 따라 '상징으로서의 행위'는 가능하다고 생각하고 있었다.

> 이 행위에는 국빈 접대, 해마다 다른 현県에서 봄에 개최되는 전국식수제과 가을에 개최되는 국민체육대회 참석이 포함된다.[68]

그러나 동시에 주목해야 할 것은 아키히토가 **어느 시점까지는** 이러한 천황의 '상징적 행위'를 어디까지나 천황이 주도적으로 결정할 수 있는 것이 **아니라** "정치와 국민이 국가의 상징으로서 적합하다고 생각한 것"[69]이어야 한다고 말했다는 점이다. 이 같은 이해를 뒤집고 '상징으로서의 직무'를 자신이 원하는 대로 결정하게 된 것, 이것이 '헤이세이류'의 성립이었다.

그건 그렇다 치더라도, 아키히토에게 헌법의 '상징'이라는 것이 이렇듯 내용 없는 제약의 묶음에 불과하게 된다면, 헌법의 '상징'천황이라는 것이 적극적으로 어떤 천황상이 될 것인지는 **헌법으로부터는 도출할 수 없게 되고 만다.** 아키히토의 '상징'은 지극히 공허한 무규정의 것이 되어버렸다.

구체적인 상징의 상像이 자유나 평등, 평화로부터가 아니라 오로지 **전통**으로부터 충족된다고 생각하게 된 것은 이렇듯 소극적인 '상징' 이해의 귀결이었다.

메이지헌법과 일본국헌법의 연속성

아키히토의 헌법 이해의 두 번째 특징은 메이지헌법이 규정하는 천황상과 일본국헌법이 규정하는 천황상은 연속되어 있다는 인식이다. 그렇기는 하지만, 아키히토가 메이지헌법과 일본국헌법의 '차이'를 언급하지 않은 것은 아니다.[70] 그러나 그 부분까지 포함해서, 아키히토 안에서 메이지헌법과 일본국헌법의 천황상은 연속적으로 받아들여지고 있다.

그것을 잘 보여주는 것이 쇼와 천황에 대한 아키히토의 평가이다. 아키히토는 부친 히로히토를 다음과 같이 평한다.

> 폐하(쇼와 천황-인용자) 안에서 일관되게 흐르고 있는 것은 **헌법을 지키고**, 평화와 국민의 행복을 생각하는 자세였습니다.[71]

아키히토는 다음과 같이 이어 말한다.

> 쇼와 전반기의 20년간은 그것을 살리지 못해서 많은 사람이 목숨을 잃고, 일본의 역사 중에서도 비극적인 시기였습니다. 그 뒤로는 평화를 향유하고 있습니다.[72]

여기에서는 적어도, 쇼와 천황이 전전기戰前期에 '지켰던' 헌법과 전후에 '지켰다'는 헌법 사이에 근본적 차이가 있다는 점은 의식되고 있지 않다.

아키히토가 메이지헌법의 천황제와 일본국헌법의 천황제를 **연속**적으로 생각하는 근거로는 미노베 다쓰키치美濃部達吉의 천황기관설과 같은 메이지헌법 해석이 있다. 이 해석에 따르면 메이지헌법 체제의 천황과 일본국헌법 체제의 천황이 거의 차이가 없다는 결론이 도출된다. 때문에 전전의 전제專制체제와 전쟁은 메이지헌법의 소산이 아니라 메이지헌법의 입헌적 해석을 금지한 1930년대 이후의 군부정치 때문이라는 해석이 만들어진다. 아키히토에게 메이지헌법과 일본국헌법의 거리는 그다지 멀지 않은 것이다.

이것을, 아키히토는 미노베가 패전 직후 메이지헌법하에서도 전후의 입헌정치는 실현될 수 있다며 메이지헌법 개정에 반대했던 것을 긍정적으로 평가하는 것으로 시사하고 있다.

> 미노베 박사는 전후에도 분명히, 대일본제국헌법을 그대로 유지하면서도 해나갈 수 있다고 말했지요.[73]

여기에서는 일본국헌법의 획기적 성격을 전혀 이해하지 못하고 있다.

실은 이러한 "메이지헌법 체제가 나쁜 것이 아니라 1930년대 이후 군부지배 아래에서 헌법의 왜곡된 해석이 활개친 것이야말로 문제였다"는 해석은 결코 아키히토만의 것이 아니고 전후의 많은 보수정치가와 논자가 취한 견해이지만, 아키히토는 '어진강御進講' 등을 통해서 이러한 이해를 습득했고, 이를 토대로 "메이지헌법도 일본국헌법과 동일하게 천황이 정치에 직접 관여하지 않는 구조를 지니고 있으며, 쇼와 천황도 그러한 헌법을 지키려고 했다, 나쁜 것은 군부가 천황에게 명목상 거대한 권한을 부여하고 있던 메이지헌법을 악용하여 일본을 전쟁으로 이끈 것이다"라고 인식하고 있는 것이다.

일본국헌법에서 천황이 '상징'이 된 의미를 말하지 않는다

바로 이 점에서 아키히토의 헌법 인식 중 세 번째이자 최대의 특징이 등장한다. 그것은 아키히토에게는 메이지헌법이 부정되고 일본국헌법이 제정된 의미, 천황제에 한해서 보더라도 메이지헌법의 천황제가 일본국헌법의 '상징'으로 바뀔 수밖에 없었던 의미가 전혀 의식되지 않고 있다는 점이다.

또한 이러한 헌법 인식의 연장선에서 전전 메이지헌법 체제의 천황도 또한 전후 일본국헌법 체제의 상징천황도 한결같이 '입헌군주'라는 이해가 만들어진다.

실제로는 앞에서 지적한 바와 같이 메이지헌법 체제의 천황제는 입헌군주와는 너무도 거리가 먼 전제군주제였고, 거꾸로 일본국헌법 체제의 천황은 입헌군주제가 지닌 외견적 통치권한조차 부여받지 못한 '상징'—따라서 상징천황은 군주가 아니라는 해석이 유력해졌던 것이다—에 그치는 것인데, 아키히토에게는 그러한 이해가 전혀 보이지 않는다.

(3) '전통' 회귀

이러한 헌법 이해를 바탕으로, 헌법에서 규정한 '상징'의 적극적 내용이 전통적 천황제의 여러 행위로 충족되는 것이라고 한다면, 천황 아키히토가 "'상징'으로서의 직무는 무엇인가"라는 점을 깊이 연구하면 할수록 헌법의 '상징'상을 벗어나 전통적 천황의 행동으로 회귀하게 되는 것은 당연했다. 그 결과 아키히토가 도달한 곳은 "'상징'은 연면히 이어져온 일본 천황제의 전통적 존재 방식이므로 '상징'으로서의 존재 방식은 전통에서 찾아야만 한다"는 생각이었다.

'상징=천황제의 본질'론의 계보

그런데 "헌법에서 정한 '상징' 제도는 일본국헌법에서 처음 고안된 것이 아니고 실은 일본의 천황제가 전통적으로 취해온 천황제의 모습에 다름 아니다"는 논의는 패전으로 위기에 직면했던 천황제의 연명을 모색할 목적으로 이미 패전 직후부터 등장했다.

패전 직후 쓰다 소키치津田左右吉는 막 창간된 『세카이世界』에 게재된 논고 「건국의 사정과 만세일계 사상」[74]에서 이러한 천황제=상징론이라 할 만한 논의의 **원형**을 전개했다. 그 윤곽은 다음과 같은 구성을 갖추고 있었다. 다소 길지만 천황 아키히토가 신봉하는 전통적 천황제를 이해하기 위해서는 쓰다의 **원형**을 이해하는 것이 중요하므로 조금 상세히 살펴보기로 한다.

일본의 국가는 타민족의 정복으로 만들어진 것이 아니라 같은 민족 안에서 여러 소국이 천황·황실에 복속하면서 건국되었기 때문에 국내에서는 전쟁이 적고 천황이 해야 할 "정치다운 정치"가 없었다. 때문에 "천황 스스로 정치에 관여하지 않았다."[75] 국가의 대사는 조정의 중신이 처리했으므로, 천황에게는 실정失政도 그 사업의 실패도 없었다.

> 정치는 천황의 이름으로 이루어지지만, 그 실제, 즉 정치는 중신이 하는 것이라는 점을 누구나 알고 있었다.[76]

쓰다는 이러한 천황의 불친정不親政 전통을 천황제 연속의 요인으로 강조한다.

6세기 이후에도 천황은 스스로 정치에 관여하지 않았기 때문에 소위 친정을 행하는 것은 지극히 드문 예외로 봐야 한다. ……

정치의 형태는 때에 따라 다르다. …… 정권을 잡고 있던 자의 신분도 …… 혹은 문관이고 혹은 무인이었지만 천황이 친정을 하지 않았다는 점은 모두 동일했다.77

또한 천황에게는 무력과는 별도로 국민을 위해 주술이나 제사를 집행하는 '종교적 임무와 권위'가 있고, 나아가 한반도에서 새로운 문화를 도입하는 '문화적 측면'의 권위도 있었다.

정치적 권위에 이러한 정신적·문화적 권위를 더했기 때문에 그때그때의 권력자는 그것을 존중하고 황실 아래의 권문세가로서의 지위에 만족했던 것이다.

그리고 황실도 그때그때의 정치 형태에 순응했기 때문에 오랜 기간에 걸쳐 "일종의 이중정체政體 조직이 존립해온, 세계에서 그 유례를 찾아볼 수 없는 국가형태가 우리나라에는 만들어진 것이다."78

이것이 황실이 영속했던 이유였다.

그러나 쓰다가 이 논문에서 진짜 말하고 싶었던 것은 실은 이후의 시대에 관한 것이었다. 쓰다는 고대 이래 황실의 역사를 되돌아보고, 그것과 대비하여 메이지유신과 메이지헌법에서 규정된 천황제, "국민에 대한 천황의 권력을 강화"79하고, 국민교육 등으로 만세일계의 황실을 받드는 국체의 존엄을 강요하여 국민에게 그 권력과 권위에 대한 복종을 강요하는 듯한 천황제는 이러한 황실의 전통을 뒤집어엎은 것이었음을 강조하고 싶었던 것이다.

이러한 전제적 천황제를 이용해서 군부는 저 "제멋대로의 작태를 천황의 명령인 것처럼 꾸몄던 것"80이다.

"국민이 그 생명과 재산을 바치는 것은 모두 천황을 위해서라는 것을 …… 끊임없이 선전"[81]했기 때문에, 그 군부의 선전에 속았던 국민의 일부에서 전후에 천황에 대한 의구심이 생겨나고 있다. 그 결과 '천황제'라는 '신기한 용어'와 천황제 '폐지'론도 나오고 있다.

그러나 쓰다는 "이것은 실은 민주주의도 천황의 본질도 이해하지 못한 것"[82]이라고 강조한다. 쓰다의 결론은 다음과 같다.

> 황실은 높은 곳에서 민중을 내려다보거나, 권력으로 민중을 압복壓服하려고 했던 적이 긴 역사 속에서 한 번도 없었다. ……
>
> (황실은) 국민적 결합의 중심이자 국민적 정신의 살아 있는 상징이라는 데에 황실의 존재의의가 있게 된다. 이처럼 국민의 내부에 존재하기 때문에 황실은 국민과 함께 영구하고 국민이 …… 무궁하게 계속되는 것과 같이, 그 국민과 함께 만세일계인 것이다.[83]

나중에 살펴보듯이 천황 아키히토의 천황론은 마지막의 메이지헌법 아래의 천황제=예외론을 제외하면 거의 쓰다의 논리를 그대로 받아들인 것이다. 이것은 조금 후에 검토할 천황의 논리를 보면 명백해진다.

같은 시기에 역시 『세카이』에, 미노베 다쓰키치는 이러한 '상징천황−천황제의 본질'론의, 말하자면 **헌법판**을 제창하는 논문을 실었다.[84]

이러한 종류의 논의를 더욱 체계화한 것이 법제사 전공자 이시이 요스케石井良介[85]였다. 이시이는 천황이 다이카개신大化改新 시기, 메이지헌법 체제를 제외하고는 **불친정**이었다는 점과 천황이 일관되게 무武가 아니라 문文을 중시했다는 전통을 제시했다. 또한 역사 연구자 와카모리 다로和歌森太郎[86]도 이러한 **불친정의 전통**으로 천황의 역사를 개관했다. 이러한 논의들을 통해 상징=천황제의 본질론은 일단 모양을 가다듬어갔다.

이러한 상징천황=천황제의 본질론에 가까운 견지에서 천황은 정치에
관여해서는 안 된다고 주장했던 후쿠자와 유키치福沢諭吉의 황실론[87]이 재
조명을 받았다. 아키히토의 교육을 담당했던 고이즈미 신조가 후쿠자와의
천황론을 아키히토와 함께 음독했던 것[88]은 잘 알려진 사실이다.

이와 같은 황실 안에서의 교육으로 아키히토는 상징=전통적 천황제론
을 습득했던 것이다.

상징=천황제의 전통이란 무엇인가

아키히토는 '상징=일본 천황제의 전통'론을 기회 있을 때마다 다음과 같
이 반복적으로 언급했다.

> 일본의 천황은 문화를 매우 소중히 여기기 때문에 권력이 있는 독재자와
> 같은 사람은 천황 중에는 매우 적습니다. 상징이라는 것은 결코 전후에 만
> 들어진 게 아니고 매우 오래된 시대부터 상징적 존재였다고 생각합니다.[89]

아키히토에 따르면, "일본의 역사 속에서 가장 길었던 상태,"[90] 적어도
"헤이안平安 이후 1,000년 이상" 이어진 시대, 게다가 그 이전 시대도 포함
하여 천황제는 '천황이 정치를 하지 않는' 상징적 천황의 모습이었다. 헌
법의 '상징'은 그것을 제도화한 것에 지나지 않는다는 것이다.

그럼 도대체 아키히토가 말하는 '상징'=전통적 천황제는 어떤 내용을
담고 있는 것일까? 기자회견에서 말한 전통적 천황제의 '상징'적 특색은
다음과 같은 내용이었다.

정치의 실권을 쥐지 않는다 | 첫 번째 강조점은 전통적 천황제가 정치의

실권을 쥐지 않는다는 것이다. 정확히, 쓰다 등이 강조했던 바로 그것이었다. 그것을 아키히토도 거듭해서 언급하고 있다. 앞에서 인용했듯이 '권력이 있는 독재자' 천황은 소수이고, '천황은 정치를 하지 않는다'는 것이 일본 천황제의 특징이며, 이것은 외국 왕실의 역사에서 볼 수 없는 일본 황실의 전통이라는 것이다.

> 긴 역사 속에서 일본 황실은 정치를 움직여온 시기가 지극히 짧은 것이 특징이고, 이는 **외국에는 없는** 사례가 아닌가 생각합니다. 정치에서 벗어난 입장으로 국민의 고통에 마음을 썼다는 천황의 이야기는 상징이라는 단어로 표현하기에 매우 적합합니다.⁹¹

여기에서 주목할 것은, 아키히토가 생각하는 '정치와는 관계하지 않는' 전통이란, 천황이 정치의 실권을 잡지 않았다는 데에 국한되지 않고 **정치 실무에 관여하지 않았던** 것과 그때그때의 정부의 의향에 따라 좌우되지 않는 것까지 포함한 넓은 개념이었다는 점이다. 그러므로 나중에 다시 살펴보듯이, '통치권 총람자'이고 문자 그대로 정치의 모든 권력을 장악했던 메이지헌법 체제의 천황—쓰다津田는 이 천황제야말로 전통을 거스른 나쁜 사례라고 역설했다—조차도 아키히토는 "정치와 동떨어진 측면이 강했다"⁹²는 등 터무니없는 평가를 하는 것이다. 이리하여 천황제는 놀랍게도 메이지헌법이 시행되었던 시기도 포함해서 언제나, **일관되게** 정치에 관여하지 않는 상징이었다는 말이 되어버린다.

이것은 메이지헌법 체제의 천황제가 천황제의 전통에서 **일탈**했다고 비판하고, 저 꺼림칙한 메이지헌법 체제의 천황제를 천황제의 전통에서 분리하여 소거하려던 쓰다 소키치津田左右吉와 이시이 료스케石井良介, 와카모리 다로和歌森太郎 등의 주장과도 다른, 훨씬 문제 많은 주장이었다.

쓰다 등은 메이지헌법 체제의 천황제가 초래했던 전제專制와 전쟁의 시대를 부정함으로써 천황제를 구해내려고 했지만, 메이지 천황, 쇼와 천황의 뒤를 이은 아키히토는 근대 천황제 국가를 부정할 수 없었기 때문일 것이다.

실은 '상징이 일본 천황제의 전통'이라는 생각은 쇼와 천황이 가지고 있었던 것이기도 했다. 쇼와 천황은 1977년 8월의 기자간담회 자리에서 일본국헌법 제1조, 천황의 상징 규정이 무려 일본 '국체의 정신'이라고 말하고, 놀라는 기자에게 좀더 자세히 설명했다. 이것은 분명 쇼와 천황의 **본심**이었을 것이다.

> 요전에도 분명, 신문기자에게도 말했던 것으로 기억합니다만, 제1조 말인데요. **이 조문은 일본 국체의 정신**에 토대를 두고 있으므로, 그렇게 법률적으로 복잡하게 정하는 것보다도, 저는 좋다고 생각합니다. ……
> 국체라는 것은, 일본 황실이 예로부터 국민의 신뢰를 받아 만세일계를 유지해온 것을 말합니다. …… 일본의 국민은 일본의 황실을 매우 존경했습니다.
> 그 원인을 말하자면, 황실도 국민을 내 아이[93]라 생각하며 매우 소중히 여겼다, 그 대대의 천황의 전통적 마음가짐이라는 것이, 오늘날을 만들어냈다고 저는 믿고 있습니다.[94]

여기에서는 된장이고 똥이고 뒤죽박죽으로 섞어버려서, 저 '국체'의 이름 아래 저질러진 폭악도 메이지헌법과 일본국헌법의 근본적인 단절도 모두 흐지부지되어버렸는데, 아키히토 천황의 상징론도 쇼와 천황의 그것과

질적으로 같은 것이었다.

무武가 아니라 문文 | 그 연장선상에서 '상징'의 내용으로 강조된 두 번째는 역대 천황이 '무가 아니라 문'을 중시했다는 '전통'이다. 이 또한 쓰다나 이시이가 강조했던 것이다.

> 황실의 전통을 보면, '무'가 아니라 항상 학문이었습니다. 역사상으로도 군복을 입은 천황은 적었습니다. 학문을 사랑한다는 전통은 지켜나가고 싶습니다.[95]

이로부터, 천황은 일관되게 '평화'를 중시했다는, '평화' 개념의 희석화가 일어난다.

국민의 고통에 마음을 쓰는, 기도하는 천황 | 또한 정치에 관여하지 않는 천황이 중시한 전통으로서 아키히토가 세 번째로 강조하는 것이 '국민의 고통에 마음을 쓰고' '국민과 함께하는 천황'이다.

> 황실이 국민의 행복을 기원하며 국민과 함께하는 것, 이것은 예로부터 황실이 취해온 입장이지요.[96]

여기에서 주목해야 하는 것은 '국민과 고락을 함께한다'는 이 입장이, 천황이 정치를 움직인다는 입장과 대극적인 것, 소위 정신적 영위로 다뤄지고 있다는 점이다. 이것은 좀더 구체적으로는, 아키히토 자신이 이 말을 쓰고 있지는 않지만, 국민을 위해 '기도하는 천황'을 의미하는 것이다. 여기에서 아키히토는 '상징'의 본질을 찾은 것이다.

천황이 국민의 상징이라는 존재 방식이 이상적이라고 생각합니다. **천황은 정치를 움직이는 입장이 아니라** 전통적으로 **국민과 고락을 함께한다**는 정신적 입장을 취합니다.

이것은 역병이 유행하거나 기근이 발생했을 때 민생의 안정을 기원하는 사가嵯峨 천황 이래 천황의 사경寫經 정신, 그리고 "짐은 백성民의 부모가 되어 덕德을 널리 베풀지 못한다. 심히 마음이 아프다"라고 쓴 고나라後奈良 천황 사경 후의 사기寫記* 등에서도 드러나고 있다고 생각합니다.97

이처럼 아키히토가 '국민과 고락을 함께한' 사례로 역병과 기근으로부터 회복을 기원하며 불경을 필사했던 사가천황이나 '짐은 백성의 부모가 되어 덕을 널리 베풀지 못한다. 심히 마음이 아프다'라고 쓴 고나라 천황을 예로 드는 것은 아키히토의 진의를 잘 보여준다.

아키히토가 '상징으로서의 직무'로서 지방 방문, 재해피해지 방문, 장애인·복지시설 방문에 정성을 들인 것은 이러한 '기도하는 천황'의 실천이었다.

메이지 천황도 쇼와 천황도 상징적 천황의 일환

이리하여 아키히토는 일본국헌법의 '상징'=전통이라는 도식을 확립하고, 천황제의 전통을 통째로 '상징'이라는 상자에 집어넣었다. 아키히토가 이제2기에 '헌법'을 끊임없이 입에 올리면서 오로지 전통적 천황제─그것은

---

* 고나라 천황은 역병의 만연을 우려하여 1540년부터 1545년에 걸쳐서 『반야심경』을 필사하여 전국 25곳의 신사에 봉납했다. 필사한 그 불경의 '오쿠가키'(奧書: 저작이나 사본의 권말 왼쪽[奧]에 저자명, 필사/저작 연월일, 경위와 내력 등을 적은 것)를 '사기'로 옮겼다.

입헌군주조차 아니다—의 계승에 빠져든 것은 이런 이유에서였다. 그 결과 일본국헌법의 천황상과는 대극에 있고, 실로 그러한 천황제의 해악을 배척하기 위해 '상징'제가 만들어졌던, 바로 그 메이지헌법하의 메이지 천황과 쇼와 천황도 아키히토에 의해서 '상징'천황제의 계보에 편입되어버렸다.

이것은 지극히 주목해야 할 점이다. 황태자 시절, 기자회견 자리에서 정치에 관여하지 않는 천황이라는 점에서 '메이지헌법하의 천황상'은 '다소 **이질**'적이지 않았는지에 대한 확인을 요구한 기자의 질문에, 아키히토는 동의하지 않았다. 아키히토는 "그 헌법(메이지헌법-인용자)을 어떻게 해석할지에 따라 다르다고 생각합니다"[98]라고 답했다.

여기에 아키히토 천황의 헌법 인식이 잘 드러나고 있으므로 아키히토와 기자의 응답을, 번잡해지는 것을 무릅쓰고 인용하고자 한다.

> 황태자　일본국헌법에서 천황은 상징이고, 국민통합의 상징이라고 정해져 있고, 이것은 많은 국민의 지지를 얻고 있다고 생각합니다. 또한 천황의 **전통적 모습**과도 일치하는 것이 아닌가 생각합니다. (중략)
>
> 기자　전통적인 모습이란, 무엇을 말하는 겁니까.
>
> 황태자　오랜 일본의 역사 속에서 가장 길게 있었던 상태라고 할 수 있다고 생각합니다.
>
> 기자　정치권력을 지니지 않는, 권력자를 임명하는 입장이었던 기간이 깁니다만, 그런 의미입니까.
>
> 황태자　그렇습니다. 그런 의미입니다.
>
> 기자　그런 의미라면, 일본국헌법의 천황의 존재 방식과도 합치한다는 것입니까.

황태자 그렇게 생각합니다.

기자 그렇다면 **메이지헌법하의 천황상과는 다소 이질**적이라 생각해도 되는지요.

황태자 **그 헌법을 어떻게 해석하는지**에 따라 다르다고 생각합니다.

기자 **통수권 총람**(통치권 총람의 잘못-인용자)이라는 점에서 **형태상 다르다**고 말할 수 있습니다만…….

황태자 그렇게도 말할 수 있지만, **다른 한편으로는 메이지 천황이 정치적인 발언을 했던 적이 그다지 없지 않은가** 하고 생각합니다. 예를 들어 (대일본제국) 헌법의 제정 심의 당시에도 특별한 발언을 하지 않았다고 하지 않습니까. 그런 의미에서 **메이지 천황의 존재방식도 정치와는 동떨어진 면이 강했다**고 말할 수 있다고 생각합니다만……. 벨츠의 일기에도 "일본의 방향이 좋다"라고 적혀 있지요, 독일과 비교해서…….

기자 헌법의 **규정** 자체에 대해서는 어떠신지요.

황태자 **그러니까** 역시, **헌법을 어떻게 해석하는가** 하는 문제가 된다고 생각합니다. 메이지의 시대부터 점점 헌법 해석의 차이가 나오지 않았습니까.[99]

실은, 이 응답에는 약간의 설명이 필요하다.

여기에서 아키히토는 "분명히 메이지헌법은 천황을 '통치권 총람자'로 규정하고 정치의 모든 권력을 천황에게 집중하고 있는 듯 보인다. 하지만, 미노베 다쓰키치美濃部達吉로 대표되는 메이지헌법 해석에서 천황은, 입법권은 의회의 '협찬'에 위임하고 사법은 천황의 이름으로 재판소가 행할 뿐 아니라 행정도 국무대신의 '보필'을 따르기 때문에 서구의 입헌군주국과 동일하게 천황은 직접 '정치를 하지 않는' 상태에 있었다"고, 그리고 "천황에게 절대적 권한이 있다"와 같은 해석은 호즈미 야쓰카穂積八束, 우에스기

신키치上杉慎吉 등이 메이지헌법을 전제적으로 잘못 해석한 것이라고 말하고 싶었을 것이다.

그래서, 아키히토의 대답이 무엇을 의미하는지 알 수 없었던 기자가 이어서 메이지헌법하의 천황은 "통수권 총람(통치권 총람의 잘못-인용자)이라는 점에서 형태상 다르다고 말할 수 있"지 않은지 되물은 것에 대해 "그렇게 말할 수도 있지만, 다른 한편으로는 메이지 천황이 정치적인 발언을 했던 적이 그다지 없지 않은가 하고 생각합니다"라고 답을 한 것이다.

즉, 아키히토는 메이지헌법 체제에서도 미노베와 같은 해석이 지배적이었던 1930년대 초까지는 천황이 정치에 관여하지 않았다고 말하고 싶었던 것이다. 이러한 아키히토의 인식은 쇼와 천황에게도 적용된다. 앞에서 살펴봤듯이 아키히토는 쇼와 천황도 헌법에 따라서 직접적인 정치에는 터치하지 않았다는 입장을 취하고 있다. 하지만 이것은 사실과 전혀 다르다.[100]

어떻든 천황 아키히토가 제2기에 들어서 '국민의 고통에 마음을 쓰는 것'뿐만 아니라 황실의 전통인 **궁중제사**에 열심이었고, 또한 **황통의 존속**에 집착하게 된 것도 이러한 **전통 회귀의 귀결**이었다.

제3장에서 상세히 검토하겠지만, 천황 아키히토가 2010년에 갑자기 '양위' 의향을 표명한 것은 당시 정부만이 아니라 황후를 비롯하여 측근들에게도 너무나 뜻밖의 일이었다. 아키히토가 메이지 황실전범 이래 100년 넘도록 이어온 퇴위 금지, 즉 종신 재위의 전통을 이토록 간단히 부정하며 "도중에 교체된 사례는 얼마든지 있다"고 받아친 배경에는 천황 아키히토가 침잠했던 천황제의 전통에 대한 사고가 깔려 있었을 것이다.

(4) '전쟁'과 '평화'에 대한 아키히토식 이해

아키히토의 사상 검토의 마지막 작업으로, 천황 아키히토가 고집스럽게 중시했던 전쟁과 평화에 대한 인식의 구조를 살펴보자.

국한된 '전쟁' 개념

아키히토는 일관되게 '전쟁'에 집착하며 '전쟁'을 다음세대에 전하는 것을 반복해서 강조했다. 이것이 '헤이세이류' 예찬의 큰 이유 중 하나라는 점은 당연하지만, 그의 '전쟁' 개념에는 독특한 특징이 있다는 점에 주목하고자 한다.

현대의 전쟁을 무시 |　첫째, 아키히토가 강조하는 '전쟁'이 지극히 한정된 '전쟁'이라는 점이다. 그의 '전쟁'은 전후에 발생한 한국전쟁, 베트남전쟁, 걸프전쟁, 아프가니스탄전쟁, 이라크전쟁 등 현대의 전쟁은 포함하지 않고 오로지 일본이 과거에 치른 '전쟁'에 국한되어 있다.

아키히토가 현대의 전쟁을 말한 적은 있지만, 그것은 어디까지나 **배경**에 그치고, 실제로 일본이 아무리 깊이 관여하더라도 일본과의 관계는 언급하지 않는다. 아키히토가 '전쟁 체험을 풍화시키지 않'는다고 반복해 말하는 것은 우리가 두 번 다시 그러한 전쟁이 일어나지 않도록 하기 위해서일 텐데, 아키히토는 현대에 발생한 전쟁은 일체 언급하려 하지 않는다. 나중에 살펴보듯이, 오키나와를 말하고 '모두가' 오키나와를 잊어서는 안 된다면서도 오키나와의 미군기지 문제에는 침묵하고 입을 열지 않는 것과 동일하다.

바로 그렇기에, 아키히토는 '전쟁의 참화가 다시 반복되지 않길 간절히 바라'는 것과 **동시에** PKO로 파견된 자위대원은 물론이고 많은 시민의 반대 목소리를 억누르고 테러대책특별조치법과 이라크특별조치법에 의해 인도양과 이라크에 파견되었던 자위대원도 적극적으로 접견하는 것[101]을 모순이라 생각하지 않고 할 수 있는 것이다.

'헤이세이'는 '처음으로 전쟁을 체험하지 않은 세대' | 제3기에 속하기는 하지만, 2019년의 아키히토 재위 30주년 기념식 '말씀'은 아키히토의 이러한 '전쟁'과 '평화' 인식을 상징적으로 보여준다. 아키히토는 다음과 같이 말한다.

> **헤이세이의 30년간** 일본은 평화를 희구하는 국민의 강한 의지에 뒷받침받아 **근현대에 있어서 처음으로 전쟁을 경험하지 않은 시대**를 유지했습니다만, 이것은 또한 결코 평탄한 시대가 아니고 예상치 못한 많은 곤란에 직면했던 시대이기도 했습니다.[102]

군이 언급할 필요도 없지만, 천황 아키히토는 자신의 발언을 깊이 음미하고 있으며, 결단코 잘못 말한 것이 아니다. 특히 '말씀'은 자기 손으로 직접 퇴고할 정도이다. 이러한 점을 감안하고 읽어주길 바란다.

여기에는 두 개의 문제가 있다. 첫 번째 문제는 여기에서 말한 것을 있는 그대로 이해하려 해도 도저히 의미를 알 수 없는 부분이 있다는 점이다.

왜냐하면 아키히토는 '헤이세이'의 30년간 일본이 '처음으로 전쟁을 경험하지 않은 시대를' 유지했다고 말하지만, 그것은 **이중적 의미**에서 틀렸기 때문이다.

우선, '헤이세이의 30년간'은 일본이 비로소 전쟁을 경험하지 않기는커녕 걸프전쟁을 비롯하여 아프가니스탄전쟁, 이라크전쟁 등, '헤이세이'는 전쟁과 함께 시작하고 끝난 시대였다. 결코 일본이 관련되어 있지 않다고 할 수 없다. 걸프전쟁이야 자위대를 파견할 수 없어서 거액의 자금 지원에 그쳤지만, 그렇다고 해도 소해정掃海艇을 파견했다. 아프가니스탄전쟁에서 일본은 전후 처음으로 자위대를 인도양 해역에 파견하여 미군 등의 전투 작전 행동을 지원했고, 이라크전쟁에서는 마침내 자위대가 처음으로 타국 영토에 진주했다.

"아니, 그렇지 않습니다. 제가 여기에서 '근현대에 있어서 처음으로 전쟁을 경험하지 않은 시대'라고 말했을 때의 '전쟁'은 일본이 주체가 되어 일으킨 저 '대일본제국'형型의 '전쟁'을 가리키는 것입니다"라고, 아키히토는 반론할지도 모른다. 하지만 그 또한 이상하다. 만약 여기에서 말하는 '전쟁'이 그러한 전쟁이라면, 헤이세이의 30년이 아니라 전후 70년 이상에 걸쳐 '전쟁'은 없었기 때문이다.

하지만 여기에서 아키히토가 말하는 '시대'라는 단어에 주의할 필요가 있다. 아키히토가 말하는 '시대'란, '메이지' '다이쇼' '쇼와' '헤이세이'라는, 즉 원호로 구분된 '시대'이기 때문이다. 이렇게 이해한다면 이 '말씀'의 이상함은 해소된다. 즉 '헤이세이의 30년간 일본은 …… 근현대에 있어서 처음으로 전쟁을 경험하지 않은 **시대**를 유지'했다는 말은 메이지, 다이쇼, 쇼와의 어느 시대에도 '전쟁'이 있었지만, '헤이세이'에는 한 번도 없었다고 말하고 싶은 것이다. 아키히토의 머릿속에는 보통의 일본인이 지니고 있는 '전후'라든가 '냉전 후'라는 시대구분과는 전혀 다른, '원호'라는 천황 통치에 의한 시대의 구분이 엄연히 살아 있는 것이다. 실로 '헤이세이의 성대聖代'이다.

두 번째 문제는 '헤이세이의 30년간'이 '전쟁을 경험하지 않은 시대'라는 것은 세계사적으로 보면 완전히 난센스일 뿐 아니라, 앞에서 언급했듯이 '일본'을 주어로 해도 성립하지 않는 시각이라는 점이다. 이 30년은 일본이 전후 처음으로 전쟁 가담에 나선 시대였기 때문이다.

여기에서 아키히토가 '전쟁을 경험하지 않은 시대'라는 허튼소리를 진지하게 말한 것은 현대의 전쟁, 그것에 대한 일본의 깊은 관여를 염두에 두지 않은 결과에 다름 아니다.

태평양전쟁으로 수렴 | 게다가 아키히토가 말하는 '전쟁'의 특징은 과거의 전쟁이라도 청일전쟁 이래 거듭된 침략전쟁은 포함하지 않는다는 점이다. 오로지 1930년대 이후의, 그것도 주로 1941년에 선전포고한 아시아·태평양전쟁='대동아전쟁'으로 한정된다.[103] 아키히토가 반복해서 "쇼와 천황은 평화를 바랐다"고 말하고 "뜻에 반해 전쟁에 발을 디뎠다"고 말하는 것도, 이렇듯 '전쟁'을 '대동아전쟁'에 한정했기 때문에 '가능'한 것이다. 그 전쟁을 1927년의 산동山東 출병, 나아가 1930년대 초의 류탸오후柳条湖 사건 이래의 전쟁이라고 생각한다면 "쇼와 천황은 평화를" 운운하는 것은 앞뒤가 맞지 않기 때문이다.

식민지·침략전쟁은 언급이 없고

그 연장선상이지만, 아키히토가 말하는 '전쟁'은 타이완과 조선에 대한 식민지 지배, 중국에 대해 거듭된 침략전쟁을 포함하지 않고, 그에 대한 언급조차도 없다. 만주사변을 언급할 때에도 "중국과 전투상태"[104]라고만 말한다.

그렇긴 해도, 제3기가 되면 아키히토가 "만주사변으로 시작하는 이 전쟁의 역사를 충분히 배워 향후 일본이 나아가야 할 바를 생각하는 것이 지금 매우 중요"[105]하다고 말하며 '전쟁' 개념을 만주사변 시기까지 **확대**하는 것을 놓쳐서는 안 되지만, 그것을 인정한다 하더라도 아키히토가 말하는 '전쟁'의 주력이 아시아·태평양전쟁에 있다는 점은 분명하다.

어쩌면 아키히토가 현대의 전쟁을 언급하거나 과거의 전쟁에 대해 '침략'과 같은 일정한 평가를 덧붙이는 것은 국민의 의견이 나뉘는 논점에서 어느 한 편에 가담하는, 즉 **정치**에 관여하는 것이 된다고 생각해서 자숙하는 것일지도 모른다. 그러나, 그렇다면 이런 종류의 문제에 대해 발언해서는 안 된다. "메이지 천황은 정치에 관여하지 않았다", "쇼와 천황은 일관되게 평화를 추구했다" 같은 견해도 국민의 합의를 이룰 수 있다고는 도저히 말할 수 없다. '전쟁'을 반성해야 한다면서 1931년 이래의 일본의 중국 침략전쟁을 언급하지 않는 것 또한 특정한 정치적 입장에 서 있는 것이라고 말할 수밖에 없기 때문이다.

자국 희생자에 대한 깊은 애정

아키히토의 전쟁 인식 중에서 세 번째 특징은 아키히토에게 추도와 위령의 대상이 자국민, 그것도 일본의 **식민지 지배하의 인민을 포함하지 않는** 자국민으로 한정되고 있다는 점이다. 예외는 있다. 사이판 방문 때에는, 요시다 유타카가 지적하듯이,[106] 일본인 위령비만이 아니라 미국과 현지 주민 희생자에게도 위령을 했기 때문이다. 사이판에서는 "한반도 출신자들도 목숨을 잃었다"[107]고도 언급했다.

2000년대에 들어서 외국인 희생자를 언급하게 된 것은, 요시다가 지적한 바와 같이,[108] 해외에서의 추도를 검토하기 시작하면서 상대국 정부와의 관계에서도 자국민만 추도할 수는 없다는 걸 자각했기 때문일 것이다. 그러나 그렇다 해도 아키히토가 위령하는 대상의 **주력**이 어디까지나 자국민에 한정되었다는 점은 아키히토의 '말씀'과 전적지의 위령 대상에 대해 요시다가 검증한 내용[109]을 보더라도 명확하다.

'전쟁'의 원인과 수행자에 대한 침묵

그러나 '전쟁'에 대한 아키히토의 인식 중 가장 큰 특징은 전쟁을 마치 **자연재해** 피해처럼 오로지 그 피해자만을 언급하고 '전쟁'이 일어난 원인과 **가해자** · 책임자는 일절 언급하지 않는다는 점이다.

말할 것도 없이, 전쟁은 자연재해가 아니라 인위적으로 발생한 것이고, 특히 그 전쟁이 침략전쟁이었던 경우에는 자연재해와 달리 가해자와 피해자가 있다. 또한 그 전쟁이 침략전쟁이었던 경우에는 그 전쟁으로 목숨을 잃은 침략국 병사와 국민의 '피해'는 자연재해와는 다른 면도 지닌다.

아키히토가 집착하는 과거의 전쟁도 분명하게 그러한 원인을 지닌 것이고, 아키히토도 그 점에 관심을 갖지 않으면 안 된다. 그럼에도 아키히토의 '전쟁'에는 그 수행자가 일절 등장하지 않고 마치 **재해와도 같은** 전쟁의 참화만이 있을 뿐이며, 그곳에서 많은 목숨을 잃었다는 사실事實을 지적하는 데에 그치는 것이다. 앞에서 언급한 바와 같이 아키히토가 오로지 자국민 사자死者에 집착하는 것도 전사자를 재해 피해자와 **동일하게 보며** 추도하려고 하기 때문이라고 생각된다.

예를 들어 사이판을 방문한 2005년의 기자회견에서 아키히토는 다음과 같이 말한다.

> 이전의 대전大戰에서는 대단히 많은 일본인이 목숨을 잃었습니다. 전체 전몰자 310만 명 중 해외에서 돌아가신 분은 240만 명에 달합니다. 전후 60년을 맞이하여 우리는 이렇듯 많은 분이 돌아가신 해외에서의 위령을 생각하고…….110

그러나 일본인 사자死者가 왜 '해외[外地]'에서 이렇게나 많았는가, 그것은 바로 일본의 전쟁이 식민지 진출과 엮여 있고, 따라서 철두철미하게 중국을 비롯한 '해외'에서의 전쟁으로 치러졌기 때문이다.

아키히토는 거듭거듭 전쟁에 대한 '반성'을 말하고, 국민이 '과거의 역사를 …… 올바로 이해'하길 권하지만, 정작 아키히토 본인이 과연 전쟁의 역사를 '올바르게 이해'하고 있는지 참으로 의심스럽다.

사이판 방문 당시의 기자회견에서 아키히토는 사이판에 대해 언급했는데, 여기에서 언급된 사실事實이 틀린 것은 아니지만, 마치 사이판에 많은 일본인이 평화적으로 이주하여 생활하고 있는데 어느 날 갑자기 미군이 상륙해 이에 맞서 많은 일본인이 옥쇄玉碎했다는 듯이 들리기조차 한다.

> 쇼와 19년(1944년) 6월 15일 미군이 사이판섬에 상륙해왔을 때 일본군은 이미 제해권과 제공권을 잃고 많은 재류 방인(邦人, 일본인-옮긴이)은 인양引揚될 수 없는 상태가 되어버렸습니다. 이러한 상황하에서 전투가 벌어졌기 때문에 7월 7일 일본군이 옥쇄하기까지 육해군 약 4만 3,000명과 재류 방인 1만 2,000명이 목숨을 잃었습니다. 군인을 비롯하여 당시 섬에 살고 있었던 사람들의 고통과 섬에서 가족을 잃은 사람들의 슬픔이 얼마나 클지 가늠조차 할 수 없습니다.[111]

아키히토가 '해외에서의 위령'을 생각했을 때 왜 류탸오후, 루거우차오盧溝橋, 우한武漢, 난징南京이 아니라 사이판이었는지는 묻지 않기로 하더라도, 사이판섬에 갈 거라면 태평양전쟁에서 쇼와 천황이 전쟁 지도에서 수행했던 역할을 고려하는 것은 필수적이었을 것이다.[112]

천황은 과달카날섬 철수, 애투섬 옥쇄로 이어지는 대對미국전의 곤경을 타개하기 위해서 집요하게 미군과의 결전을 요구했고, 군부가 '절대국방권國防圈'을 정하고 전략거점의 방비 강화를 표방한 이후에도 공세적 방어를 주장했으며, 미군이 사이판에 상륙했을 때도 사이판 단념을 주장하는 육해군 참모부에 맞서 '사이판 회복'을 고집했다.

사이판 함락으로 일본의 패배는 필지의 사실이 되었지만, 천황과 군지휘부는 여전히 미군과 일전을 치러 승리한 뒤의 강화를 고집하며 전쟁을 질질 끌었다. 그것이 수많은 희생자를 낳았다.

아키히토는 기자회견 시간은 짧고, 또한 정치에 관여하지 않는다는 제약을 고려했다고 답할지도 모른다. 그러나 아키히토의 기자회견에서는 쇼와 천황이 주도했던 전쟁이라는 생각은 티끌만큼도 느껴지지 않는다.

아키히토의 '오키나와'

아키히토의 '전쟁' 인식을 상징적으로 보여주는 것은, 아키히토가 집착하는 오키나와이다. 오키나와에 대한 아키히토의 집착은 아키히토를 지지하는 미디어나 '리버럴'한 역사 연구자가 모두 긍정적으로 평가하는 점이고, '헤이세이류'의 상징처럼 되어 있다.

아키히토는 처음 오키나와를 방문한 1975년 이래 거듭해서 오키나와가 겪은 비참한 체험을 강조하며 국민이 그것을 가슴에 담아두어야 한다고 강조했다.

> 오키나와가 걸어온 길은 험난했습니다. 모두가 이를 이해하는 것이 중요합니다.[113]

여기에서 '모두가'라는 것은 "본토와 오키나와는 전쟁을 받아들이는 자세가 다르다"라는 말이 시사하듯이, 특히 본토의 인간을 염두에 둔 '국민'

전체를 가리킨다.

이러한 호소는 이후에도 반복되었다. 오키나와를 네 번째 방문했을 때에도 아키히토는 본토의 인간이 "오키나와 사람들의 고통을 함께 나눌 수 있게 되기를 바랍니다"[114]라고 되풀이해서 말했다.

오키나와에 대한 아키히토의 마음이 진심이라는 데에는 의심의 여지가 없다. 확실히, 오키나와의 문제를 본토까지 포함한 국민 전체의 문제로 '이해해가는 것'은 중요하다. 그러나 문제는 오키나와의 문제를 **어떤 문제로 이해**하는지이다. 이 점에서 아키히토의 오키나와 인식에는 치명적인 약점이 있다.

오키나와의 비극은 누가 만들었는가 | 아키히토가 강조하듯, 오키나와 전투에서는 수많은 현민県民이 전투에 휘말려 목숨을 잃었다. 그러나 그것은 물론 자연적으로 발생한 것이 아니었고, 더군다나 전쟁에 수반되는 **불가피한** 일도 아니었다.

상세히 언급할 여유는 없지만, 오키나와 전투는 쇼와 천황의 선전포고로 시작된 아시아·태평양전쟁을 직접적인 연원으로 한다. 게다가 앞에서 언급한 바와 같이 사이판 함락 무렵부터 쇼와 천황을 비롯한 지도부 안에서도 일본의 승리는 가망이 없다는 걸 자각하게 되면서 연합군과 강화할 수 있는 기회가 몇 번이나 있었음에도 "앞으로 일전을 승리하여 전국을 만회하고 나서" 강화를 하겠다는 쇼와 천황의 집념 탓에 강화는 질질 뒤로 밀렸다.

1945년이 되어서도 쇼와 천황은 오키나와 결전에서 승리하여 '유리한' 강화에 나선다는 마지막 희망을 걸고 많은 중신과 측근의 진언을 물리치고 오키나와 결전을 고집했다.[115] 그래서 지구전을 지향했던 군지도부를 질타하고 '공세작전'을 명하여 전군 특공 등이 감행된 결과 한층 많은 희생자를 냈다. 그리고 '투항'을 인정하지 않는 일본군의 방침에 따라 도민島民은 '집단자결'을 강요받았고, 또한 주민을 스파이로 의심한 일본군에 의해 오키나와 현민 다수가 목숨을 잃었다.

'모두가' 이해하라고 호소하기 전에, 아키히토는 오키나와의 비극이 자신의 아버지를 통치권 총람자로 한 천황 정부의 방침 때문에 발생한 것에 대한 반성을 우선 표해야만 했다.

오키나와의 비극이 **누구에 의해서** 초래되었는지는 '정치적'이므로 말할 수 없다면, 애당초 오키나와에 가서도, 언급해서도 안 된다. 오키나와를 언급한다면, 그것을 일으킨 사람을 건드리지 않고 오키나와 전투를 말하는 것 자체가 **지극히 '정치적'**인 태도의 표명이라는 점을 알아야 한다.

교과서의 오키나와 기술은 무엇이 부족한가 |　그 연장선상이지만, 아키히토는 황태자 시절에 오키나와의 비극이 본토 사람들에게 전해지지 않는다는 것과 관련하여 교과서에 오키나와 역사에 관한 기술이 적다고 지적하면서 기자회견에서 다음과 같이 말했다.

오키나와가 교과서에 어느 정도 등장하는지, 올해(1975년에 아키히토가 오키나와를 처음 방문한 해-인용자) 봄에 조사해봤는데, 매우 적었습니다. 『오모로소시おもろそうし』* 등과 같은 문학을 추가하면 어떨지, **문부대신에게 이야기**한 적도 있습니다.116

아키히토의 이런 태도, 특히 문부대신에 대한 태도는 옛 통치권 총람자

---

*　'오모로おもろ'는 오키나와에서 전해지는 고대 가요. 주술성과 서정성을 내포한 폭넓은 서사시로, 약 12세기부터 17세기 초에 걸쳐서 만들어졌다. 『오모로소시』(전 22권, 1554수, 1531~1623)는 '오모로'를 집대성한 것이다.

시대 천황의 행동 그 자체이자 헌법을 정면으로 위반하는 국정 관여에 해당하는 것인데, 아키히토는 그러한 자신의 태도가 이상하다는 점을 전혀 알아채지 못할 뿐 아니라, 오히려 약간 자랑스러워하는 말투로까지 느껴지며, 이에 대해 기자들이 아무도 주의를 기울이지 않는 것도 기묘한 일이다.

이것은 차치하더라도, '오키나와의 역사' '마음 아픈 역사'를 어떻게 기술할지를 놓고 교과서 집필자·오키나와 현민과 문부성–문부과학성이 격한 줄다리기를 계속해온 것을 생각하면 이 발언이 얼마나 안이한 발언인지 알 수 있다.

특히 오키나와 전투와 관련해서는, 1980년대 초의 검정에서 일본군에 의한 오키나와 주민 학살 기술이 전면 삭제되면서 오키나와 전체의 큰 문제가 되었다. 1984년 검정에서는 그런 항의의 목소리를 받아들여 일본군에 의한 주민 살해 사실은 삭제를 요구당하지 않았지만, 주민의 사자死者는 '집단자결' 쪽이 많으므로 그것을 강조하라는 지시가 있었다.[117]

나아가 2000년대에 들어서서는, 이번에는 오키나와 전투에서의 '일본군에 의한 집단자결'이라는 기술에 대해서, 그것을 명기했던 오에 겐자부로大江健三郞의 『오키나와 노트』[118], 이에나가 사부로家永三郞의 『태평양전쟁』[119]에 대해 옛 일본군 장교가 '집단자결은 일본군 지휘부의 명령에 의한 것이 아니었다'며 제소한 오에·이와나미岩波 재판*에 편승하여 문부성

---

* '오에 겐자부로·이와나미쇼텐 오키나와전沖縄戦 재판'은, 오에 겐자부로의 『오키나와 노트』(1970)와 이에나가 사부로의 『태평양전쟁』(1968)에 오키나와 주민에게 자결을 강요한 것으로 기술된 지휘관 우메자와 유타카梅澤裕와 아카마쓰 요시쓰구赤松嘉次 측이 오에 겐자부로와 이와나미쇼텐을 상대로 명예훼손에 따른 손해배상, 출판금지, 사죄공고 게재를 요구하며 2005년 8월 오사카지방재판소에 제기한 소송이다. 원고는 우메자와 유타카와 아카마쓰 히데카즈(赤松秀一: 요시쓰구의 동생) 2인. 오사카지방재판

이 2006년도 검정에서 '일본군에 의한 강제'라는 점의 수정을 요구했다.*
이에 대한 반발이 당파를 불문하고 오키나와현 전체에서 일어났다. 이후
의 경위는 생략하지만, 이 싸움은 길게 이어졌다.

아키히토가 교과서를 언급한 것이 1975년이었으므로, 1981년에 발생
한 교과서 검정을 둘러싼 대소동이나 오에·이와나미 재판이 벌어지기 전
이었다. 그러나 오에와 이에나가의 저서는 이미 출판되어 있었고, 이후 교
과서를 둘러싼 이러한 공방은 매스컴에서도 크게 다뤘다. 그러나 그 뒤로
아키히토가 교과서 문제를 언급한 적은 한 번도 없었다.

오키나와의 고통은 오키나와 전투뿐인가 |　또한 아키히토의 오키나와
인식의 큰 문제는 아키히토의 '전쟁' 인식과 동일하게 전후 오키나와의 고
통, 즉 오키나와의 미군 점령, 강화를 기점으로 한 미군의 직접 지배, 그리
고 무엇보다도 오키나와의 헤노코辺野古 기지 건설을 비롯한 미군기지 문
제도 전혀 언급하지 않는다는 점이다. 거듭해서 오키나와를 방문하고 오
키나와의 고통에 마음을 기울인다고 공언하는 아키히토가 오키나와 기지
문제, 헤노코 기지 건설 문제를 모를 리는 없다.

게다가 아키히토의 아버지 쇼와 천황은 미군 점령하에 있었던 1947년,
공산주의의 위협에 대항하기 위해 미국에 오키나와에 대한 군사점령을 장
기조차租借의 형태로 계속해주길 바란다는 편지를 보냈다.[120]

기지 문제를 언급하지 않고, 오키나와에 대한 아버지 쇼와 천황의 배신

소는 2008년 3월 28일 '집단자결에 대한 군의 관여'를 인정하고, 지휘관 2인의 관여도
'충분히 추인推認'할 수 있으며 책의 기술이 '합리적 근거가 있고, 진실이라고 믿을 상
당한 이유가 있었다'는 취지로 오에 측 승소 판결을 내렸다. 오사카고등재판소 항소심
(2008년 10월 31일)을 거쳐, 최고재판소도 2011년 4월 21일 원고의 상고를 기각했다.

*　'수정' 요구의 이유는 "군 명령의 유무를 둘러싼 재판이 일어나는 등, 강제의 사실이 반
드시 명확한 것은 아니"라는 것이었다.

행위에 대한 반성도 없이, 어떻게 고통을 나눈다는 것일까. 만약 아키히토가 진심으로 오키나와를 마주하고 싶다면, 아키히토는 '사적 행위'로서 오키나와를 방문해야 한다. 그래도 내각의 관여는 있겠지만, 더욱 '자유롭게' 오키나와를 볼 수 있을 것이다. 또한 그러한 '상징'이라는 지위에 속박당하지 않고 전쟁과 오키나와를 이야기하고 싶다면, 한 명의 시민으로서 발언해야 한다고 생각한다.

(5) 아키히토가 '상징'·'헌법'·'전쟁' 인식을 갖게 된 배경

이상과 같이 '헤이세이류'라 칭하는 아키히토의 행동을 지탱하는 아키히토의 상징 인식, 헌법 인식, 전쟁 인식은 큰 문제를 내포하고 있다.

이에 대한 책임은, 물론 아키히토 본인의 책임이 가장 큰 것이 당연하다. 마지막에 검토했던 전쟁 인식, 오키나와 인식만 해도, 아키히토는 그럴 마음만 있다면 방위청 전사실戰史室 담당자를 불러 이야기를 들을[121] 수 있을 뿐 아니라, 야마다 아키라山田明[122] 등의 연구를 가져다가 읽을 수 있고, 오키나와에 대해서도 오에 겐자부로와 이에나가 사부로, 하야시 히로시林博史[123] 등의 언설은 얼마든지 읽을 수 있었다.

그러나 그렇다고는 해도, 아키히토가 이러한 상징 인식과 헌법 인식을 형성하는 데에 헌법학계와 역사학계의, 특히 1990년대 이후의 동향이 영향을 주었다는 것도 살펴보지 않는다면 공평하지 않다. 상세히 서술할 지면은 없지만, 앞에서와 같은 아키히토의 상징 인식, 헌법 인식, 역사 인식이 만들어진 배경으로 다음과 같은 점은 지적해두지 않으면 안 된다.

하나는, 전후 헌법학의 천황론, 특히 상징천황의 행위에 대한 해석론의 동향, 나아가 1990년대 이후의 헌법학계의 변화, 한마디로 말하자면 보수화를 들 수 있다.

헌법학계의 보수화가 가장 현저히 나타난 것은 전후를 일관하여 헌법학계의 큰 과제였던 9조를 둘러싼 문제, 안보조약, 자위대 위헌론의 후퇴, 자위대를 용인하는 동향이었다.

이러한 움직임은 1990년대에 들어선 이후의 정치의 큰 변화에 대응하며 유력화되었다. 냉전의 종언으로 이제 자위대가 미국에 가담하여 전쟁에 휘말릴 위험은 사라졌지만, 오히려 국제질서 유지를 위해 적극적으로 공헌해야 한다는 풍조가 등장하고, 국제질서 유지를 위해 '함께 피를 흘리자'는 미국의 압력 증대에 호응했다. 또한 '정치개혁' 과정에서 사회당이 안보조약·자위대 용인을 결단하고, 새롭게 자민당과 대치하며 양당체제의 한 축을 이루려는 민주당이 안보조약·자위대 용인을 내건 것 등이 그것이다.

헌법학계의 안보조약·자위대 용인 언설은 그러한 현실을 용인하는 언설이었다고도 할 수 있다.

이러한 움직임은 9조뿐만 아니라 헌법 전반에 영향을 끼치면서 천황 조항을 둘러싼 해석에도 나타났다. 헌법이 인정하지 않는 천황의 행위를 엄격하게 체크하려는 논의가 후퇴하고, 천황의 '상징으로서의 행위'를 당연한 것처럼 용인하는 움직임이 강해졌다. 쇼와 천황에서 천황 아키히토로의 황위 계승으로 천황제 복고의 움직임이 후퇴하고 천황제에 대한 경계가 희박해진 것이 그 배경에 깔려 있었다.

변화는 헌법학계만이 아니라 역사학계에서도 발생했다. 자세한 논의는 별도의 논고로 넘기겠지만, 천황제의 전제적 지배의 구조를 밝히는 작업에 집중했던 '강좌파'적 시각이 퇴조하고, 메이지헌법 체제의 천황제, 쇼와 천황의 행동도 강좌파가 강조했던 '절대주의적' 천황제라기보다는 입헌군주제로 포착하여 연구하려는 시각이 유력해졌다. 천황의 전쟁책임을 명확히 하려는 연구도 전진하기는 했지만, 동시에 쇼와 천황의 행동을 용인하는 듯한 논의도 대량으로 생산되었다.[124]

이러한 학계와 논단, 미디어의 동향이 천황 아키히토의 상징 인식, 헌법 인식, 전쟁 인식에 영향을 미쳤음은 부정할 수 없다.

4.
황위 계승 문제에 대한 집착
―황태자 비판에서 여계 천황, 여성 미야케 구상까지

(1) 황위 계승 문제의 대두

제2기에 들어서 아키히토 천황은, 한편으로 전통에 몰입해서 '헤이세이류' 확립에 부심하며 활동을 확대함과 동시에, 이와 병행하여 새삼스레 '만세일계의' 황통 존속과 황위 계승을 위한 시책에 강한 **집착**을 보이게 되었다.

이 황위 계승에 대한 집착이 제2기의 또다른 특징이다.

두 가지 황위 계승 문제의 부상

여기에서 주목해야 할 것은 아키히토가 '황위 계승 문제'로 의식했던 것에는 두 가지가 있었다는 점이다.

'후계자お世継ぎ' 부족 | 아키히토에게 첫 번째의, 그리고 당초부터 의식된 '황위 계승 문제'란 문자 그대로 황실전범에 남계남자男系男子로 정해져 있는 황위 계승 대상자가 황태자와 아키시노노미야秋篠宮 다음 세대에는

없어진다는 우려였다.

황태자는 1993년에 결혼했지만 오래도록 아이가 없다가 2001년에 겨우 생긴 아이도 딸이라서 황위 계승 대상자가 없다는 점, 아키시노노미야 쪽도 아들이 없다는 점이 황통 존속에 대한 불안을 절박한 문제로 만들었다.

아키히토는 자기 대에서 황통이 단절되어서는 안 된다는 걱정으로, 뿐만 아니라 자신의 시대에 황통 안정을 위한 체제를 확립해두지 않으면 안 된다는 생각으로 내몰렸다. 그 방책을 마련하는 것을 자신이 천황으로서 노력해야 하는 최대 과제 중 하나로 의식하게 된 것이다.

앞에서 살펴본 것처럼 아키히토는 헌법에 규정된 '상징'象像의 탐구를 기회 있을 때마다 입에 올렸지만, 황위 계승의 규칙이 헌법 14조의 평등 원칙에 정면으로 저촉되므로 어떻게든 해보려고 하는 생각은 조금도 없었다. 남계남자의 황통은 부동의 전통이었다. 그래서, 아키히토가 사숙私塾했던 사가 천황은 정실과 측실을 합쳐 29명의 '처'를 가졌던 것, 메이지 천황도 정실 외에 측실을 6명이나 두고 후계자 만들기에 '열심'이었다는 것 등을 당연하게 의식하고 있었다.

이 첫 번째 황위 계승 문제에 대한 집착에서 아키히토의 두 가지 행동이 나왔다. 하나는 이러한 계승 문제에 대한 집념 때문에 이 시기에 황태자 부부에 대한 우려와 비판이 심해지고, 천황·황후의 '마사코雅子 때리기'가 시작되었다는 점이다.

아키히토는 황태자가 '후계자' 문제를 경시하고 있지는 않은지 우려하고, 직접적으로 또는 궁내청 장관을 통해서 간접적으로 황태자, 특히 마사코에게 압력을 가하기 시작했다. 이것이 2000년대에 들어서 마사코의 요양, 황태자의 '인격 부정' 발언 등의 형태로, 천황·황후와 황태자 일가의 대립으로 발전했다.

또 하나는 남계남자 탄생의 전망이 없다는 것을 근거로 아키히토·궁내청이 황실전범에 규정된 황실 계승 규칙의 변경을 검토하기 시작했다는 점이다. 그 시작이 고이즈미 내각 때 설치된 '황실전범에 관한 유식자회의'였다.

'헤이세이류'의 계승 | 그러나 아키히토에게 황실 계승 문제는 그게 다가 아니었다. 제2기가 진전되면서 **제2의** 황위 계승 문제가 부상했기 때문이다. 그것은 아키히토가 확립한 '헤이세이류'를 **'헤이세이류'**로 끝내지 않고 마땅히 그래야 할 '상징의 직무'로서 어떻게 장래의 황실에도 이어지도록 할 것인가의 문제였다.

황실 계승의 이 두 번째 문제는 제2기에 아키히토가 상징으로서의 행동을 '헤이세이류'로 확대하며 자신감을 더해감과 동시에 그 비중도 커졌다.

황실 계승의 이 두 번째 문제에 대한 집착도 아키히토의 **두 가지** 행동을 낳았다. 하나는, 여기에서도 황태자에 대한 천황의 불신과 비판이 거세어졌다는 점이다. '직무'를 이어가야 할 황태자가 아키히토가 생각하는 이러한 '상징으로서의 직무'에 열심이 아니라는 불신이 점차 커진 것이다. 황태자 부부와의 대립이 황위 계승의 첫 번째 문제와 두 번째 문제를 모두 심각하게 만들었던 것이다.

또 하나는 '헤이세이류' 계승에 대한 집착이 제3기에 들어서 아키히토의 '퇴위'라는, 천황 자신의 행동으로 나타났다는 점이다. 게다가 황위 계승의 첫 번째 문제에서도 두 번째 문제에서도 아키히토·궁내청의 의향과 우파의 입장이 날카롭게 대립했다. 이리하여 이 황위 계승 문제를 계기로 1993년 '황후 때리기' 이래 끊겨 있었던 우파의 아키히토 천황 비판이 다시 불타올랐다.

이제부터는 이 두 개의 황위 계승 문제에 초점을 맞춰 천황 아키히토와 정치의 관계를 논해보고자 한다.

전사前史, 궁내청 내부의 검토

쇼와 천황이 사거하고 황위가 계승된 직후부터 '황통'의 존속을 위해 어떻게 해야 할지에 대한 검토가 궁내청에서 시작되었다. 황위 계승으로 아키히토가 즉위한 후, 황태자 나루히토 다음세대의 황위계승자 부족이 걱정의 씨앗으로 부상했기 때문이다.

아키히토의 이해를 얻어 궁내청에서는 극비리에 황위 계승 문제를 검토하는 팀을 만들어서 활동을 시작했다. 여기에는 다케시타 노보루竹下登 내각 당시 주석主席내각참사관으로서 황위 계승 의식에 관여했던 후루카와 사다지로古川貞二郎가 정부 측 일원으로 처음부터 참여했다.[125] 후루카와는 후생성 퇴관 후 무라야마 내각 시기인 1995년 2월에 내각 관방부副장관에 취임했다. 그해 1월에 『요미우리 신문』이 특종 보도했던 궁내청 자료는 이 검토팀의 작업의 방향을 보여주고 있었는데, 거기에서는 황위 계승 안정화 방책으로 이미 여성천황, 여계천황책이 중점적으로 검토되고 있었다는 점이 주목된다.[126]

그러나 1993년의 정변 이후 정권이 안정되지 않은 상황에서는 정권이 이 문제를 살필 여유가 없었다. 후루카와가 처음으로 정부에 대처를 타진한 것은 하시모토 류타로橋本龍太郎 내각이었는데,[127] 하시모토 내각은 검토에 착수하지 않은 채 붕괴했고, 그 뒤를 이은 오부치 게이조小渕恵三 내각과 모리 요시로森喜朗 내각이 단명으로 끝났기 때문에 고이즈미 준이치로小泉純一郎 내각에 이르러서야 겨우 이 문제를 다룰 수 있었다.

후루카와는 고이즈미 내각에서 2003년 9월까지 관방부장관으로 일했고, 2004년 12월에는 막 조직된 '황실전범에 관한 유식자회의'(이하, 고이즈미 유식자회의) 위원에 취임했다.

우파가 비난했던 것처럼,[128] 후루카와는 황위 계승 문제를 정치 과제로 끌어올리는 데에 핵심적인 역할을 한 인물이었다.

(2) 마사코 문제와 천황의 노여움

그러나 황위 계승 문제와 관련하여 먼저 떠올랐던 것은 천황·궁내청의 황태자 부부에 대한 '사내아이를 낳으라'는 압력과 그러려고 '노력하지 않는'다는 비난이었다. 아키히토는 황위 계승 문제에서 그 무엇보다도 직계인 황태자가 아들을 낳아 황위를 안정시키길 바랐기 때문이다.

황태자 부부에 대한 두 가지 불만

1993년에 황태자가 결혼을 하자마자, 천황·황후와 그 뜻을 받든 궁내청은 황태자 부부에게 강한 요구와 불만을 품게 되었다.

천황이 황태자 부부에게 품은 불만은 서로 관련된 두 가지였다. 하나는 황위 계승의 첫 번째 문제와 관련하여 황태자 부부가 출산을 위해 노력하지 않는다는, 황족의 임무로서 황위계승자, 즉 아들을 낳는 것이 가장 중요한 일이라는 **자각**이 부족하지 않은가 하는 불만이었다.

그것은 특히 마사코에게 향했다. 마사코 측에 속하는 인사의 변명에 따르면[129] 황태자 부부는 실제로는 경시 따위 하지 않았지만, 불만이 커진 천황·황후–궁내청은 마사코의 외국 방문을 규제하고 기회 있을 때마다 아이 낳기를 재촉하는 발언을 거듭했다.

또 하나는 황위 계승의 두 번째 문제와 관련하여, 황태자 부부가 '공무'

를 대하는 방식에 대한 불만이었다. 황태자는 마사코의 경력을 고려하여 외국 방문을 힘을 불어넣어주는 발언을 되풀이했는데, 천황 측에서는 그게 탐탁지 않았던 것이다. 천황 측 입장에서는 황태자의 공무 중 첫 번째는 계승자를 낳는 것이고, 동시에 지방 방문, 재해피해지 방문, 궁중제사야말로 중요한 공무인데, 그중에서 맘에 드는 것만 골라서 하고 정작 중요한 것은 소홀히 한다고 생각했던 것이다.

'마사코 때리기'의 이상異常

천황 측의 이러한 불만은 2001년 12월 황태자 부부 사이에서 태어난 첫째가 딸이었기 때문에 재연하여, 둘째를 요구하는 압력이 급속히 세어졌다.

아이코愛子 출산 후인 2002년 12월, 실로 8년 만의 외국 방문을 앞둔 기자회견에서 마사코는 이러한 둘째 출산 압력과 외국 방문 금지를 언급하며 "외국 방문을 하기 어려운 상황에 적응하는 데에 노력이 필요했다"[130]고 궁내청에 대한 불만을 드러냈는데, 이것이 천황·궁내청의 역린을 건드리면서 한층 더한 압력을 불렀다.

당시의 궁내청 장관 유아사 도시오湯浅利夫는 천황의 양해를 얻어[131] 이 발언에 반론하면서 "외국 방문을 적극적으로 실시하는 것은 결과적으로 어려웠다. 이른바 후계자 문제가 결코 작은 문제가 아니어서 걱정해왔다. …… 의사의 조언도 있었다"고 발언했고,[132] 마침내 2003년 12월에는 황태자 부부를 저격이라도 하듯, 아키시노노미야 부부에게 "황실의 번영을 생각하면, 셋째 출산을 강하게 기대한다"[133]는 데까지 나아갔다. 이 발언은 마사코가 몸이 안 좋아 입원했다는 것을 발표한 바로 그 회견에서 나온 것이었다.

또 한편, '공무'에 대한 황태자 부부의 태도에 품었던 불만도, 첫째를 낳

은 뒤로 건강이 악화된 탓에 마사코가 궁중제사나 공무에 결석하는 일이 많아지면서 한층 더 커졌다.[134]

이러한 황태자 부부, 특히 마사코에 대한 궁내청 간부의 비판은 천황·황후의 양해를 얻어 점점 더 공공연하게 거세어져갔다.

천황·황후와 황태자 부부의 관계 악화와는 반대로 천황·황후와 아키시노노미야 부부의 친밀한 관계가 깊어지고, 이것이 거구로 황태자 부부를 궁지로 몰았다.

천황·황후의 뜻을 받든 궁내청 장관 등의 공공연한 비난이 늘어감에 따라 아키히토파 매스미디어 기자 등을 매개로 하는 미디어의 마사코 비난이 시작되었다. 1993년의 '황후 때리기'로 천황·황후를 비판했다가 크게 덴 적이 있는『슈칸분슌』과『슈칸신초』는 천황의 암묵적 허가 아래 안심하고 점점 더 강하게 '마사코, 황태자 때리기'로 내달렸다. 천황·황후 비판이라면 우익의 개입이 무섭지만, 천황·황후의 '우려'를 빌려 황태자 부부를 비판하는 거라면 그런 걱정 따위 할 필요가 없었기 때문이다. 궁내청으로부터도 마사코의 '행상行狀'에 관한 정보가 잇따라 새어나와 주간지 등에 흘러넘쳤다.

이렇게 압박이 점점 심해지는 가운데 황태자비 마사코는 건강이 악화되어, 마침내 2003년 말부터 장기간에 걸친 요양 생활에 들어갔던 것이다.

마사코를 궁지로 몰아넣은 '후계자' 출산을 거듭 독촉한 궁내청과 미디어의 언동은, 시민사회였다면 젠더차별, 성희롱 외에 아무것도 아니므로, 사회적으로 규탄받아 마땅한 것이었다.

그 무렵, 제1차 아베 정권의 후생노동대신 야나기사와 하쿠오柳沢伯夫가 2007년 1월의 한 강연에서 소자화小子化 대책과 관련하여 여성을 "애 낳는 기계나 장치의 수는 정해져 있으니, 우리가 할 수 있는 것은 각자가 최선을 다해달라고 요구하는 것뿐"이라고 발언하여 맹렬한 비판을 받은 것은, 그런 의미에서 당연한 것이었다. 그러나 마사코에게 쏟아졌던, '후계자'를 요구하는 궁내청 장관의 언동은 개인을 향했다는 점에서 야나기사와의 발언을 뛰어넘는 것이었음에도 미디어로부터 그러한 비난을 일절 받지 않았다. 비난은커녕 미디어가 솔선해서 젠더차별이라는 똥물을 줄줄 흘리고 있었다.

아키히토파 기자도 천황·황후의 의중을 헤아려 위압적으로 "아이를 만들려고 노력하지 않는" 마사코와 황태자를 비난하고 규탄했다. 황실의 전통이라는 것의 오싹함이 만개한 것이다.

황태자 부부에 대한 불신과 불화의 확대

2004년 5월 10일, 덴마크, 포르투갈, 스페인 방문을 앞두고 열린 기자회견에서 나온 황태자의 이른바 '인격 부정' 발언은 이러한 마사코에 대한 천황·궁내청 간부의 압력, 그리고 이를 배경으로 하는 미디어의 공격에 대한 반론이었다. 발언은 다음과 같은 것이었다.

황태자는 이번 외국 방문에 황태자비 마사코를 동행하지 않는 것에 관한 기자회의 대표질문에 대해, 마사코도 자신도 "마음 깊이 유감스럽게 생각합니다"라고 강조하면서 이렇게 말했다.

특히 마사코는, 외교관으로서의 일을 단념하고 황실에 들어와, 황족으로서 국제친선을 매우 중요한 직무라 생각하면서도, 좀처럼 외국 방문을 **허락받지 못했던 것**에 매우 힘들어했습니다. 이번에는 건강 상태가 좋지 않아서 황태자비 자격으로 결혼식에 출석할 수 있는 기회를 놓치고 마는 것을 본인도 매우 아쉬워하고 있습니다.[135]

이것은 이미 마사코의 외국 방문을 만류해온 궁내청를 비판하는 뉘앙스를 담고 있었다. 황태자는 이어서 마사코가 나가노현長野県에서 요양 중이라고 말한 후, 문제의 발언을 했다.

마사코는 지난 10년 동안 황실이라는 환경에 적응하기 위해 열심히 노력했지만, 제가 보기에, 그 때문에 지쳐버린 것 같습니다. 지금까지의 **마사코의 경력**, 그리고 **그것에 기초한 마사코의 인격을 부정하는 듯한 움직임**이 있었던 것도 사실입니다.

'경력과 인격을 부정하는'이라는, 쉽게 말하기 힘든 발언에 깜짝 놀란 기자가 그것은 무엇을 가리키는지 다시 질문하자, 황태자 나루히토는 "상세한 내용은 말씀드리기 어렵습니다만, 외국 방문도 할 수 없었다는 것 등을 포함해서, 그런 일들로 인해 마사코도 그렇지만, 저도 무척 괴로웠습니다"라고 답했다.

나아가, 황태자는 일본외국특파원협회의 대표질문에 대한 회답 중에 천황과의 사이에 긴장이 높아지고 있는 '공무'에 대해서도 새삼스레 자신의 의견을 피력했다.

또한, 공무의 존재 방식에 대해서는, 저는 이전에도 말씀드린 바와 같이 새로운 시대에 걸맞은 황실상을 생각하며 **고쳐나가야 한다**고 생각합니다.

그러나 이 발언은 거꾸로 천황·황후는 물론이고 아키시노노미야를 비롯한 황실 전체가 황태자 부부를 비난하는 결과를 초래했고, 이에 편승하여 주간지 미디어에 국한되지 않는 '마사코, 황태자 때리기'가 점점 격화되었다.

그해 11월, 아키시노노미야는 탄생일 회견에서 황태자 발언 비판에 불을 붙였고, 이어서 12월 23일에는 천황 자신이 "제가 충분히 이해할 수 없는 부분이 있"[136]다고 발언했다.

아키히토파 기자는 『아사히 신문』 지상에서, 자신이 천황 아키히토라도 된 것처럼, 황태자에게 "천황에게 사과하라"고까지 추궁했다.

> 황태자 부부가 …… 양 폐하가 마음아파하고 있는 것, 그리고 **자신들이 직무를 충분히 수행하고 있지 않은 것**에 대해 솔직하게 사과드렸다는 말도 들리지 않는다.[137]

고이즈미 정권이 움직인 것은 이러한 '후계자'를 둘러싼 황실 내부의 한바탕 소동을 지켜본 2004년이었다.

(3) 여성·여계를 둘러싼 대항

황태자의 '인격 부정' 발언을 듣고, 고이즈미는, 놀랐지만, 2004년 말에 고이즈미 유식자회의를 설치하여 이 문제를 해결하기 위해 움직이기 시작했다. 고이즈미 유식자회의가 황위계승자 부족을 해소하는 방책으로 여성·여계 천황 용인을 내세우면서 황위 계승 문제는 순식간에 큰 정치문제가 되었다.

고이즈미 유식자회의의 경위를 알아보기 전에, 먼저 여계 천황 문제를 둘러싼 여계 추진파와 반대파의 진용을 확인해보자.

천황 문제를 둘러싼 대항 구도의 변용

거칠게 말하자면, 여계 천황 추진 용인 진영에는 천황·궁내성의 시사示唆를 받은 고이즈미 수상을 선두로 한 정부 주류가 포진하고 여기에 매스미디어 주류가 가담한 데에 대해, 반대파로는 자민당 안의 우파와 전통파·우파의 주류가 힘을 합친 구도였다. 주목할 만한 것은 쇼와 천황 시기에 나타났던 천황의 정치적 이용을 둘러싼 정부·자민당 대 혁신·리버럴이라는 구도가 여기에서는 보이지 않았다는 점이다.

일본 정치 전체를 보아도, 1990년대 이후로 전통적인 보수 대 혁신이라는 구도는 무너지기 시작했지만, 지배층이 추진하는 자위대 해외 출동 등을 핵심으로 하는 일본의 대국화를 놓고 우여곡절을 겪으면서도 자민당 대 민주당, 공산당, 사민당, 시민운동이라는 형태로, 정권에 대항하여 '혁신'보다 넓은, 이후의 용어를 말하자면 '입헌주의'파라고도 할 수 있는 세력이 대치하는 **새로운 구도**가 형성되어가고 있었다. 게다가 이 대결은 고이즈미 정권에 의한 자위대 인도양 해역 파견, 유사법제, 이라크 파견 때문에 그 치열함을 더해가고 있었다.

그러나 황위 계승 문제에서는 이러한 구도와는 다른 대항 구도가 나타났다. 민주당, 공산당 등 야당, 그리고 정권에 비판적인 미디어는 이 문제에서는 여성·여계 천황 지지로 돌아섰다. 또한 그때까지 일치해서 혁신과 대결하며 자민당 주류를 밀어주었던 우파가 이 문제를 둘러싸고 분열하여, 그 주류는 반대파로 돌아섰지만 일부는 여계 용인론을 전개하기에 이르렀다.

여계 추진 세력

고이즈미 수상 | 우선 여계 천황 추진파는 고이즈미 정권, 특히 고이즈

미 수상과 일부 측근이었다. 정권을 이어받은 고이즈미 수상은 특히 이 문제에 관심을 가지고 여성·여계 천황 실현에 집념을 불태웠다.

고이즈미는 본래 여성 천황 용인론자였다. 이미 1996년 9월 총재 선거에 처음 입후보했을 때의 공개토론회에서 고이즈미는 "저는 여자가 천황 폐하가 되는 것도 나쁘지 않다고 생각합니다. 남자 직계를 고집하지 않습니다. 황실전범은 개정해도 된다고 생각합니다"[138]라고 답했다.

고이즈미가 여계 천황 실현으로 움직인 이유는 두 가지였다. 하나는 **국민통합**에 있어서 여성을 천황위天皇位에 옹립하는 제도 쪽이 더 국민에게 친근감을 불러일으키고 황실이 **통합**의 도구로서 강력한 효과를 발휘할 수 있을 것이라 계산했기 때문이다. 1993년 황태자의 결혼, 2001년 황태자 부부의 장녀 아이코 탄생을 계기로 여성·여계 천황을 지지하는 여론이 증가 일로였으므로, 그것을 보더라도 개혁은 천황의 이용가치를 높일 수 있다고 생각되었다.

또 하나는 여계 천황 실현이 고이즈미 정권의 안정과 강화에도 보탬이 된다고 생각되었기 때문이다. 특히 2005년의 우정민영화 선거에서 자민당을 대승으로 이끈 기세를 몰아 여계 천황을 실현하면 고이즈미 정권의 '유종의 미'를 장식하게 될 것이라고 생각되었다. 고이즈미 정권의 간판이 '개혁'이었던 데에 더해, 우정민영화, 신자유주의 개혁으로 고이즈미는 자민당 주류를 '적'으로 돌리며 통치를 확대해왔으므로, 그런 의미에서도 여계 문제는 고이즈미의 구도에 딱 맞아떨어졌다. 정권의 주류를 장악한 신자유주의파가 호의적이었던 것이 그것을 단적으로 보여준다.

아키히토·궁내청 ㅣ 당사자인 천황 아키히토는 이 문제에 어떤 태도를 취했을까. 전통으로 크게 방향을 돌린 아키히토에게 최선의 길은 앞에서 언급했듯이 황태자에게서, 아니면 적어도 아키시노노미야에게서 아들이 태어나 메이지 황실전범 이래의 황위 계승 원칙, 즉 남계남자, 직계·장계 長系 우선이 계속되는 것이었다. 그러나 그것이 절망적인 단계에서는 여성·여계 천황 용인에 의한 황통 유지가 어쩔 수 없는 차선책으로 용인될 수밖에 없는 것이었다.

아키히토에게는 전통의 계승이야말로 천황제 존속의 근거였지만, 그것은 황통이 **존속해야만 가능한 것**이지, 황통이 끊겨버리면 전통이고 뭐고 아무것도 아니었기 때문이다.

시기적으로 조금 앞이긴 하지만, 2002년의 회견에서 아키히토가 "이 문제는 국회의 논의에 맡길 문제"[139]라고 발언한 것은 이미 이 무렵부터 황실과 관저 사이에 모종의 접촉이 있었고, 아키히토가 고이즈미 정권의 방향을 용인하고 있었음을 추측하게 만드는 대목이다. 나중에 살펴보듯이 이것을 추진하는 고이즈미 유식자회의가 매우 강하게 여계 추진에 나섰던 것도 이러한 천황 아키히토의 여성·여계 용인을 확인하고 있었기 때문이었다.

일찍부터 황통 존속에 위기감을 가지고 있었던 궁내청 간부도 이러한 천황의 뜻을 확인하고서 황실전범 개혁에 적극적이었다.

여성·여계 천황 반대파

여성·여계 천황의 움직임에 민감하게 반응하며 강하게 반대하고 나선 것은 우파-전통파의 주류이고, 자민당 안의 꽤 많은 의원이 이에 동조했다.

우파는, 앞서 황후 비판이 우익의 총탄으로 침묵을 강요당한 뒤로 황실 비판을 삼가고 있었지만, 정부가 황위 계승 문제를 다루기 시작한 것을 감지하자마자 일찌감치 반대를 표명했다.

2001년 우파의 주류는 '황실전범연구회'를 조직하여 여계 반대의 논진을 구축했다. 또한 '일본회의 국회의원간담회' 등에 결집하는 자민당 안의 우파 의원들도 우파와 연대하여 반대 진영에 가담했다.

그들은 천황제 권위의 원천은 바로 **전통**에 있고, 그 전통의 중핵은 남계·남자로 황통을 존속해온 것이며, 천황의 권위는 결코 국민과 동일한 존재가 되거나 국민에게 친숙한 존재가 되는 게 아니라 국민과는 멀리 떨어진 신神으로서의 계보를 존속하는 데에서 나온다고 생각했다.

여성 천황 따위로 잠시 관심을 끌어도 그것은 황실의 영국화를 부를 뿐, 금방 질려버려서 천황제의 쇠퇴를 초래할 가능성도 배제할 수 없다고 주장했다.

그러나 그 분열을 포함한 우파의 언설은 별도로 절을 설정하여 검토하기로 하고, 어쨌든 이러한 여성 천황·여계 천황을 둘러싸고 '헤이세이 시기' 천황 문제 특유의 착종錯綜된 대항 구도가 만들어졌다는 점만은 확인해두도록 하자.

(4) 고이즈미 유식자회의를 둘러싼 공방

유식자회의 결성과 그 인선에는 전 관방장관 후쿠다 야스오福田康夫와 함께 앞에서 언급한 후루카와 사다지로[140]가 관여했다. 유식자회의를 추진한 고이즈미 정권의 한 간부는 "처음부터 여성·여계로 정하고"[141] 시작했다고 말했다.

유식자회의는 2005년 1월 25일부터 그해 11월까지 17회에 걸쳐 열렸다. 그동안 제6회, 제7회에서는 유식자 8인의 의견을 청취하고, 7월 26일의 제10회에서는 '논점 정리'를 발표했다. 10월 5일의 제14회에서 의견을 모아 논의하고, 11월 24일의 제17회 회의에서 보고서를 결정했다.[142]

유식자회의에서 첫째로 주목해야 할 것은, 구성원 10명 중 황실의 황위 계승에 관한 '전문가'가 소노베 이쓰오園部逸夫, 사사야마 하루오笹山晴生 등 소수에 불과하고, 게다가 그중에 여계 반대론자는 없었다는 점이다. 유식 자회의 구성원에 여계 천황을 반대하는 전문가를 넣지 않은 것은 만약 그들이 있으면 회의에서 분규가 벌어질 게 뻔했기 때문인데, 이런 방식은 이후 노다野田 정권 때 설치된 유식자회의에서도, 아베 정권 때 설치된 유식 자회의에서도 이어졌다.

대신, 유식자회의는 의견을 청취하기 위해 '전문가'를 초청했다. 주목할 만한 것은 그렇게 초청된 전문가 8인 중 소위 전통파·우파가 5인이었는데, 그중 도코로 이사오所功, 다카모리 아키노리高森明勅, 야마오리 데쓰오山折哲雄 3인이 여성·여계 용인론을 전개했고, 반대파는 야기 히데쓰구八木秀次, 오하라 야스오大原康男 2인뿐이었다는 점이다.

나중에 검토하겠지만, '천황 퇴위에 관한 유식자회의'이하, 아베 유식자회의와 비교하면, 아베 유식자회의도 구성원에 전문가를 포함하지 않은 점에서는 고이즈미 유식자회의를 답습했지만, 초청된 의견청취자 16인 중 7인이 퇴위 반대 의견을 냈다는 점에서 그 분위기가 전혀 달랐다.

주목해야 할 또 하나는 고이즈미 유식자회의의 논의에서는 여성·여계 천황을 남녀평등의 관점에서 검토하는 헌법론은 완전히 배제되었다는 점이다. 그렇기는 해도, 의견청취에서는 천황체 자체에 비판적인 입장을 지니고 헌법 제2조 황위세습원칙은 제14조 남녀평등원칙과 모순되며 남계·남자 계승은 위헌이라고 명언하는 헌법학자 요코다 고이치橫田耕一를 초청했다는 사실은 빠뜨릴 수 없다. 아베 유식자회의에서는 천황제에 비판적인 헌법학자가 한 명도 초청되지 않았던 것에 비한다면, 시대의 추이를 가늠해볼 수 있기 때문이다.

이 천황제 비판파도 포함한 8인의 의견청취자 중 6인이 여성·여계를 용인했다.

보고서는 (1) 과거에 남계 계승이 유지되어온 것은 비적계非嫡系·서자庶子에 의한 황위 계승을 전제로 했던 것인데, 이는 황위계승자가 적출자嫡出子로 한정되고 더군다나 소자·고령화가 진행되는 현대에서 유지할 수 없으므로 여성·여계 천황으로의 황위 계승 자격의 확대를 인정할 것, (2) 계승 순위는 직계·장자 수선으로 할 것, (3) 황족 범위의 확대를 위해 여성 황족은 혼인 후에도 황족 신분을 유지하고, 배우자와 자손도 황족으로 할 것, 이상 세 가지를 핵심으로 하여 정리되었다.

보고서 이후, 대립의 현재화

11월 25일 제출된 보고서에 대해 주요 미디어는 호의적 태도를 취했다. 『아사히 신문』이 실시한 여론조사에서도 여계 지지는 남계 지지 17%를 압도하는 71%에 달했다.[143]

그러나 보고서 발표 후 우파의 반격이 시작되었다.

신사본청이 먼저 반대 목소리를 높이고, '일본회의 국회의원간담회' 소속 의원들도 잇달아 반대 목소리를 내기 시작했다. 미카사노미야三笠宮 도모히토寬仁 같은 일부 황족도 여계 천황 반대 목소리를 냈다. 우파 주류의 학자와 문화인도 일제히 반대 목소리를 높였다.

반대파에서는 2006년 1월의 통상국회에 정부가 황실전범 개정안을 제출할 거라고 내다보고 위기감이 커졌다. 반대파 국회의원에는 우정민영화 문제 이래의 반反고이즈미파 의원들에 더해, 고이즈미파에 속해 있던 아베 신조와 아소 다로麻生太郎가 가담했다는 점이 주목되었다.

고이즈미 주도의 강행 돌파 노선

이에 맞선, 여계 천황 실시의 가장 큰 힘은 다름 아닌 고이즈미의 의욕이었다.

고이즈미는 2005년 여름 우정민영화 선거에서 자민당의 우정민영화 반대 의원에게 '자객'을 보내서 자민당 압승을 달성하고 권력의 정점에 서 있었다. 그런 고이즈미가 황실전범 개정을 정권의 마지막 큰 과제로 설정했던 것이다. 고이즈미 자신이 "우정 다음은 황실 개혁"[144]이라고 공언하기도 했다.

게다가 그 추진 방식도 천황의 방중訪中을 추진하던 미야자와宮沢의 방식과는 크게 달랐다. 꼭 당내 패권을 장악했다고 하기는 힘들었던 미야자와 내각 때에는 천황의 방중을 실현하기 위해 미야자와가 당내 물밑작업에 힘쓰는 한편, 다케시타 노보루竹下登를 의지하고 나카소네 야스히로를 농락하여 당내의 대세를 억눌렀다.

이에 비해 이번에 고이즈미는 자민당의 총선거 압승으로 당내 반대파를 축출한 여세를 몰아 물밑작업보다는 국민의 지지와 찬성하는 야당을 끌어들여 자민당 반대파를 억누르는 강행 돌파 노선을 취했다.

반대파의 목소리는 커졌지만, 고이즈미의 결심을 흔들 수 없는 것처럼 보였다. 2006년 통상국회의 시정방침 연설에서 고이즈미는 이번 국회에 황실전범개정안을 제출한다고 단언했다. 반대파도 내심 포기해가고 있었다.

기코 회임과 황실전범 개정론의 종식

그러나 사태는 급전했다. 2006년 2월 7일 아키시노노미야비秋篠宮妃 기코紀子의 회임이 발표된 것이다. 예산위원회 출석 중이던 고이즈미가 메모를 전달받고 일순 놀란 표정이 TV에 비쳤다. 고이즈미는 그래도 황실전범 개정에 집착했지만, 기코의 회임에 압도당해 2월 8일 중의원 예산위원회에서 보류를 표명했다.

만약 여계 계승이 지배층의 일치된 요구였다면, 기코의 회임으로 우파가 아무리 들썩거리고 천황·궁내청이 의욕을 잃어버려도 황실전범 개정은 강행되었을 것이다. 그러나 여계는 고이즈미의 의욕이기는 했지만, 지배층 전체는 그다지 강하게 원하지 않았던 것이다. 그보다 신자유주의 개혁이 우선이었다.

우파의 반대론과 고이즈미 사이에 끼여 신음하던 아베 신조에게는 다행이었다. "이 이야기는 이제 끝났다."[145] 이미 회임 초기부터 "이번 셋째는 아들이다"라는 소문을 의도적으로 흘렸다. 아키시노노미야 일가의 누설이 분명했다.

고이즈미의 뒤를 이은 아베 내각이 탄생하기 직전인 2006년 9월 6일 기코는 히사히토悠仁를 출산했고, 그해 10월 3일 본회의에서 아베는 질문에 답하는 형식으로 "신중하고 냉정하게"라고 답하며 사실상 고이즈미 유식자회의 보고서를 폐기했다.

(5) 우파와 아키히토 천황

여계 천황 문제에서 가장 큰 특징은 쇼와 천황 시대, 항상 천황제 옹호의 입장에서 현 천황의 행동을 옹호해온 우파 주류가 현 천황 아키히토도 용인했다고 생각된 황통 존속 방책, 즉 여성·여계 천황론에 공공연히 반대했던 점이다.

앞에서 살펴본 바와 같이, 아키히토 천황 취임 당초부터 우파는 아키히토의 노선에 회의적이었고, 그것은 천황의 방중 문제로 분출했다. 그러나 천황 방중 당시의 표적은 **표면상** 어디까지나 방중을 강행한 정부를 향해 있었다. 우파가 정면에서 천황을 비판하는 것은 그것이 아무리 '**간언**諫言'으로서 용인되는 행위라 해도 삼가야 할 것이었다. 게다가 우익의 폭력으로 황실 비판이 종식된 이후, 아키히토의 행동이 점차 확대됨에도 불구하고 우파의 천황 비판은 억제되고 있었다.

그런데 고이즈미 내각이 제기한 여계 천황 용인 정책에 대해 우파는 다시 천황의 방중 문제 이상으로 목소리를 높였던 것이다. 게다가 여계 문제에 대한 우파의 반대에는 천황의 방중 때와는 다른 **새로운 특징** 두 가지가 있었다.

우파의 분열

첫 번째 새로운 특징은 이 문제로 천황 방중 이래 일치하여 행동해온 우파가 둘로 **분열**했다는 점이다. 우파의 일부에서 도코로 이사오, 다카모리 아키노리 등이 여계 용인파로 돌아서고, 앞에서 언급한 고이즈미 유식자회의에서도 이 입장에서 의견을 냈다. 이후 이 분열은 천황 퇴위 문제에도 이어진다.

천황제의 전통을 중시하는 우파의 입장에서 보면, 황위 계승이 남계·남자로 이어지는 것은 자명한 전제였지만, 그 일부가 여계 용인으로 돌아선 요인은 두 가지였다.

하나는 그동안의 추이를 보고 우파의 일부는 "이대로는 황통이 줄어들어 소멸할 수밖에 없다"는 강한 의구감을 품었기 때문이다. 이것은 천황 아키히토의 생각과도 궤를 함께한다. 이미 메이지 황실전범 제정 당시에도 남계·남자가 없어졌을 경우 여자·여계를 용인하는 방안이 야나가하라 마에미쓰柳原前光를 비롯한 황실전범 작성자 내부에도 존재했다. 그것을 이노우에 고와시井上毅 등이 물리친 것은 여자·여계 인정에 따른 외척 또는 천황 배우자의 정치 관여를 우려했기 때문이었지만, 그들이 여계를 인정하지 않고 황통을 유지할 수 있다고 판단한 결정적 요인은 **측실과 서자 용인**에 있었다.[146] 그러나 새로운 황실전범을 제정할 때 이미 측실과 서자는 부정되었고, 현대에는 그 부활이 더더욱 불가능하다. 그렇다면 황통의 계속을 위해서는 여계를 인정하는 수밖에 없다는 것이 도코로 등의 주장이었다.

여계 반대파가 주장하는 옛 황족의 황적 복귀안에 대해서도 도코로 등은 그것이 황통 존속책이라 인정할 수 없다며 반대했다. 첫째, 일단 신적臣籍으로 강하된 옛 황족의 황적 복귀는 신구新舊 황실전범 모두 금지하고 있다. 둘째, 일단 신적 강하로 '신민'이 된 인간을 다시 황족으로 삼는 것은 황족과 신하의 구별을 애매하게 만든다. 여기에 덧붙여서 셋째, 거의 60년 전에 신적으로 강하된 사람을 다시 황족으로 삼는 것은 국민감정과도 맞지 않는다는 것이었다. 그렇다면 여성·여계 용인밖에 방법이 없는 것이다.

우파의 일부가 여계 용인으로 돌아선 두 번째 요인은 아키히토 **천황의 의향**을 무시할 수 없다는 심정이었다.

분명히 군주제의 최대 특징은 군주 **개인**의 영향력이 강하다는 점이고, 또한 그 존속은 군주 개인에 대한 신하의 충성과 귀의歸依에 의한 것이었다. 상징천황이 되었어도 그것은 달라지지 않았다. 1993년의 '황후 때리기'에 대해, 그것이 같은 우파의 비판임을 알면서도 우익이 다카라지마사 등에 대한 습격에 나섰던 것도 천황에 대한 비방은 용서할 수 없다는 심정이었다.

공식적으로 언급된 적은 없지만, 도코로 등의 안에도 아키히토 천황의 심정에 대한 귀의라는 측면이 있었다고 추측된다.

이것은 이른바 **우파 내부에서 아키히토파가 분리**되었음을 의미한다. 이것은 아키히토가 퇴위를 표명했을 때 더욱 선명하게 나타나게 된다.

이렇듯 여계 천황이라는, '만세일계'의 핵심과 관련된 문제로 우파는 일치된 태도를 취할 수 없었던 것이다.

'여계로 바꿀 권리는 천황도 없다'

여계 문제에서 나타난 우파의 두 번째 새로운 특징은 지금의 문제와도 관련되는, 우파 주류가 아키히토 **천황**에게 반대하는 자세를 더욱 **선명히** 했다는 점이다.

우파가 여계 문제에서 반대 논진을 구축할 때 가장 큰 걸림돌은 천황 아키히토가 여계 방안을 용인한다더라는 것이었다.

애당초, 중국 방문 정도라면 모를까, 정부·궁내청이 황통 존속 문제라는 천황제의 근간과 관계된 중대한 사안에 대해 천황의 의향을 확인하지 않고 추진하는 일은 결코 있을 수 없었다. 결단코 궁내청의 공식 발언은 없었지만, 그렇다고 전해 들려오는 정보는 우파도 다수 확인하고 있었다. 예를 들어 여계에 반대 의견을 표명한 미카사노미야 도모히토 발언에 대해 유식자회의 좌장을 역임한 요시카와 히로유키吉川弘之가 "어떻게 하라는 것은 없다. 논의에 영향을 미칠 일이 아니다"고 자신만만하게 발언할 수 있었던 것은 그 배후에 천황의 의사가 없었다면 도저히 생각할 수 없다고, 사쿠라이 요시코와 야기 히데쓰구 같은 반대파도 인정했다.[147]

천황의 방중 때에는 "천황의 의향을 내세우는 것은 불경스럽다"며 사실무근설을 제기하기도 했지만, 이번에는 가령 미카사노미야가 "천황은 여계를 용인할 리가 없다"고 단언해도, 어떻게 대처할지 상황은 쉽지 않았다. 그래서 우파는 "가령 천황이 용인해도 용인할 수 없다"는 태도를 취할 수밖에 없었던 것이다.

여계 반대의 봉화를 올린 좌담회에서 사쿠라이는 다음과 같이 단언했다.

> 황족의 존재 방식을 혁명적으로 바꿀 권리는 이 (유식자회의의-인용자) 10명의 멤버는 물론이고 그 누구에게도 없습니다. **실례이지만, 금상**今上 **폐하조차도** 그러한 권리는 없습니다.[148]

야기도 이어서 말했다.

> 가령 천황 폐하의 의향이라 해도 여계를 인정할 수는 없습니다. 천황이 그러한 의향을 가지고 있다면, "신하로서 간언을 드릴 수밖에 없습니다."[149]

당시 한참 잘나가던 후지와라 마사히코藤原正彦도 『주오코론中央公論』에 실린 사쿠라이와의 대담에서 "저는 천황 폐하에게도 없다고 생각합니다. 국민 100%가 바꾸고 싶다고 해도 바꿔서는 안 됩니다"라고 말했다.[150]

우파 반대론의 논리

우파 주류 인사들의 반대론에는 두 가지 약점이 있었다. 하나는 방금 언급했던, 다름 아닌 천황이 여계를 인정한다더라는 것이었고, 또 하나는 국민의 다수가 여성·여계에 찬성한다는 것이었다.

그럼 우파는 반대론의 논거를 어디에서 찾았을까? 우파의 반대론은 그저 오로지 '**전통**'으로 일관했다. 만세일계 천황제의 전통은 단 하나, 남계·남자의 혈통에 의한 존속에 있다는 것이다. 8명 10대의 여성 천황도 모두 남계·남자가 계승하도록 이어주는 역할이었기 때문에 남계 혈통이야말로 변함없는 전통이고, 이것이야말로 천황제의 정통성의 근거인 것이다. 앞에서 살펴봤듯이, 이 전통은, 그러므로 국민이 가령 찬동을 한다 해도, 지금의 천황이 말한다 해도 바꿔서는 안 되는 것이다.

그러나 '전통, 전통' 해도 황통이 단절되어버리면 끝 아니냐는 도코로 등의 언설에 맞서 우파 주류가 주장한 것이 패전 직후에 신적으로 강하된 황족들을 황적으로 복귀시키고, 나아가 그 남자를 황족의 양자로 삼으면 된다는, 너무도 무리한 방책이었다. 참고로 아베 정권이 이 길을 가려 했던 것은 나중에 살펴보도록 하겠다.

그래서 이 무리한 방책을 정당화하기 위해 우파가 역설한 것이 "옛 황족의 신적 강등은 GHQ의 음모다"라는 '설'이었다. GHQ는 실은 일본을 공화제로 만들고 싶었지만, 일본 국민이 지지하는 천황을 인정할 수밖에 없었기 때문에 황통을 근절시키려는 의도로 11개 미야케宮家 51명에 달하는 황족을 제적했다는 주장이다. 이것이야말로 진정 "일본의 숨통을 끊어 버리려는 공작"151에 다름 아니라는 것이다.

그러나 이것만으로는 아직 설득력이 약하다고 생각했는지, 우파는 여성·여계론이야말로 천황제의 전통을 단절시키고, 이로써 천황제가 무너졌다고 주장하려는, 숨은 공화주의자의 음모라는 제2의 음모론을 여계론 반대의 논거로서 새롭게 주장했다.

미야자와 도시요시宮沢俊義, 오쿠다이라 야스히로奧平康弘 등이야말로 코

민테른 '32년 테제'를 끌어온 이러한 음모의 수괴이고,* 도코로 등은 보기 좋게 이러한 음모에 걸려들었다는 것이다.[152]

이 정도면 음모론도 극에 달했다고 볼 수 있지만, 그들이 그저 농담으로 한 말이 아니었다는 것은 유식자회의의 의견청취에서 오하라 야스오가 너무도 진지하게 이 음모론을 논한 데에서도 알 수 있다.

아키히토와 우파의 공통성

이처럼 우파의 여계 용인론 공격은 격렬했고, 우파와 아키히토 사이의 골은 한층 깊어졌지만, 실은 아키히토와 우파의 천황론에는 강한 **공통성**이 있었다는 점도 놓쳐서는 안 된다.

여성·여계 천황의 용인·추진이라는 점에서 천황은 고이즈미와 입장을 같이하여, 우파 주류의 반대론과 대치했다. 그러나 여성·여계 용인의 **이유**라는 점에서 천황과 고이즈미는 크게 달랐다.

고이즈미는 황위 계승에 대해 헌법의 평등원칙을 의식한 것은 아니었지만, 여성의 사회 진출에 긍정적인 국민 여론에 편승하여, 여성이 천황의 지위에 오르는 것에 국민통합 차원의 적극적인 평가를 하고 있었다.

이처럼 여성을 천황으로 즉위시킨다는 발상은 고이즈미만이 아니라 천황을 좀더 사회의 변화에 적합하게 만듦으로써 국민통합과 정권 안정을

---

* 미야자와 도시요시는 미노베 다쓰키치의 제자이자 후계자로 도쿄대학 법학부 교수가 되었고, 전후 일본국헌법 제정 과정에 깊이 관여했다. 오쿠다이라 야스히로는 미야자와의 도쿄대학 법학부 제자인 헌법학자로, 이노우에 히사시, 오에 겐자부로, 쓰루미 슌스케 등 '헌법 9조를 지키는 모임'(9条の会, '9조 모임') 발기인 9인의 일원이었다. 코민테른 '32년 테제'는 정식 명칭이 '일본의 정세와 일본공산당의 임무에 관한 테제'로, 당시 일본의 지배체제를 절대주의적 천황제, 지주적 토지소유, 독점자본주의 세 요소의 결합으로 규정하고, 당면 혁명은 절대주의적 천황제를 타도하는 부르주아 민주주의 혁명이며 이후 프롤레타리아 혁명을 지향한다는 2단계혁명론을 제시했다.

위해 적극적으로 이용하고 싶다고 생각하는 보수정치가에게 공통된 것이었다. 예를 들어 젊은 시절의 나카소네 야스히로가 천황제 개혁을 주장했던 것은 이러한 **국민통합 강화**라는 점 때문이었다.

> 일본은 천황이라고 할까, 황족이라는 존재가 국민 대중 안으로 스며드는 천황 …… 그런 인간천황이라는 존재를 확보하지 않으면 안 된다고 생각합니다. 이러한 점에서 …… 저는 여제女帝를 인정해도 좋다고 생각합니다. …… 인간으로서 해방한다는 점에서 보면 남자도 여자도 동일한데, 특별히 여자는 천황이 될 수 없다는 것은 이상하지 않나 생각합니다. …… 그리고 이것은 현실 문제가 됩니다만 …… 황족이 결혼하는 경우에도 가쿠슈인学習院 졸업이 아니면 안 된다든지, 옛 혈통이 후작侯爵 이상이 아니면 안 된다든지 하는 그런 생각 자체가 대단히 낡은 사고방식입니다. …… 극단적으로 말하면, 농촌 백성의 딸이라도 총명하고 건강한 대표적 일본인이라면 저는 결혼 자격이 있다고 생각합니다.153

이러한 고이즈미 등의 여성·여계 용인론과 비교하면, 아키히토의 여계 용인론의 근거는 훨씬 우파의 사상에 근접해 있었던 것이다.

그러니 천황 아키히토와 우파의 천황론을 비교해보도록 하자.

우선 아키히토 쪽을 보면, 앞의 절에서 검토한 바와 같이 상징천황제 확립을 목표로 삼고 전통을 강조할수록 그 지향하는 천황상은 점점 일본국 헌법에서 멀어져 전근대 천황의 존재 방식의 복권에 가까워져갔다. 우파가 의심한 바와 같이 분명히 아키히토는 여계를 용인했다고 생각되지만, 이것도 결코 헌법의 남녀평등원칙 등과는 관계없는, 또한 고이즈미처럼 여성의 천황 즉위에서 국민통합 차원의 적극적 가치를 도출하는 것도 아닌, 황통의 안정을 위한 어쩔 수 없는 조치로 용인된 것이었다. 만약 황태자나 아키시노노미야가 아들을 많이 낳을 수만 있었다면 아키히토는 여계 구상 따위 하지도 않았을 것이다. 남계男系를 자신의 손으로 무너뜨리는 것이야말로 힘들었기 때문에 아키히토의 **번민과 노여움이 황태자와 마사코에게 향했던 것**이다.

또한 아키히토 천황은 제2기에 들어서 황실의 전통인 **궁중제사**에 힘을 쏟았고, 이것을 주된 **'공무'**로 위치지었다. 이 또한 궁중제사를 정교분리에 저촉되는 '사사私事'로 보는 헌법의 해석과는 거리가 멀다.

나아가 아키히토가 견지하는 천황론은 정치와 분리된 '상징'이야말로 일본 천황제의 전통이라는 상징천황=천황제의 본질론이었다.

이에 대해 아키히토의 행동에 위구심을 깊이 품고 공공연하게 반대로 돌아섰던 우파의 천황론은 놀랄 만큼 아키히토의 천황론과 비슷하다.

우파가 일관되게 주장해온 것이 궁중제사의 중요성이고, 이것을 '공무'의 제일로 삼아야 한다는 것이었다. 아키히토는 실로 이것을 실천하려는 것이었다고 할 수 있다.

또한 이 시대의 우파도 거꾸로 메이지헌법 시대의 천황론을 사실상 **폐기**하고 상징=천황제의 전통론을 수용하게 되었다. 실은 패전 직후 GHQ의 개혁에 반대하고 '국체 호지'를 주장했던 권력자, 우파의 천황상은 다름 아니라 통치의 모든 권력을 장악했던 천황으로, 상징천황제 따위는 일본의 국체를 파괴하는 GHQ의 음모에 불과하다고 간주했다.

그런데 그랬던 우파도 이제는 상징천황=전통적 천황론을 채용하기 이르렀던 것이다. 예를 들어 사쿠라이 요시코는 다음과 같이 주장한다.

일본의 천황가는 권위의 상징이고, 서양의 왕실은 권력의 상징이자 세속적

인 존재입니다.154

또한 우파 논객 고보리 게이이치로도 "문화의 보호자, 일본 문화의 체현자로서의 황실"155이라는 주장을 전면에 내세우고 있다. 이것은 실로 아키히토가 정력적으로 주장한 천황상과 전혀 다르지 않은 주장이다.

(6) 황통 문제의 '종식'과 천황 아키히토의 번민

아키시노노미야 부부가 히사히토를 낳은 것으로 고이즈미 정권이 지향했던 여계 천황의 방향은 일단 사라졌지만, 이것으로 아키히토가 만족했을까. 그렇지는 않았다.

천황과 황후는 히사히토가 태어나서 황태자 다음세대의 후계자가 생긴 것에 안도했다. 그러나 이것이야말로 황태자에게 바랐지만 불가능했던 것이었기 때문에 천황은 아키시노노미야 부부에게 특별히 이례적인 감상156을 발표해서 아이코가 태어났을 때와는 구별했다.

아키히토는 앞에서 살펴본 바와 같이 황통의 안정적 지속에 집념을 가지고 있었으므로 정부의 여계안을 어쩔 수 없이 받아들였지만, 결코 그것을 최선이라고는 생각하지 않았다. 이것은 아키히토가 "황실의 현세대가 **충분히 노력을 다하지 않는 가운데** 연면히 이어온 전통과 제도의 변경을 국민에게 요청하는 것을 괴롭게 생각하고 있다"157는 측근의 말에서도 알 수 있다. 때문에 히사히토의 탄생을 기뻐했던 것이다.

그렇지만 이것으로 문제가 해결된 것은 아니다. 히사히토는 태어났지만, 자신의 대에서 황통을 안정시킬 전망을 세우고 싶다는 아키히토의 생각에서 보면, 문제는 해결되지 않았다.

여전히 황태자 부부가 아들을 출산하지 않은 채 "황위가 아키시노노미야 일가로 옮겨가면 국민은 어떻게 생각할지"에 대한 불안이 있었다. 직계 우선의 전통이 끊기기 때문이다.[158]

또한 히사히토가 태어났어도, 이대로는 아키시노노미야가 황위를 계승한 시점에 아키시노노미야케秋篠宮家는 없어지고, 황족 여자가 결혼해서 황적에서 이탈하면, 모든 미야케宮家가 없어져서 히사히토가 즉위할 때는 황족이 0명이 될 수도 있다는 불안이 있었기 때문이다.

이러한 황족의 위기를 극복하려면, 우선 황태자 부부가 새로이 아들을 낳아야 할 뿐만 아니라 황족의 감소를 막을 방법을 찾아야만 한다. 그러나 왠지 황태자에게는 그럴 마음이 없어 보이고, 제멋대로 행동하는 마사코의 변화도 전혀 보이지 않을뿐더러 오히려 한층 강화되면서 공무의 결석이 이어졌다.

더군다나 황위 계승의 **두 번째** 문제도 그 심각성을 더해갔다. 다음 황위에 오를 황태자가 '공무'에 대한 이해가 없는 상황이 계속되면, 기껏 자신의 대에서 확립한 '헤이세이류' 공무의 승계조차 불안했다. 게다가 아키히토는 그동안 전립선암 재발, 심장질환 등 신체가 쇠약해지는 것도 느끼고 있었다.

덤으로 정부 쪽은 히사히토가 태어난 후에는 황통 안정화 방책을 생각지도 않았고, 아베 정권, 그리고 그 뒤를 이은 후쿠다 정권과 아소 정권도 전혀 움직이려고 하지 않았다.

이리하여 천황에게는 잠 못 이루는 날이 이어지고, 히사히토 탄생 후 한층 황태자 일가와의 불화가 커져가는 사태를 맞이했다. 황실 문제를 진지하게 생각하지 않는 정치에 대한 불신도 증대했다. 또한 여계 문제로 격한 비판의 봉화를 올렸던 우파에게도 천황은 강한 불신을 품었다.

5.
보수정치와 천황의 긴장 관계

제2기에는 아키히토가 전통에 귀의하는 가운데 '상징'으로서의 직무에 자신을 더해가는 것과 반비례해서 이러한 황실의 중요성을 이해하지 못하는 정치에 대한 불만이 커지면서 황위 계승 문제만이 아니라 여러 영역에서 보수정치와의 **긴장** 관계가 증대했다.

(1) 고이즈미 정권과 천황, 그리고 야스쿠니

보수정치와 천황의 **미묘한** 긴장 관계를 상징했던 것이 고이즈미 정권 시기의 정치와 천황의 관계였다.

고이즈미 수상은 한편으로는 천황이 고심하던 황위 계승 문제를 처음으로 다뤘다. 또한 외국의 '전적지'로 위령하러 가려는 천황의 생각이 실현되도록 협력했다. 이것은 천황 아키히토에게 든든한 정책들이었다. 그러나 동시에 고이즈미는 오랫동안 역대 정권이 건드리지 않았던 야스쿠니靖國 문제에 참배라는 형태로 발을 들여놓았다.

전후 보수정치와 야스쿠니

본래 야스쿠니 신사는 천황이 창건한 신사이므로 천황과 불가분의 관계일 뿐 아니라 전전 일본제국주의 침략의 상징처럼 여겨졌기 때문에 GHQ의 개혁에서 가장 우선시되었던 대상 중 하나였다.

전후 개혁에서 민간의 종교시설로 살아남길 도모했던 야스쿠니는 샌프란시스코 강화조약 체결 후 국가적 시설로서의 부활을 시도했는데, 보수정치도 이러한 신사 측의 의사를 받아 1950년대 내내 야스쿠니 신사 국가호지護持에 매진했다. 이러한 움직임에 혁신세력은 위기감을 느꼈다. 전후 보수정권의 복고주의의 전형으로 보였기 때문이다.[159] 이리하여 1950년 대에 야스쿠니는 전전의 국가주의 부활을 둘러싸고 보수와 혁신이 대결했던 초점 중 하나가 되었다.

그러나 1960년의 안보투쟁 이후 전후 보수정치가 복고주의를 단념하는 가운데 야스쿠니 신사 국가호지 문제는 자민당이 일본유족회의 표를 획득하기 위한 거래 재료로 이용되다가, 1970년대 중반에 좌절되고 말았다.[160] 그 대신 보수정권은 수상의 야스쿠니 공식 참배를 통해서 "국가를 위해 목숨을 바친" 전몰자의 위령을 국가가 위무하는 것을 보여주려 했다. 그 정점이 '전후정치의 총결산'을 내건 나카소네 내각이었다. 나카소네는 사적 자문위원회의 답신을 참배와 헌법 제20조의 모순을 해소하는 근거로 삼고, 1985년 8월 15일 공식 참배를 감행했던 것이다.[161]

그러나 나카소네 참배에 대해 중국, 한국으로부터 맹렬한 반대 목소리가 나왔다. 특히 야스쿠니 신사가 1978년 A급 전범으로 처형되거나 형 집행 중 또는 구치 중 사망한 14명을 합사한 것이 그 큰 이유로 제시되었다. 중국 침략전쟁을 주도한 전범을 모신 신사에 수상이 참배하는 것이 그 전쟁을 정당화하는 행위라는 비판이었다.

이러한 중국과 한국의 비판을 받아들인 나카소네는 이듬해에는 공식은 물론이고 일체의 참배를 그만두었고, 이후 약간의 예외는 있었지만 역대 수상의 야스쿠니 참배는 중단된 채 고이즈미 정권에 이르렀다.

한편 천황 쪽은 어떻게 대처했을까. 샌프란시스코 강화조약 체결 이후 쇼와 천황은 야스쿠니 참배를 재개하여 1975년까지 전후의 주요 순간마다 총 7회 행행했다.[162] 그러나 천황 쪽도 1975년을 끝으로 참배는 중단했다. 1978년에 이루어진 A급 전범 합사 이후 쇼와 천황은 야스쿠니 참배를 중단했고, 아키히토 천황도 그 관행을 이어받았기 때문이다.

고이즈미 수상의 공식 참배

이러한 사태를 크게 변화시킨 것인 2001년에 등장한 고이즈미 정권이었다.

고이즈미는 2001년의 총재 선거에서 8월 15일의 야스쿠니 공식 참배를 공약으로 내걸었다.

고이즈미가 전략적 의도로 야스쿠니 참배 공약을 내건 것은 아니었다. 고이즈미 정권은 정체된 신자유주의 개혁의 급진적 실행, 미국의 압력에 호응하는 자위대 해외파병 강행을 정책의 **두 가지 핵심**으로 삼았다. 어느 것이든 글로벌화한 일본 대기업의 요청에 답하는 정책이었다. 특히 고이즈미 정권의 외교 전략은 미일동맹을 강화하고, 이를 배경으로 일본의 지위 강화를 도모하려던 것이고, 여기에서 복고적인 천황제도 부활 등을 국민통합의 수단으로 강화하려는 의도는 보이지 않았다.

그럼 왜 야스쿠니 참배에 집착했던 것일까? 참배 공약의 직접적인 동기는 두 가지였다. 하나는 고이즈미가 2001년 총재 선거 직전에 방문한 '지란知覽 특공 평화회관'에서 특공대원들에게 감동을 받았다는 것이고,[163] 또

하나는 총재 선거에서 당시 10만 표라 일컬어지는 일본유족회의 당원표를 얻기 위해서였다.[164]

주목해야 할 것은 고이즈미가 야스쿠니 참배를 오로지 정권 획득과 자신의 마음이라는 **국내적 동기**에 기초한 공약이었다는 점이다. 여기에는 중국, 한국을 미롯한 아시아 각국과의 국제적 관계에 대한 고려가 없었다. 또한 고이즈미는 야스쿠니를 참배할 때 천황 및 천황제와의 관계도 고려하지 않았다.

그러나 고이즈미의 야스쿠니 참배 공약은 고이즈미가 생각한 국내 요인이 아니라 국제관계와 얽히면서 실로 21년 만에 야스쿠니를 정치문제로 클로즈업시키는 결과를 만들어냈다. 게다가 야스쿠니의 정치문제화와 얽히면서 이 또한 고이즈미가 상정하지 않았던, 천황도 야스쿠니 문제와 얽이게 되었다.

야스쿠니 참배와 중일관계 악화

고이즈미의 야스쿠니 참배 공약이 정치문제가 된 발단이자 최대 요인은 아시아 각국, 특히 중국의 반발이었다.

고이즈미의 야스쿠니 참배 공약에 대해 중국 정부는 일본 정부에 강한 압력을 가하기 시작했다.[165] 8월 15일을 앞둔 7월 10일 자민당의 야마자키 다쿠山崎拓 등 여당 3당의 간사장이 중국을 방문했을 때, 중국 외상 탕자쉬안唐家璇이 "전쟁 책임이 있는 A급 전범이 합사된 야스쿠니 신사에 국가 지도자가 가는 것은 받아들일 수 없다"고, 야스쿠니 참배 중지를 요구한 것이 시작이었다. 탕자쉬안은 7월 24일 다나카 마키코田中真紀子와의 중일외상회담에서도 이에 대해 언급했고, 다나카는 고이즈미 수상에게 전달하기로 약속했다. 이 회담 후 기자회견에서 탕자쉬안이 일본어로 "그만두

라고 분명히 말했습니다"고 말한 것이 화제가 되었다.[166]

　중국의 강력한 요청에 외무성은 강한 위기감을 가지고 관방장관 후쿠다 야스오를 중심으로 '연착륙' 방향을 모색했다. 중국 측 의향을 타진하는 한편 8월 15일 참배를 15일을 피해서 실시하는 조정이 진행된 것이다. 'YKK'라 불렸던 고이즈미의 친우 야마자키 다쿠와 가토 고이치加藤紘一도 설득에 나선 결과, 고이즈미는 2001년에는 8월 13일로 앞당겨 야스쿠니 참배를 강행했다.[167]

　중국 측은 참배에 강하게 항의했지만, 일본 측의 배려를 감안했다. 고이즈미가 예정했던 그해 10월의 방중은 그대로 진행되었고, 고이즈미는 중국 측 요구를 고려하여 중일전쟁의 발단이 되었던 루거우차오蘆溝橋의 항일전쟁기념관을 방문하고, 무라야마 담화의 수준에서 사죄를 표명했다.[168]

　중국을 방문하는 동안 고이즈미와 장쩌민江澤民 국가주석의 회담으로 관계가 개선된 듯 보였지만, 이것은 중국 측이 고이즈미가 이후에는 참배하지 않을 것으로 판단하고, 일본 측은 야스쿠니 참배에 일정한 이해를 얻었다고 판단하는 '오해'에 기초한 것이었다. 그래서 이러한 '밀월' 상태는 고이즈미가 이듬해 4월의 춘계예대제에도 참배하자마자 끝났다. 중국은 분노했고, 중일관계는 중일 국교회복 후 최악이라 일컬어질 정도로 험악해졌다.

　그러나 이미 당시 일본의 글로벌 기업과 재계에게 중국은 사활을 건 중요한 지위를 점하고 있었다. 중국의 경제성장 아래 중일무역은 미일무역 총액을 상회하고, 일본 기업의 중국 진출도 활발했기 때문에 중일관계가 악화되어서는 큰일이었고, 중국 측도 그것을 내다보고 일본에 압력을 가했다. 그래서 재계도 고이즈미에게 야스쿠니 참배 중지를 요구했다.

　하지만 다른 한편으로 고이즈미 정권은 그때까지 정체되어온 신자유주의 개혁을 강행해준, 재계가 그토록 바라던 정권이었다. 또한 고이즈미 정권은 자위대의 인도양 해역 파견, 이라크 파견을 강행하여 강고한 미일동맹을 구축해준 은인이기도 했다. 때문에 재계도 야스쿠니 참배를 고집하는 고이즈미에게 생각을 바꾸라고 강하게 압박할 수는 없었다.

자위대 해외파병에 따른 전사자 위령

고이즈미의 야스쿠니 참배 문제는 단순히 중일관계만이 아니라 간접적이기는 하지만, 미일동맹에서도 문제를 일으켰다. 그것은 고이즈미 정권이 1990년대 이후 미국이 요구해온 자위대의 해외파병을 실행한 것 때문에 발생했다.

고이즈미 정권이 탄생한 직후인 2001년 9월 11일 9·11테러가 발생하고, 이를 계기로 미국은 아프가니스탄을 침공했고, 이어서 2003년에는 이라크를 침공했다. 부시 정권에서 국무부 부장관을 역임한 리처드 아미티지Richard Armitage는 일본에 자위대 파병을 요구하는 강한 압력을 가했고, 고이즈미 정권은 이에 응하여 우선 2001년에 테러대책특별조치법을 제정하고, 호위함을 인도양 해역에 파견하여 미군 외의 전투작전 행동의 후방지원에 참여했다. 이어서 2003년에는 이라크특별조치법을 제정하고 2004년에는 처음으로 자위대를 타국 영토에 파병했다.

야스쿠니 문제와 얽히는 것은 이 자위대의 본격적인 파병과 관련해서였다. 특히 자위대의 이라크 파병은 큰 문제가 되었다.

자위대는 헌법 9조와의 관계에서 늘 그 존재의 합법성이 문제시되었고, 정부는 자위대가 헌법 9조에서 보지保持하는 것을 금지하는 '전력'에 해당하지 않는다고, '자위를 위해 필요한 최소한도의 실력'은 지닐 수 있으며 자위대는 '자위를 위해 필요한 최소한도의 실력'에 해당한다고 답변해왔다.

그러나 이것을 담보하기 위해 자위대는 해외파병 금지, 집단적 자위권 행사 금지라는 제약을 받아, 해외에서의 무력행사는 할 수 없다는 제약 아래에 두어졌다. 또한 설령 무력행사를 목적으로 하지 않더라도 '타국의 무력행사와 일체화한 행동'−구체적으로는 타국이 싸우고 있는 전쟁터에서의 후방지원 등−은 9조가 금지하는 '무력행사'에 해당하므로 인정되지 않는다는 제약도 있었다.[169]

따라서 이라크에 파병된 자위대는 무력행사를 할 수 없을 뿐 아니라 파병 장소도 '전쟁터'여서는 안 되다는 제약 아래에 놓였다.

정부는 이러한 제약에 고심하여 이라크 전역이 전쟁터는 아니고, 자위대를 파견하는 사마와Samawah와 바그다드Baghdad는 전쟁터가 아니라는 궁색한 답변으로 이라크 파병을 강행했지만, 실제로는 사마와든 바그다드든 전쟁터와 다르지 않았다. 그러므로 방위 당국(방위청, 2007년 1월부터 방위성으로 명칭이 바뀌었다)은 이라크 파병과 함께 자위대의 해외에서의 전사를 예상한 대처 방안을 검토해야만 했다.[170]

전전戰前이라면 전사한 장병은 야스쿠니 신사에 모시면 되었겠지만 자위대는 어떻게 해야 할지가 현실의 문제가 되었다. 전사한 장병을 모시는 방도는 두 가지가 생각되었다. 하나는 야스쿠니를 공적 시설도 되돌리고 그곳에 모시는 방법이고, 수상의 야스쿠니 참배는 이를 위한 첫걸음이라 생각되었다. 그러나 그 합의를 이른 시일 안에 얻어낼 수 없을 경우에는 '국가'를 위해 목숨을 바친 병사를 모실 새로운 시설을 만들 필요가 있었다.

결론적으로 방위청은 고이즈미 참배로 발생한 야스쿠니 분규를 고려하여 당장은 방위청 부지 안에 기념공간을 건설하여 그에 대비하는 조치를

취했지만, 이후 자위대 파견이 항구적일 경우에는 그 위령시설을 어떻게 할지가 큰 문제로 부상했다.[171]

야스쿠니 개혁 구상

이러한 야스쿠니의 정치문제화에 대처하고, 특히 중국, 한국과의 마찰을 회피하기 위해 이 시기에 다시 야스쿠니 및 추도시설 개혁의 시도가 구체화되었다.

2001년 12월 고이즈미 정권은 관방장관 후쿠다 야스오를 중심으로 '추도·평화기념祈念을 위한 기념비 등 시설의 존재 방식을 생각하는 간담회'(이하, 추모 간담회)를 설치하고 참배를 정치문제화시키지 않는 방책의 검토를 시작했다.

개혁의 방책은 두 가지가 생각되었다. 하나는 야스쿠니 참배 비판의 가장 큰 이유인 A급 전범 합사를 철회하는 이른바 '분사' 구상이었다. 이것은 나카소네의 참배가 공격을 받은 직후인 1985년 12월에 나카소네의 요청을 받은 이타가키 다다시板垣正가 당시의 야스쿠니 신사 궁사宮司 마쓰다이라 나가요시松平永芳를 만나 의견을 나눴지만,[172] 마쓰다이라의 거부로 좌절된 적이 있다. 고이즈미 정권에서도 2004년에 들어 시마무라 요시노부島村宜伸가 여전히 영향력을 지닌 나카소네의 뜻에 따라 분사를 타진했고,[173] 고이즈미 측근인 야마사키 다쿠도 분사를 위해 움직였다.

또 하나의 방책은 야스쿠니 대신 비非종교적인 국가적 추도시설을 건설하는 것이었다. 또한 야스쿠니와는 별도로 이러한 추도시설 구상도 고려해서 설치한 지도리가후치千鳥ヶ淵 묘원을 이러한 추도시설로 '격상'하는 방안도 검토되었다.

그러나 이러한 방안들은 모두 야스쿠니 신사 측의 강한 반발을 불러일으켰을 뿐만 아니라, 당시 고이즈미 정권의 여계 천황 구상에 반대하던 우파도 신사 측에 서서 반대의 목소리를 높였다.

고이즈미의 8·15 참배

이런 상황에서 고이즈미가 매년 참배를 반복하는 가운데 전후 60년을 맞이한 2005년에 접어들면서 고이즈미가 이번이야말로 공약대로 8월 15일 참배를 강행할 것으로 예측되었다.

실제로는 2005년 여름, 중의원을 강행 채결로 돌파한 우정민영화법안이 참의원에서 부결된 것을 계기로 고이즈미가 내각을 해산함으로써 대소동이 벌어지고, 8월 15일 참배는 무산되었다. 하지만 그 우정민영화 선거에서 대승한 기세를 몰아, 고이즈미는 목표를 이듬해 2006년 8월 15일 참배로 재설정했다.

선거 대승의 여세를 몰아 강행하려던 여계 천황 실현을 위한 황실전범 개정이 좌절한 것도 있어서 2006년 8월 15일의 야스쿠니 참배는 고이즈미가 '유종의 미'를 장식하는 핵심으로 위치지어졌다. 그러나 고이즈미가 매년 야스쿠니 참배를 강행하여 중일관계가 험악해짐에 따라, **천황**까지 이 야스쿠니 문제에 휘말려들기에 이르렀다.

우파의 등장과 야스쿠니의 '천황 문제'

수상의 야스쿠니 참배에 대해 중국이 강하게 비난하고, 야스쿠니 문제를 회피하기 위해 '분사' 또는 야스쿠니를 대신하는 추도시설이 논의되기 시작하자, 우파가 등장했다. 우파는, 한편으로는 A급 전범의 '분사'와 추도시설에 반대하는 논진을 구축함과 동시에 이 문제의 '근본적' 해결책으로 천황의 야스쿠니 참배를 요구했다.

앞에서 살펴봤듯이 쇼와 천황도 그 뒤를 이은 아키히토 천황도 A급 전범의 야스쿠니 신사 합사 이후에는 참배를 하지 않았다. 이에 대해 야스쿠니 신사는 1992년 추계예대제를 앞두고 천황·황후의 참배를 요청하는 '행행계 요청서行幸啓願い'를 궁내청에 제출했었다.[174] 그러나 천황 아키히토의 야스쿠니 참배 움직임은 없었고, 이대로 가다가는 천황의 참배는 끊어지고 말지도 모른다는 유족과 신사 측의 위기감이 강해져 있었다.

이때 고이즈미의 야스쿠니 참배 문제가 발생하고, 야스쿠니가 갑작스레 주목받기 시작했던 것이다. 이때 움직인 것이 도쿄도 지사 이시하라 신타로石原慎太郎였다. 이시하라는 2004년 8월 2일자 『산케이 신문』에 "패전 60년이 되는 내년이야말로 8월 15일에 천황 폐하가 야스쿠니 신사를 참배하시기를 열망한다"고 써서 천황 아키히토를 야스쿠니로 끌어내려고 꾀했던 것이다.

2005년은 앞에서 살펴본 바와 같이 고이즈미 내각이 고이즈미 유식자 회의를 설치하고 여계 천황 용인으로 움직이고 나선 해이기도 했다. 또한 이해는 전후 60년을 맞이하는 해로, 고이즈미가 공약으로 내걸었던 8월 15일의 야스쿠니 참배가 강행될 것으로 예상되던 해이기도 했다.

이해 8월 15일을 앞둔 『쇼쿤!』 9월호에 실린 삿사 아쓰유키佐々淳行와의 대담에서 이시하라는 또다시 천황의 야스쿠니 참배를 요구했다. "폐하, 참배를!"이라는 도발적인 제목을 붙인 이 대담은 이 문제가 주제는 아니었지만, 그 말미에 고이즈미의 8·15 야스쿠니 참배를 격려하는 의미에서 야스쿠니 문제가 다뤄졌다. 여기에서 야스쿠니에 합사된 도조 히데키東篠英樹와 마쓰오카 요스케松岡洋右의 합사는 문제가 있다는 논의가 이루어진 후, 이시하라는 다음과 같이 말했다.

역시, 천황이 야스쿠니에 참배했으면 한다. 만약 천황이 참배를 하고, 거기에 중국이 불평을 한다면, 일본인은 강력하게 반발하겠지요. 중일관계는 결정적으로 망가질 겁니다. 이것은 중국 측이 일방적으로 손해를 보게 됩니다. 이것이야말로 실로 천황 제도의 효용이라고 생각합니다만.[175]

이시하라는 천황이 야스쿠니에 갈 수 없다는 것, 또한 갈 생각이 없다는 것을 너무도 잘 알면서 발언하고 있다. 이것은 천황의 방중에서 여계 천황 문제에 이르기까지 천황 아키히토에 대한 불신이 점점 커져온 우파의 심정을 토로한 것이라 생각된다.

이리하여 야스쿠니 문제는 천황과 얽히지 않을 수 없게 되었다. 그러나 이 이시하라 발언 시점에서는 아직 문제가 우파 논단의 한구석에 머물고 있었다.

도미타 메모의 등장

그런데 이듬해에, 천황과 야스쿠니의 관계를 단숨에 클로즈업하는 사건이 발생했다. 고이즈미의 야스쿠니 참배를 둘러싸고 야스쿠니 문제에 대한 관심이 고조되던 2006년 8월을 코앞에 둔 7월 20일, 『니혼게이자이 신문日本経済新聞』이 궁내청 장관을 지냈던 도미타 아사히코富田朝彦의 메모, 소위 '도미타 메모'를 공개한 것이다. 그런데 이 메모의 1988년 4월 28일경에는 쇼와 천황이 A급 전범 합사에 불쾌감을 표시했고, 이것이 천황이 야스쿠니 참배를 단념한 이유라는 내용이 적혀 있었다.[176]

나는 그때 A급이 합사되고 더구나 마쓰오카(마쓰오카 요스케松岡洋右-인용자), 시라토리(白取, 시라토리 도시오白鳥敏夫의 오타-인용자)까지도,

쓰쿠바(쓰쿠바 후지마로筑波藤磨: 야스쿠니 궁사. 재임 중 합사를 거부했다-인용자)는 신중하게 대처해주었다고 들었는데

마쓰다이라(마쓰다이라 요시타미松平慶民: 초대 궁내부 장관-인용자)의 아들인 지금의 궁사(마쓰다이라 나가요시松平永芳: 쓰쿠바 궁사의 후임 궁사로, 합사를 실행했다-인용자)가 무슨 생각으로 그렇게 간단히

마쓰다이라는 평화에 대한 의지가 강했다고 생각하는데 아비 마음 자식이 모른다고 생각한다

그렇기 때문에 나는 그 후 참배하지 않고 있다.[177]

이 생생한 메모의 출현으로, 야스쿠니 신사와 우파는 전부터 관계자에 의해 언급되고 있던,[178] 쇼와 천황이 전범의 야스쿠니 합사에 불쾌감을 표하고 있다는 전문의 신빙성이 다시 물증으로 확인되면서 궁지에 빠졌다. 야스쿠니 신사는 긴급 소다이總代 모임을 열고 도미타 메모는 위서僞書라는 의견을 소개하면서 종래의 방침을 견지하기로 결정했다.[179]

우파는 도미타 메모가 천황의 말이 아니라 도쿠가와 요시히로德川義寬 시종장의 말이라는 캠페인을 펼쳤지만,[180] 많은 역사학자들을 포함하여 이것이 쇼와 천황의 언설이라는 데에는 의심의 여지가 없다는 게 대부분의 의견이었다. 우익은 니혼게이자이신문사에 화염병을 투척하고, 고이즈미의 참배에 대해 반대 발언을 거듭했던 가토 고이치加藤紘一의 생가에 불을 지르기도 했다.

이것은 참배 강행을 결정하고 있었던 고이즈미에게도 '불리한' 메모였다. 그러나 고이즈미는 개의치 않았다. 『니혼게이자이 신문』기사가 나온 7월 20일 밤, 고이즈미는 천황의 참배와 관련해서 "참배하셔도 좋고, 안 하셔도 좋고, 그것은 자유이니까"[181]라고 잘라말하고, 자신은 8월 15일

의 참배를 감행했다.

야스쿠니에 주목이 집중되는 가운데 2005년 8월 15일에는 20만 명, 2006년에는 마침내 25만 명이 야스쿠니로 몰려들었다.

아키히토와 야스쿠니

천황 아키히토는 야스쿠니 신사 참배, 고코쿠護国 신사 참배와 관련하여 특별한 견해를 피력한 적이 없다. 아키히토도 황태자 시절에는 야스쿠니 신사를 참배했지만, 1978년 이후 쇼와 천황이 참배를 그치자 아키히토도 참배를 그만두었고, 천황 즉위 후에도 야스쿠니는 한 번도 참배하지 않았다.

아키히토는 심경이 복잡했으리라 추측된다. 한편으로는 앞에서 살펴봤듯이 아키히토가 '전몰자 위령'이라는 생각에서, 가능하기만 하다면 야스쿠니에 가고 싶었다고 생각된다. 실제로 야스쿠니 신사에 행행하지는 않았지만 매년 봄과 가을 예대제에는 칙사를 보내서 폐백료幣帛料를 냈고, 종전 몇십 주년을 맞는 10년 주기의 해마다 전국의 고코쿠 신사에 폐백료와 폐찬료幣饌料를 냈다.[182]

그러나 아키히토는 야스쿠니 신사에 전범을 합사한 것에 대해서는 쇼와 천황과 같은 생각이었다고 추측된다. 또한 고이즈미처럼 야스쿠니를 '쇼'로 만드는 것에도 내심 힘들어했을 것이다. 정치 쟁점화하면 할수록 야스쿠니에는 갈 수 없게 되기 때문이다.[183]

이렇듯 아키히토는 고이즈미에게 상반된 마음을 품고 있었다.

(2) 제1차 아베 정권과 천황

고이즈미 정권의 뒤를 이은 아베 정권과 천황의 관계는 더욱 긴장감으로 가득찬 것이었다.

아키히토는 아베에 대해 무엇보다도 여계 천황 문제에서 반대로 돌아섰던 우파와의 관계를 의식했다. 앞에서 살펴봤듯이, 분명히 천황은 황태자 부부에게 복잡한 마음을 가지고 있으면서, 아키시노노미야비의 회임으로 일단은 안심했다. 그러나 아키히토가 바라는 황통의 안정과는 동떨어진 상태가 이어지고 있다는 점에는 변함이 없었다. 황통 계속을 위해 어떻게든 조속히 손을 써야만 했다. 그러나 우파의 여계 천황론 반대를 신봉하는 아베는 히사히토 탄생을 좋은 기회로 삼아 황통 유지 정책 마련을 중지해버렸기 때문이다.

게다가 아베는 정책 전반에 걸쳐 우파적 입장을 선명히 내세웠고, 우파인 일본회의 등을 브레인으로 삼아 정권에 등용했다. 특히 아키히토가 견지한다고 명언했던 헌법에 대해 아베는 자신의 임기 중 헌법을 개정하겠다고 선언했다.[184] 이러한 점에서 아키히토는 아베에게 호감을 가지고 있지 않았다고 생각된다.

그런데 아베 정권은 야스쿠니 문제에 대해서는 고이즈미와는 다른 대응을 취했다.

아베는 고이즈미 이상으로 확신적 야스쿠니 호지파護持波였다. 집권을 준비하며 출판한 『아름다운 나라로美しい国へ』에서도 아베는 도쿄재판 비판과 함께 야스쿠니 참배의 정당성을 누누이 설명하고 있었다.[185]

한 국가의 지도자가 그 나라를 위해 목숨 바친 분들의 명복을 빌고, 손을 모아 존숭尊崇의 뜻을 표하는 것은 당연한 책무입니다. 고이즈미 총리도 그 책무를 다했습니다만, **다음 지도자**도 당연히 해야만 합니다.186

고이즈미 총리는 총리에 취임하고 계속해서 야스쿠니를 참배했습니다. 저는 이것이 정말 큰 변화를 만들어냈다고 생각하는 바입니다. 일본의 지도자는 고이즈미 총리의 의지를, **다음 지도자도 그다음 지도자**도 확실히 이어가는 것이 중요합니다.187

그러나 고이즈미의 후임을 뽑는 총재 선거에서는, 대부분의 예측과 달리 아베는 '간다고도 안 간다고도 말하지 않는' 노선을 표명했다. 아베는 고이즈미 정권 때 균열이 발생한 중일관계를 자기 손으로 수복하겠다는 의욕을 가지고 있었기 때문이다. 아베를 지지하는 재계도 야스쿠니 참배로 뒤틀린 중국과의 관계를 수복하길 바랐고, 무엇보다도 아베가 중시하는 **미국이** 야스쿠니 참배에는 불쾌감을 나타내고 있었다. 2007년 7월, 전 국무부 부장관 리처드 아미티지는 야스쿠니 신사의 '유슈칸遊就館' 전시가 잘못되어 있다고 발언했다.188 우파와 가깝다고 여겨지는 아베에 대한 미국의 **견제**였다. 이리하여 아베 수상은 8월 15일 참배를 보류했다.

아베는 교육기본법 '개정'을 강행하고, 또한 헌법 '개정'에 불가결하지만 그때까지 호헌운동의 반대로 제정하지 못했던 개헌수속법 제정도 강행했다.

아베는 정권 안정을 도모한 후 다시 야스쿠니 참배를 생각할 요량이었겠지만, 고이즈미 정권이 강행했던 신자유주의 개혁의 모순이 폭발하고 여기에 더해 정권 간부의 불상사가 이어지면서 2007년 참의원 선거에서 대패하고 정권을 내던지는 바람에, 그것은 이룰 수 없었다.

아베 정권 뒤로는 후쿠다福田康夫 정권, 아소麻生太郎 정권 등 단명 내각이 이어졌기 때문에 아키히토가 바라는 황통 안정을 위한 시책 검토 등을 의제로 올릴 틈도 없었다. 이리하여 정치와 천황의 관계는 소격疏隔이 확대되었다.

(3) 민주당 하토야마 정권과 천황

제2기에 정치와 천황의 관계에서 긴장의 **정점**을 찍은 것은 민주당 정권과 천황의 관계였다.

민주당 정권 성립과 천황의 기대

민주당 정권은 자민당 정권이 계속해온 신자유주의 정책이 사회에 초래한 모순, 빈곤과 격차 증대, 지역 붕괴를 목도한 국민의, 신자유주의 정책 수정을 요구하는 기대를 배경으로 2009년 8월의 총선거에서 문자 그대로 압도적 지지를 받아 성립한 정권이었다.[189]

하토야마鳩山 정권은 성립 후 곧바로 공약 실현에 나섬과 동시에 자민당 정권이 추진해온 군사대국화 정책도 손을 대려고 했다. 그 최초의 돌파구가 후텐마普天間 기지 문제였다. 민주당 정권 탄생으로 자민당 정권이 1990년대 초반부터 추진해온 군사대국화, 신자유주의 정책의 전환이 기대된 것이다.

하토야마 정권에 대한 궁중의 기대

하토야마 정권은 미국, 재계, 관료기구에 강한 경계와 긴장을 불러왔지만, 천황·황실에게는 오랫동안 관계를 맺어온 자민당 정권에게는 없었던 새로운 **기대**를 불러왔다. 그것은 민주당 정권이 천황에게는 벌써 10년이 된 현안, 황통 존속 문제를 타개해주지는 않을까 하는 기대였다.

민주당은 의원 대부분이 소극적이었던 자민당과 달리 처음부터 여성·여계 천황에도 호의적이었다. 고이즈미 정권의 '황실전범에 관한 유식자 회의' 보고서에 대해서도, 당시 당 간사장이었던 하토야마 유키오鳩山由起夫는 "경청할 만하다"고 허용하는 태도를 보였다. 아베 정권을 비롯한 자민당 정권이 당내 우파의 반대에 신경 쓰면서 손대려고 하지 않았던 황통 안정 문제를, 새 정권이라면 어떻게든 해주지 않을까 하는 기대가 부풀었던 것이다.

황통 유지 문제에 대한 천황의 초조

천황과 궁내청의 우려는 날이 갈수록 커졌다. 천황은 2008년 12월, 내시경 검사 결과 급성위점막병변을 진단받았는데, 그 직후 하케다 신고羽毛田信吾 장관은 회견에서 천황의 병이 "지난 몇 년 동안 황통 문제를 비롯한 황실 관련 문제를 우려"한 결과라는, 이례의 발언을 했다. 황위계승자가 황태자 이후의 세대에서는 히사히토 한 명밖에 없는 것, 그리고 황태자와 마사코가 여전히 아키히토가 중시하는 공무에 열심이 아닌 것에 스트레스를 받아서라고 시사한 것이다.[190]

천황·궁내청 측에서는 새로 들어서는 민주당 정권이 이러한 상황을 타개하고 황통이 갈수록 줄어드는 문제에 나서주지 않을까 하는 기대가 부풀어올랐던 것이다.

선거 직후라 아직 신정권이 발족하기도 전임에도 불구하고, 필시 천황의 뜻을 받든 하케다는 기자회견에서 "황위 계승 문제가 있음을 (새 내각에) 전달하고, 대처해갈 필요가 있다고 말씀드리고 싶다"며[191] 명확히 기대를 표명했다. 역대 자민당 정권에게는 없었던 일이었다. 이러한 사태에 우파는 여계 문제의 재연을 우려하며 위기감을 키워갔다. 그러나 천황·황실의 기대는 곧 배신당하게 된다.

시진핑 회견과 정권의 소격

그것은 2009년 12월의, 시진핑習近平과 천황의 회견 문제로 인해 발생했다.

중국의 무리한 요구 | 사건은 단순했다.[192] 중국의 차기 지도자로 예정된 시진핑의 일본 방문에 즈음하여, 중국 측이 시진핑과 천황의 회견을 강하게 요청한 데에서 일은 시작되었다.

시진핑의 일본 방문을 앞두고 외무성은 일정 확정을 서두르자고 요청했으나, 시진핑의 방일 일정이 결정되고 중국 측이 시진핑과 천황의 회견을 요청한 것은 11월 하순에 이르러서였다. 외무성은 11월 26일 궁내청에 타진했지만, 이것은 "천황과 외국 내빈의 회견 신청은 1개월 전까지"라는 '1개월 규칙'을 이미 어긴 것이었다. 따라서 궁내청은 외무성의 타진을 거부했다.

이때부터 중국 측의 맹렬한 요청이 시작되었다. 중국대사 추이텐카이崔天凱가 오자와 이치로 수하의 야마오카 겐지山岡賢治에게 접근하고, 야마오카는 오자와의 의향이라며 하토야마 수상, 관방장관 히라노 히로부미平野博文, 외무대신 오카다 가쓰야岡田克也를 움직였으나 모두 거부당했다. 이에 중국 측은 나카소네 야스히로에게 접근하고 나카소네로 하여금 히라노를 움직여 다시 궁내청에 요청했지만, 이것도 다시 거부당했다. 이미 12월도 7일이나 된 시점이었다.

궁지에 빠진 추이텐카이는 12월 9일 오자와에게 직접 도움을 요청했다.

오자와는 다음날인 10일, 의원 143명을 포함한 600명의 대규모 대표단을 이끌고 중국을 방문할 예정이었다. 추이텐카이는 오자와에게 "만약 시진핑과 천황의 회견이 성사되도록 도와준다면, 143명 전원이 각각 후진타오胡錦濤 주석과 악수하면서 사진을 찍을 수 있도록"이라는 '좋은 조건'을 제시하며 시진핑과 천황의 회견 실현을 요청했다.

천황의 불쾌감 | 이에 오자와가 직접 하토야마에게 전화해서 번복하기를 재촉하고, 하토야마의 명을 받아 히라노가 궁내청을 강하게 압박하여 마침내 12월 15일에 시진핑과 천황이 회견을 하는 것으로 결정되었다.

이러한 정부의 무리한 압력에 대해, 하케다 장관은 12월 11일의 회견에서 "대단히 이례적이지만, 간곡히 폐하에게 회견을 부탁드렸다"고 말하고, "두 번 다시는 이런 일이 없었으면 좋겠다"며 불쾌감을 나타냈다.[193] 하케다 발언이 천황의 뜻을 받든 것이라는 점은 분명했다.

오자와의 반격 | 그런데 이 발언에 대해 오자와가 맹렬히 반론하면서 사태가 '헌법' 문제로까지 확대되었다. 오자와는 다음과 같이 반론했다.

국사행위는 내각의 조언과 승인을 받아 이루어지는 겁니다. 천황 폐하의 행위는 국민이 선출한 내각의 조언과 승인을 받아 이루어지는 거예요, 모든 것이. 이것이 일본국헌법의 이념이자 본지本旨입니다. (중략) 궁내청 관리 누군가가 이렇다저렇다 말하는 것은 헌법의 이념과 민주주의를 이해하지 못한 것입니다.[194]

이러한 오자와 발언에 대해 아키히토파 기자와 우파 평론가는 일제히 반발했다. 이것은 천황에 대한 최악의 정치적 이용이고, 더욱이 천황의 건강을 고려하지 않은 폭거이다, 본래 오자와는 내각의 일원도 아니다, 대체로 천황의 외국 내빈 회견은 '국사행위'가 아니다, '공적 행위'이므로 내각의 조언과 승인 따위 필요없다, 그런 상식도 오자와는 모르는가, 등등.

이 점에 대해 한마디, 오자와를 위한 변론을 해두고 싶다. 분명히 논자가 기고만장하게 오자와의 '무지'를 큰소리로 매도하듯 천황의 외국 내빈 회견은 '국사행위'가 아니다. 앞에서 비판적으로 검토했던 '공적 행위'에 해당한다. 그러나, 이것도 앞에서 강조했듯이, 이러한 천황의 행위도 **내각**의 책임 아래에서 이루어지는 것이 헌법의 취지이고, 그 점에서 오자와가 "천황 폐하의 행위는 국민이 선출한 내각의 조언과 승인을 받아 이루어지는 거예요, 모든 것이. 이것이 일본국헌법의 이념이자 본지입니다"라고 말한 것은 **본질적으로** 맞다.

그건 어쨌든, 이 사건을 다룬 주간지 기사 제목과 우파의 코멘트에는 "오자와와 하토야마는 **무릎 꿇고** 사죄하라!"[195] 또는 "전전戰前이었으면, **불경국적**不敬國賊으로 몰려서 **할복**으로 사죄를 표해야 했을 거예요"[196] 같은, 위압적이고 과격한 언사가 난무했다. 뒤에 천황의 뜻이 있으니 무엇을 말해도 괜찮을 거라는 안심감이 있었기 때문이다.

미일동맹 이탈에 대한 우파의 우려 | 여기에서 주목해야 할 것은 지배층 주류에 가까운 우파는 오자와가 시진핑과 천황의 회담을 밀어붙이는 모습에서 한층 **위험한** 징조를 느끼고 목소리를 높였다는 점이다.[197]

민주당 정권에 의한 시진핑-천황 회견 강행은 민주당 정권이 추진하고 있는 후텐마 기지의 헤노코 이설移設 보류나, 오자와가 주장하는 '미·일·중 정삼각형론', 즉 미일동맹에서 중일동맹으로 갈아타려는 책동과 궤를 같이하는 것이 아닌가 하는 위기감이다. 오자와 등의 민주당 정권은, 미일동맹에서 중일동맹으로 바꾸는 국책의 대전환을 그 어떤 민주적 논의도 없이 실행하려는 것도, 하토야마의 후텐마 이설 무기한 연기론도, 시진핑과 천황의 회견 강요도 같은 맥락이라는 것이다.

이리하여 오자와에 의한 시진핑-천황 회견 강행은 매스컴의 비판, 친親아키히토파로부터 각종 우파에 이르는 세력들 모두의 비판을 받았다. 그 중에는 이 특례 회견의 오명을 민주당 정권이 황실전범 개정을 시도하여 '(천황에게) 되갚아드려라'라는 주장도 있었다.[198] 그러나 이로 인해 민주당 정권과 천황 측의 관계는 최악이 되었고, "민주당 정권에서 황통 유지 문제를 진전시킬 수 있지 않을까"라는 천황과 하케다의 기대는 사라지고 말았다.

(4) 노다 정권의 '여성 미야케' 구상

그러나 민주당 정권의 세 번째 노다 요시히코野田佳彦 정권 아래에서 황통 유지 문제는 새로운 움직임을 보였다. 하토야마 정권과는 순조롭지 않았지만, 노다 정권 이후 관계가 회복되었기 때문에 다시 천황의 뜻을 받들어 하케다 궁내청 장관이 수상에게 황족의 감소 대책, 구체적으로는 여성 미야케宮家 창설 구상 검토를 요청한 것이 직접적인 계기였다.

나중에 검토하겠지만, 이미 황통 유지 문제로 초조해진 천황은 민주당 정권 시기인 2010년 7월에 내밀하게 천황 퇴위 의향을 내비친 바 있었다.[199]

천황 아키히토의 의도, 왜 여성 미야케?

그럼 왜 천황과 궁내청은 노다 정권에게 여성 미야케 설치 구상을 시사한 것일까? 그 배경으로는 천황 아키히토가 앞에서 서술했던 황통 유지의 두 가지 문제의 해결을 한층 절실하게 생각하게 되었음을 들 수 있다.

이 시점에서 천황 아키히토는 황통 유지의 두 가지 내용을 **모두** 실현할 것을 강력히 요구하기 시작했다. 앞에서 서술한 바와 같이 하나는 황위계 승자를 확보하는 것이고, 또 하나는 다음세대로 '헤이세이류' 공무를 계승시키는 것이었다.

이렇듯 **이중적 의미**의 황통 유지에 대한 요구는 아키히토가 3·11 동일본대지진 때의 자신의 행동에 대한 자신감을 높인 뒤로 한층 강해졌다. 2011년 말에 하케다를 통해 노다 정권에 천황의 요망이 전해진 것은 그러한 아키히토의 생각에서 비롯된 것이었다고 추측된다.

하케다에게도 3·11을 거치면서 천황·황후의 노출과 '공무'가 국민의 눈에 보이는 지금이야말로 이러한 '공무'를 이어가는 황족 유지 방책이 국민의 이해를 얻을 기회로 보였다.

여성 미야케 창설 요구—여성 황족을 혼인 후에도 황족으로 남기는 구상—은 무엇보다 후자의 공무분담체제 유지 요청을 기초로 하는 것이고, 잘만 되면 여성 천황으로도 연결해서 전자, 황위계승자 확대로 이어질 수 있는 것이었다.

허둥대는 노다 정권

이러한 제안을 받은 노다는 의욕이 넘쳤을 것이다. 그러나 여성 미야케라는 구상이 여성·여계 천황 용인 구상에 다름 아니라며 우파와 자민당 매파의 강한 반대에 부딪혀 좌절하거나 방황할까봐 우려했다. 노다 정권에게는 고이즈미 유식자회의의 '실패'가 남긴 인상이 강렬했기 때문이다.

그래서 노다 정권은 여성 미야케 구상을 여성·여계 천황제 실현, 즉 황위 계승의 첫 번째 문제와 분리하여 오로지 후자의 문제, 즉 공무를 분담하는 황족의 감소 대책으로서 다룬다는 방침을 내세웠다.

노다 정권도 그리고 하케다도 고이즈미 유식자회의가 '실패'했던 이유는 '국론이 양분된' 큰 문제를 졸속으로 처리하려 했기 때문이라고 판단했다. 실제로는, 앞에서 살펴봤듯이, 고이즈미 유식자회의의 구상이 좌절한 것은 아키시노노미야비의 회임 때문으로, 어떤 여론조사든 고이즈미 유식자회의가 제시한 여계 천황, 여성 미야케 구상에는 찬성 의견을 보여주고 있었고, 민주당과 공산당 등 야당도 반대하지 않았으므로, 결코 '국론이 양분된' 게 아니고, 그 실체는 우파의 격렬한 반대론에 지나지 않았지만, 노다 등은 그렇게 생각하지 않았다.

때문에 노다 정권은, 유난히 신경질적으로 "이 문제는 황위 계승과 관련된 것이 아니다"라는 점을 강조했던 것이다. 미디어가 일제히 '여성 미야케 창설'이라고 보도하는 가운데 정부는, 검토할 과제는 "여성 황족이, 황족 이외의 민간인과 혼인한 경우에도 활동을 계속하는 경우의 제도의 존재 방식"[200]이라는 식으로 완강하게 그것을 부정했다.

고이즈미 유식자회의는 우파의 이야기를 듣지 않았다는 '반성'이 의견 청취자 인선에도 나타났다. 의견청취자 12인 중 여성·여계 천황에 반대하는 우파 주류 논객은 4인에 달했다. 고이즈미 유식자회의 때 회의를 주도했던 후루카와 대신 노다 유식자 의견청취를 주도한 것은 소노베 이쓰오園部逸夫였는데, 소노베가 의견청취가 한창일 때 이상할 정도로 "저는 여성·여계를 추진하는 사람은 아니"라는 변명을 거듭했던 것도,[201] 이러한 '배려'를 배경으로 한 것이었다.

위기감이 강해진 우파

하지만 민주당 정권이 실시한 여성 미야케 설치 유식자 의견청취에 대해 우파는 강한 위기감을 느꼈다. 고이즈미 유식자회의의 여계론을 히사히토 탄생으로 아슬아슬하게 넘겼는데, 민주당 정권에 들어서 다시 동일한 여계론이 등장했다고 봤기 때문이다. 우파 논객 오하라 야스오大原康男는 다음과 같이 말했다.

> 이것은 황위 계승 문제를 정면 현관으로 들어가 논의하는 것과는 정반대로, 말하자면 뒷문으로 몰래 들어와 어느 틈엔가 마루를 차지하려고 하는 겁니다. 바꿔 말하면 국민의 위화감과 저항감이 그다지 없는 형태로 '여성 미야케' 제창을 꾀해, 조금씩 여계 천황으로 가는 길을 열려는 것이라고 생각합니다.202

제1차 아베 정권을 도중에 내던져서 몹시 궁색한 상태였던 아베 신조가 아직 유식자 의견청취를 시작도 하기 전부터 이러한 비판에 편승했다는 점도 주목된다. 『분게이슌주』에 실린 아베 담화는 "여성 미야케 창설은 황통 단절의 '개미굴'"을 부제로 단 데에서 알 수 있듯이 민주당 정권의 이 시도를 여계 천황으로 가는 책모策謀로 보고 비판한 것이었다.

> 이번 여성 미야케 방안은 그러한 '여성 천황', '여계 천황'으로 이어지는 논점을 애매하게 한 채 추진하려고 하고 있다. 이것이 실로 교묘해서, 주의하지 않으면 안 된다.203

이리하여 민주당 정권하의 '여성 미야케'론은 처음부터 왠지 수상쩍게 시작되었는데, 이 과정에서 천황 제도를 둘러싼 아키히토 시대의 대립 구도가 한층 명확히 드러났다.

그 첫 번째 특징은, 우파 주류를 제외하면 천황의 제도를 둘러싸고 반대론이 나오지 않았다는 점이다. 여성 미야케를 둘러싼 대립도 **우파 대 그 밖의 대세**라는 구도로 전개되었다.

두 번째 특징은 2000년대에 들어서 고이즈미 유식자회의 이래 나타난 우파 내부의 대립과 분열이 이 여성 미야케 문제에서도 나타나고 정착되었다는 점이다. 의견청취에는 창설 찬성과 반대 양쪽 모두 초청되었는데, 우파에서 여성 미야케 용인파는 도코로 이사오所功, 여성 미야케 반대파는 사쿠라이 요시코櫻井よしこ, 모모치 아키라百地章, 야기 히데쓰구八木秀次가 초청되었다.

노다 정권에 의한 여성 미야케 구상의 좌절

이렇듯 시작 전부터 대립했던 유식자 의견청취는 2012년 2월 29일부터 7월 5일까지 6회에 걸쳐 실시되었다. 10월에 보고서「황실제도에 관한 유식자 의견청취를 토대로 한 논점 정리」를 작성하고 해산했다.

보고서에서는 핵심적인 결혼 후 여성 황족의 신분에 대해 "혼인 후에도 황족 신분을 유지하는 안"과 황족 신분에서 이탈하지만 "황족 이탈 후에도 황실 활동을 지원할 수 있도록 하는 안" 두 안을 병기하고, 게다가 여성 황족을 인정하는 경우에도 그 배우자와 자녀에게 황족 신분을 부여하는 안—이것이 천황, 궁내청, 정부가 바라는 안이었음은 말할 것도 없지만—, 그리고 부여하지 않는 안을 병기했다. 요컨대 정부는 어떤 방침도 제시하지 않은 채 끝낸 것이다.

보고서가 제출되고 두 달이 지난 12월 14일, 노다 내각 해산에 따라 치러진 총선거에서 민주당은 역사적 대패를 기록하고, 제2차 아베 정권이 탄생했다. 이미 이 논점을 정리해서 공표한 시기에 노다 내각은 자민당 안에서 반대가 강한 여성 미야케 구상을 밀어붙일 정치적 힘을 잃고 있었다.

이리하여 천황·황실 측의 황통 유지에 대한 의지는 또다시 정치로 인해 실현되지 못한 채 끝났다.

왜 노다 내각은 선택지를 이 정도로 한정했는데도 실현할 수 없었을까. 그것은 **실현을 지향하는 사회적 세력**이 전무했기 때문이다. 이에 비해, 여성 미야케를 반대하는 측은, 마찬가지로 사회적 세력은 없었지만, 일본회의계 우파라는 형태로 자민당 안에도 일정한 조직력을 가지고 있었다. 사회적 세력이 없더라도 고이즈미 수상 같은 지도자가 여론의 지지를 배경으로 강인하게 돌파하면 몰라도, 노다는 그러한 강한 정치력을 지닌 지도자도 아니었다.

노다 정권을 대체하며 부활한 자민당 정권을 이끈 것이 여성 미야케 문제에 누구보다도 빨리 반대 의사를 표시했던 아베 신조였다는 점은 상징적이었다. 덧붙여, 아베의 여성 미야케 비판 논문이 아베 복권의 발판 중 하나였다는 점은 얄궂기도 하다.

이리하여, 고이즈미 유식자회의 보고서를 무시했던 아베가 노다 정권의 유식자 의견청취 역시 무시하며 다시 등장했던 것이다.

유식자 의견청취에 등장했던 주목할 만한 의견

노다 유식자 의견청취가 정치적으로는 전혀 힘을 발휘하지 못하고 사라졌지만, 찬반 양쪽에서 개진된 의견 가운데에는 주목할 만한 논점이 있었다.

하나는 여성 미야케 반대의 논진을 펼친 우파의 주장 중에서, 당당하게, 아키히토 천황이 그 확대에 부심한 '공무'를 **축소·정리**해야 한다는, 그 반대로 천황의 공무는 '제사祭祀'가 중심이라는 주장이 제기되었다는 점이다.

앞에서 살펴봤듯이 아키히토는 이 시기에 황위 계승의 안정만이 아니라 자신이 확립한 '상징천황'상을 다음세대에도 이어가기(황위 계승의 두 번째 문제)를 바라며, 그 양쪽으로부터 여성 미야케 구상을 원했다.

아키히토=궁내청은 상징으로서의 활동, 특히 3·11 이후의 천황·황후의 헌신적인 재해피해지 방문 같은 활동이야말로 상징천황제를 존속시키는 원동력이라 확신했다. 정부는 이러한 '공무'의 담지자가 끊기게 하지 않는다는 일념으로 여성 미야케론을 밀어붙이고 있었다.

그러나 "여성 미야케는 여계 천황을 향한 첫걸음"이라 위치짓고 반대했던 우파는 '공무'를 감당할 수 없다면 우선 공무, 특히 제사 이외의 '공적 행위'를 줄여야 한다는 주장을 펼쳤던 것이다. 이것은 헌법을 근거로 하는 '공적 행위' 반대론과는 **정반대**의 입장이기는 하지만, 아키히토의 영위를 정면에서 부정하는 주장이었다. 예를 들어 우파 논객 모모치 아키라는 다음과 같이 말한다.

> 분명히 천황·황후 양 폐하의 공무는 팽대해졌고, 양 폐하의 연세와 병세 등을 생각하면 부담 경감은 긴급한 과제임에 틀림없습니다. 그러나 그 해결책으로 여성 미야케 창설을 제시하는 것은 본말전도이고, **우선 공무를 정리하거나 축소하는 것이야말로** 긴급한 과제라 할 것입니다.[204]

그런데 '공무'에는 세 가지가 있다.

> 문제의 공무입니다만, 헌법에서는 국사행위와 상징행위만 천황의 공무로 인정됩니다. 하지만 황실의 본래 존재 방식에서 보면, 가장 중요한 공무는 제사입니다.[205]

그럼 어떻게 할 것인가, 이렇게 묻고 모모치는 말한다.

문제는 오늘날 상징행위가 점점 확대되어온 것입니다. 그중 국민체육대회, 식수제, 풍요로운바다만들기 대회 등을 제외한 **상징행위의 정리·축소가 긴급한 과제**입니다. 따라서 상징행위의 존재 방식에 대해서도 재검토가 필요하다고 생각합니다. 점점 증가한 공무, 즉 각종 식전, 민간 행사 참가에 우선순위를 매겨서 폐하의 부담을 경감하는 것이 궁내청의 직무이고, 공무의 부담 경감을 위해서라는 이유로 여성 미야케 창설을 추천하는 것은 도리에 어긋납니다.[206]

또한, 사쿠라이 요시코는 이 공무에 대해 다소 모순된 입장을 취하고 있었다.[207] 즉 사쿠라이는 의견청취의 앞부분에서 3·11 동일본대지진 당시의 천황의 '말씀'을 높게 평가하며 "마음 깊이 감동받았습니다"[208]라고 절찬했지만, 그것을 '상징으로서의 행위'나 '공적 행위'가 아니라 '기도하는 존재'이자 '신사神事'인 것처럼 말했던 것이다. 실제로는 '말씀' 자체가 그야말로 '공적 행위'와 다르지 않지만.

작년 3월, 동일본대지진이 발생한 지 닷새 후, 천황 폐하가 발신하셨던 말씀에 마음 깊이 감동받았습니다. 많은 사람이 실감했듯이, 황실이야말로 일본의 정신적 지주라고 느꼈습니다. 국가가 위기에 직면하거나 국민이 곤란에 빠졌을 때 황실은 항상 국가·국민의 안녕과 무사를 기도해주십니다. …… 기도하는 존재로서의 황실에 깊은 감사와 경의를 품고 있습니다.[209]

사실 여기에는 중대한 바꿔치기가 있었다. 사쿠라이는 우파 주류와 마찬가지로 여계 천황 반대론자이고, 이와 관련된 여성 미야케도 반대였다. 정부가 여성 미야케를 창설해야 하는 이유로 주장한 '공무' 과다와 그것을 담당하는 황족 수 감소론에 대해서도, 그 대책으로 천황의 '공무'를 축소하거나 정리하자는 주장을 하고 있다.

그런데 매스컴과 아키히토파가 예찬하는 '헤이세이류'란 다름 아니라 재해피해지 방문을 비롯한 '공적 행위'이다. 천황 아키히토도 그것을 자각했기 때문에 '공무' 축소에 맹렬히 반대했던 것이다.

사쿠라이는 다른 우파 논객들과 달리 이 '여론'을 적으로 만드는 건 득이 없다고 생각했다. 그러나 그 활동을 인정해버릴 수도 없었다. 고심한 사쿠라이는 3 · 11 당시의 천황의 행동을 '기도하는 존재'로 바꿔 말함으로써, 이것이야말로 마치 우파가 그것만 하라고 주장하는 '신사神事'인 것처럼 보이게 하려고 한 것이다. 그래서 사쿠라이는 3 · 11의 '말씀'을 절찬하고, 그 바로 다음에 이러한 '말씀'을 포함한 '공무'의 정리 · 축소를 주장했던 것이다.

> 또한 공무가 너무 많아서 고령의 몸을 힘들게 만드는 사태가 발생하고 있다. 그래서 여성 미야케를 창설한다는 생각도 있는 듯합니다만, 그 전에 공무의 재정의가 필요하다고 생각합니다. …… 천황의 가장 중요한 역할은 제사입니다. 그렇다면 제사를 공무로 다시 정의하는 것이 중요합니다. 그밖의 국사행위와 상징행위를 우선순위에 따라 분류하고, 도저히 천황이 아니면 안 되는 것을 제외한 나머지는 황태자님과 아키시노노미야님이 분담하면 됩니다.[210]

이미 이 시기에는 헌법상의 이유에서 공적 행위를 비판하는, 즉 아키히토의 행동 확대에 대한 반대 목소리가 미디어에서 들리지 않게 되었기 때문에, 이러한 우파의 언설만이 아키히토의 '공무'론을 배경으로 하는 황족

수 유지론을 정면에서(?) 비판하는 주장이 되어버렸다.

우파의 위헌론

또 하나 주목할 것은, 의견청취자로 초청받지 못한 천황제 비판파의 헌법론 대신 우파의 일부가 천황 제도의 개혁에 대한 **헌법론**을 전개했다는 점이다.

고이즈미 유식자회의에서의 여계 천황론 반대 때는 등장하지 않았지만, 노다 유식자회의에서는 여계 반대론의 입장에 선 모모치 아키라와 야기 히데쓰구, 2인의 **우파**가, 헌법 제2조에서 규정하는 '세습'이란 남계에 의한 세습을 의미하므로 황실전범 제1조 남계 세습은 그 확인에 불과하고, 따라서 황실전범 개정에 의한 여계 천황 용인은 **위헌**이라는 주장을 펼쳤다.[211] 이때부터 우파 주류는 위헌론을 적극적으로 내세우기 시작했다.

그러나, 같은 우파 주류는 같은 의견청취에서 격렬하게 일본국헌법을 비판하고, 소노베의 헌법 제2조 해석—제2조의 '세습'은 남계와 여계를 모두 포함한다는 해석—은 "황실을 **일본국헌법의 틀 안에 가두는 발상**"[212]이라고 비난했다. 요컨대 여기에서는, 여계를 인정하는 듯한 발상은 '일본국헌법'의 발상이라고 말하는 것이다.

같은 논객이 같은 의견청취에서 이러한 주장을 하는 무책임에는 뭐라더 할 말이 없지만, 어느 쪽이든 우파가 경우에 따라서는 그들이 전혀 평가하지 않는, 끊임없이 그 '개정'을 주장하는 헌법을 가져와서까지 반대의 논진을 펼쳤다는 것이 큰 특징이었다. 여성 미야케 반대론으로 전개된 우파의 논의, 즉 '공무'축소론과 편의주의적 위헌론은 둘 다 나중에 검토하는 천황 퇴위 반대론에서 한층 확대되어 전개되기에 이른다.

그러나 이와 반대로 의견청취에서 여성 미야케를 지지하는 측 논객으로부터는 헌법 제14조의 평등론을 비롯한 **헌법론이 완전히 사라져버렸다**. 이것은 '헤이세이류'가 '헌법'을 소리 높여 외치면서도 점차 헌법과는 무관한 행동을 취하기 시작했던 것과 병행하여 발생한 '헌법 이탈' 현상이었다. 이리하여 '헤이세이류'는 제2기에서 완성되고, 헌법이 사라졌다.

제3장

'부활' 아베 정권 시기, 보수정권과 천황의 긴장과 대립

2012년 12월 총선거에서 자민당이 대승을 거두어 3년 만에 자민당·공명당이 정권을 탈환하고, 제2차 아베 정권이 탄생했다. 제2차부터 제4차까지 7년 8개월에 걸친 아베 정권(여기에서는 이 정권 전체를 가리키며, 2006년에 탄생한 제1차 아베 정권과 구별한다. 편의상 '제2차 아베 정권'이라 부른다) 탄생을 계기로 '헤이세이'의 정치와 천황의 관계는 제3기에 돌입했다.

제3기는 전후의 보수정권과 천황의 관계에서 일찍이 없었던 사태가 발생한 시대였다. 그것은 전후 처음으로 보수정권과 천황 사이에 강한 **긴장** 관계가 형성되었기 때문이다. 이와 동시에, 이 또한 전후 처음으로 천황의 주도로 천황의 제도가 변경된 시대가 되기도 했다.

이러한 것으로 상징되듯이 제3기에서 천황 아키히토의 지위는 그 어느 때보다 높아졌고, 그만큼 헌법이 지향한 상징의 제도와는 멀어진 천황이 탄생했다고 할 수 있다.

그래서 본장에서는 제2차 아베 정권하에서의 보수정치와 천황의 긴장과 대립의 양상을 퇴위 문제에 초점을 맞춰 검토함으로써 '헤이세이류'의 '유산'을 되돌아보고자 한다.

1.
제2차 아베 정권의 정치적 노림수와 천황

(1) 제2차 아베 정권의 지향점―대국의 복권

'헤이세이' 제3기의 특징은 제2차 아베 정권이라는 지극히 **특이한** 보수정
권이, 그동안 자신이 행해온 일로 자신감을 키운 천황 아키히토와 대치한
것에서 비롯되었다고 할 수 있다. 그러므로 우선 다시 등장한 제2차 아베
정권의 성격을 검토하는 작업에서부터 시작하고자 한다.

제2차 아베 정권의 특이성―대국大國의 복권
제2차 아베 정권은 1990년대 초의 냉전 종언 이후 일본의 지배층이 추구
해온 **두 개의 과제**―미국의 전략을 뒤쫓아 따라가며 자위대를 해외에 파병
하는 군사대국화와 글로벌 기업의 수익 능력을 높이기 위한 신자유주의
개혁이라는―, 민주당 정권 시대에 정체되어 있었던 이 두 가지 과제를 다
시 가동하여 완성하는 것을 공공연히 지향한 정권이었다.[1]
  제2차 아베 정권 이전에도 이 두 가지 과제를 추구한 정권이 없었던 것

은 아니다. 특히 2001년부터 시작된 고이즈미 정권은 이 과제의 수행에 힘을 쏟았다. 고이즈미 정권은 한편으로 미국의 요청에 따라 자위대를 처음으로 해외에 출동시킴과 동시에 급진적 신자유주의 개혁을 강행했다. 이런 의미에서 고이즈미 정권은 제2차 아베 정권의 선배 격이었다.

그러나 아베 정권은 고이즈미 정권과 비교해봐도 큰 차이가 있었다. 그것은 아베 정권이 이 두 가지 과제를 '통일'하고 자각적으로 추구했다는 점이다. 제2차 아베 정권은 두 가지 과제를 합쳐서 일본의 '**대국**으로서의 복권'이라는 목표를 설정하고 '통일'적으로 추진했다. 이에 비해 선배인 고이즈이 정권은 신자유주의의 급진적 실행에는 의욕을 불태웠으나, 자위대의 해외파병 쪽은 주로 미일 동맹관계 유지의 시점에서 추진했다. 두 가지 과제를 통일적이라기보다는 병행하여 추진했던 것이다.

그 목표 실현을 위해 아베 정권이 특히 힘을 쓴 것이 대국의 토대가 되는 일본 경제의 신자유주의적 복권을 지향하는 '아베노믹스'와 미일동맹을 실효적 체제로 만들기 위한 자위대 해외파병 체제 정비, 자위대 파병을 헌법에 반영하여 자위대를 '보통의' 군대로 규정하는 헌법 '개정'이었다.

동시에 아베 정권은 일본의 대국화를 추진할 때 가장 큰 걸림돌이었던, 과거 식민지 지배와 침략과 관련된 '역사문제'에 '결착'을 짓는 것도 정력적으로 추진했다.

전후 '소국주의'의 청산

군사대국화, 대국 내셔널리즘 환기 정책만 보더라도, 아베 정권은 다음과 같이 역대 정권이 어느 하나만 하려 해도 곤란했던 여러 정책을 잇달아 강행했다.

'주권 회복의 날' | 취임 이듬해인 2013년에는 샌프란시스코 강화조약

이 발효된 4월 28일에 '주권 회복·국제사회 복귀를 기념하는 식전'을 처음 개최했다.

특정비밀보호법 | 이어서 그해 가을에는 역대 보수정권이 몇 번이나 시도했지만 성공하지 못한 비밀보호법 제정을, 특정비밀보호법이라는 형태로 강행했다. 비밀보호법은 공유하는 미일 군사정보의 비익秘匿을 위해 미국도 강하게 요구했던 것이지만, 아베 정권은 비밀보호법에 그러한 군사정보의 비익만이 아니라 치안 목적도 포함시켰다. 즉 특정비밀보호법에는 군사와 관계없는 정부의 정보에 대한 매스미디어의 접근에 제한을 두는 규정도 포함되었다.[2]

국가안전보장회의 | 비밀보호법 강행 채결의 여진이 채 사라지기도 전인 2013년 12월에 아베 정권은 국가안전보장회의를 창설하고, 그 사무국인 국가안전보장국 국장에 아베의 심복 야치 쇼타로谷内正太郎를 앉히고 60인체제로 발족시켰다. 이것은 미국의 국가안전보장 담당보좌관과 국가안전보장회의를 모델로 삼아 만들었는데, 아베 정권 이전부터 '일본판 NSC'[3]라 불리며 일부가 창설을 주장했던 것이다.

이 국가안전보장회의의 논의를 거쳐, 이 또한 전후 처음으로 '국가안전보장전략'을 책정하여 발표하고, 이어서 2010년에 스가 나오토菅直人 내각이 개정했던 '방위계획의 대강大綱'의 재개정도 단행했다.

GDP 대비 방위비 비율 1% 제한의 실질적 폐기 | 또한 아베는 2014년도 예산 편성에서 방위비 증액을 시도하여 GDP 대비 방위비 비율 1% 제한을 실질적으로도 돌파하려고 시도했다.

GDP 대비 방위비 1% 제한은 1976년 미키三木 내각 때 각의결정된 원칙으로, 일본 방위비의 양적 제한을 나타내는, 조금 후에 살펴볼 '무기 수출 3원칙' 등과 함께 일본의 군사대국화를 막는 상징적 원칙이었다. 이 원칙은 '전후정치의 총결산'을 내건 나카소네 내각에 의해 폐기되기는 했지만, 이후도 일본의 방위비는 사실상 1% 제한을 의식하며 변화해왔다. 그러한 것을 아베는 실질적으로 돌파함으로써 그 제한의 무효화를 노린 것이다.

야스쿠니 참배 | 그리고 그해 12월 26일, 아베는 야스쿠니 신사에 전격적으로 참배했다. 사실 아베는 제1차 정권 당시 '모처럼' 고이즈미 수상이 큰 반대를 무릅쓰고 강행한 야스쿠니 신사 참배를 하지 않은 채 정권을 내던졌고, 이후 역대 정권도 야스쿠니 참배를 하지 않았다. 우파는 아베가 야스쿠니를 참배하지 않은 것을 강하게 비판했으며, 이는 아베의 경력에서 큰 **'오점'**이었다. 기회를 보고 있던 아베는 연말의 바쁜 틈을 타 참배를 강행했다. 아베 측근도 야스쿠니를 참배해도 중국과 한국과의 관계에 큰 영향은 없을 것이라 진언했다. 그러나 참배에 대해 '생각지도 못한' 반발이 쏟아졌다. 특히 아베가 충격받은 것은 중국과 한국만이 아니라 미국의 오바마 정권이 강하게 비난했다는 점이었다.

무기 수출 3원칙 폐기 | 아베의 군사대국화 정책은 멈출 줄을 몰랐다. 2014년 4월에는 무기 수출 3원칙을 폐기하고 '방위장비 이전 3원칙'을 각의결정하여 무기 수출을 가능하게 만들었다.

무기 수출 3원칙은 1976년에 성명된 이후 미키 내각 때 강화되어 사실상 모든 국가에 대한 무기 수출이 금지되었었다. 이 3원칙으로 수출이 금지되었기 때문에 일본의 중화학산업 관련 대기업은 무기를 생산할 수 없었지만, 다른 한편으로 이 3원칙은 일본 산업의 '비군사화'에 큰 역할을 했다. 따라서 일본경제단체연합회日本経済団体連合会는 거의 매년 이 3원칙의 폐기를 요청했고, 또한 나카소네 정권, 고이즈미 정권, 노다 정권 등에 의해서 3원칙의 약체화가 진행되었지만, 아베 정권에 이르러서 마침내

3원칙이 폐기된 것이다.

지금까지 살펴본 조치 중 그 어느 하나를 봐도 한 내각에서 강행하기 어려운 현안이었지만, 아베는 단숨에 그것들을 강행했다. 그럼에도 아베에게 이것들은 사전연습에 불과했다.

집단적 자위권 행사 용인 | 아베가 목표로 한 최대 과제는, 오랜 기간에 걸쳐 자위대 해외파병과 '보통국가'화의 걸림돌이 되어왔던 헌법 9조에 대한 정부해석을 개변改變함으로써 자위대 해외파병 체제를 완성하는 것이었다.

아베는 제1차 정권 시대부터 정부해석 변경을 시도하며 '안전보장의 법적 기반 재구축에 관한 간담회'(약칭 '안보법제 간담회')를 설치했으나, 아베 정권 붕괴와 함께 사실상 폐기되어 있었다. 그런데 아베는 제2차 정권을 발족하자마자 이 안보법제 간담회를 재개하고 해석 변경에 착수했다.

앞에서 살펴본 바와 같이 자위대의 해외활동에 제동을 걸어온 정부해석의 중심은 두 가지였다. 두 가지 모두 "자위대는 헌법 9조가 보유를 금지한 '전력'=군대에 해당하지 않는다"는 해석 때문에 생긴 제한이었다. 하나는 자위대의 해외파병을 인정하지 않는, '집단적 자위권 행사'는 인정하지 않는다는 제한, 즉 자위대가 해외에서 무력을 행사하지 않는 제한이었다. 또 하나는 설령 '무력행사'를 하지 않는다고 하더라도 자위대의 해외활동이 '타국의 무력행사와 일체가 된 활동'은 인정하지 않는, 즉 자위대 자체는 무력를 행사하지 않아도 전쟁터에서 미군의 후방을 지원하거나 그 전투작전 행동과 밀접하게 관련되는 활동을 하는 것은 사실상 헌법 9조 1항이 금지하는 '무력행사'에 해당하므로 허용되지 않는다는 제한이었다.

아베는 이러한 제약을 일소하고 싶었지만, 여기에는 '9조 모임' 등 시민운동만 아니라 자위대에 대한 해석을 담당하던 내각법제국, 나아가 자민당과 연립한 공민당도 강하게 반대했다. 아베는 이러한 반대와 소극성을 무릅쓰고 2014년 7월 1일 각의결정으로 정부해석 변경을 강행하여 집단적 자위권 행사의 한정 용인, 후방지원활동에 대한 제약을 타파했다.[4]

안보법제 강행 ┃　아베는 이어서 정부해석의 변경을 법제화하기 위해 2015년 5월에 안보법제를 국회에 제출하고, 미증유의 반대운동이 고양되는 가운데 그것을 밀어붙여 9월 19일 강행 돌파했다. 1990년대의 냉전 종언 이후 일본 정부가 추진하면서도 실현할 수 없었던 군사대국 체제가 완성에 가까워진 것이다.

전후 70년 담화 ┃　안보법제를 둘러싸고 국내 안팎이 소란스러웠던 2015년은 '전후 70년'에 해당하는 해이기도 했다. 아베는 이해 8월 15일, 일본의 침략전쟁과 식민지 지배에 대한 반성을 언급한 1995년 무라야마 담화 부정을 목적으로 한 '전후 70년' 담화를 발표했다.

위안부 문제의 한일합의 ┃　또한 2015년 12월 28일에는 위안부 문제에 관해 한국 정부와 한일합의를 체결했다. 한일외상회담 후의 공동 기자발표에서 일본 측은 "위안부 문제는 당시 군의 관여하에 다수의 여성의 명예와 존엄에 깊은 상처를 입힌 문제로서, 이러한 관점에서 일본 정부는 책임을 통감합니다"라고 말하고, 또한 "아베 내각총리대신은 일본국 내각총리대신으로서 다시 한번 위안부로서 많은 고통을 겪고 심신에 걸쳐 치유하기 어려운 상처를 입은 모든 분들에 대해 마음으로부터 사죄와 반성의 마음을 표명합니다"라고 표명했다. 그리고 한국 정부가 설립하는 재단에 일본 정부가 10억 엔을 거출하고 양국이 협력할 것을 확인하며, 양국 외상은 이 합의를 한일 간의 위안부 문제가 "최종적 및 불가역적으로 해결될 것임을 확인한다"고 표명했다. 2015년 말, 아베는 의기양양했다.

아베 개헌 ┃　이리하여 2015년에 아베는 군사대국화 완성을 향해 어느

정도 방향을 잡았다고 생각했지만, 실제로는 그렇지 않았다. 안보법제 반대를 목표로 2014년 말에 '전쟁시키지 마라·9조 파기하지 마라! 총궐기 행동 실행위원회戦争させない·9条壊すな！総がかり行動実行委員会'가 발족하고, 그 주도하에 안보투쟁 이래 55년 만에 야당의 공동투쟁이 부활했다. 이 공동투쟁에는 '일본노동조합총연합회連合' 산하 노동조합의 일부, '전국노동조합총연합全労連' 산하 노동조합이 참가하고, 당시의 민주당, 공산당, 사민당, 그리고 많은 시민단체가 결집했다.

이 공동투쟁은 안보법제가 강행 채결된 뒤에도 '안보법제 폐지'를 내걸고 계속해서 '안보법제 폐지와 입헌주의 회복을 요구하는 시민연합'을 결성하고, 그 노력으로 2016년 참의원 선거에서는 전후 처음으로(물론 1인구 一人区* 32곳에 한정되었지만) 선거 공동투쟁이 성립했다. 이러한 공동투쟁과 그 힘을 배경으로 한 야당의 분발로 아베 정권은 안보법제의 전면 시행을 저지당했다. 전국 22개 재판소에 25건의 안보법제 위헌소송이 제기되고, 아베 정권이 '사전연습'으로 실시한 자위대의 남수단 PKO 파견에 대해서도 국회 안팎에서 헌법 9조 위반이라는 목소리가 높아져서 자위대는 사실상 새로운 임무를 수행하지 못하고 철수할 수밖에 없었다.

헌법 9조가 있는 한 군사대국화의 완성은 불가능하다고 생각한 아베는 안보법제를 강행한 후인 2017년 5월 3일, 개헌을 명확히 내걸고 명문개헌 明文改憲을 향해 움직이기 시작했다.[5]

---

* 일본 참의원 의원 통상선거에서 정원이 2명·개선수改選數 1명인 선거구. 개선 의석이 1석이므로 실질적으로 소선거구이다.

(2) 제2차 아베 정권의 천황 정책

이렇게 군사대국화의 완성과 신자유주의의 재가동을 지향한 제2차 아베 정권은 천황에 대해 어떤 정책을 취했을까.

아베 정권에 천황의 이용가치는 줄어들고

아베 정권 안에서의 천황의 위치를 보면, 제2기 때의 보수정치와 천황의 관계와 마찬가지로 그 정치적 비중은 낮았다.

제1기와 달리 보수정치는 '국제협조'주의 노선을 옛날에 방기하고, 미일 군사동맹을 강화하고 동맹의 일익으로서 군사·정치대국을 지향하는 노선으로 전환했다.

또한 아베 정권은 무라야마 담화를 대신하는 '전후 70년 담화'를 발표하고 한일 위안부합의도 맺음으로써 '역사문제'도 결착을 지었다는 자신감이 강해졌다. 이제 과거의 침략전쟁에 대한 '사죄의 특사'는 필요가 없어졌고, 만약 그러한 의미로 천황을 보낸다면 그 대상국으로 유일하게 남아 있었던 한국과의 사이에서는, 아베 정권은 한일합의를 맺었고, 그 후 한국에서 반대 목소리가 높아져 위안부 합의의 정통성이 의심받고, 문재인 대통령이 등장하고, '징용공' 문제가 심각해진 이후로는 한일관계를 최종적으로 결착시킬 의욕도 상실하여, 현실적으로 한일관계는 긴장의 연속이었다.

아베가 지향한 미일 군사동맹 강화, 일본의 대국화 노선은 '전쟁'에 집착한 아키히토 천황의 지향과도 맞지 않았기 때문에, 아베에게는 '이용하기 어려웠'을 뿐 아니라 이용하려고도 하지 않았다.

내정 측면에서도 천황에게 기대하는 역할은 감소했다. 신자유주의로 파탄한 사회통합에 천황을 이용하려는 지향이 제1차 아베 정권 시대에는 있었고, 이것이 교육기본법 개정으로 이어졌지만, 제2차 아베 정권에 들어서는 분열된 사회의 통합에 천황을 동원하려는 발상 자체가 없었다. 그 결과 제2차 아베 정권이 바랐던 것은 그때그때의 정책과 외교에 권위를 부여하기 위해 천황을 이용하는 편의적 '선전가치' 정도에 지나지 않았다.

이러한 '편리하게 사용'한 전형이 나중에 다시 검토할 2013년 4월 28일의 '주권 회복의 날' 행사에 천황·황후를 초청한 것이었고, 아키히토에서 나루히토로 황위 계승이 이루어진 뒤의 일이지만 트럼프 대통령 방일 때의 천황 부부와의 간담이었다.

특이한 보수정권, 아베 정권

하지만 아베 수상은 천황제에 대해 다른 역대 수상과 달리 나름의 자기 생각을 가진 수상이기도 했다는 점에 주목해야 한다. 아베는 천황제야말로 일본이라는 나라의 국격의 날줄을 이루는 제도라며 기회 있을 때마다 그 의의를 강조했으며, 천황제에 남다른 생각을 강하게 가진 우파의 수상으로서 '천황주의자'임을 자부했다.

일본 국민은 천황과 함께 역사를 자연스럽게 엮어왔습니다. 지금까지 천황을 대신하는 그 어떤 것도 국민은 바라지 않고 천황과 함께 살아왔습니다. …… 일본의 역사가 하나의 태피스트리(tapestry: 장식용 직물—옮긴이)라면, 그 중심을 관통하는 한 줄은 역시 천황이라 생각합니다. 그 줄을 중심으로 우리 일본인은 역사를 만들어왔습니다. …… 자연스러운 형태로, 항상 역사의 중심적 존재였다고 할 수 있겠지요.[6]

실제로 아베는 아직 자민당이 야당이었던 2012년, 앞에서도 언급했듯이, 노다 정권이 추진하려던 여성 미야케 창설에 반대하는 논문을 쓰면서 '황실통' 행세를 했다. 그 논문 말미를 아베는 다음과 같이 마무리하고 있다.

> 황실에 관해 장기적인 시야에서 국민적 논의가 필요하겠지만, 그것을 **역사관과 황실에 대한 경의가 결여**된 민주당에게 맡겨서는 결단코 안 된다.[7]

이렇게 거침없이 말했던 아베에게는 자신이야말로 천황 아키히토의 고뇌에 답할 수 있다는 자부심이 있었을 것이다. 나중에 살펴보듯, 천황·황실이 내놓은 퇴위 요청에 대해서도 자신이 그 요청을 철회하도록 할 수 있다는 자신도 있었다.

이렇게 '천황주의자'라는 간판을 내걸고, 아베는 천황 아키히토의 움직임에 경계를 강화하는 한편, 우파의 목소리에 동조하면서 천황의 행동을 규제하여 사태를 수습하려고 했다.

그러나 실제로 아베는 황실 문제 처리에 힘을 쏟을 수 없었다. 제2차 아베 정권은 앞에서 살펴봤듯이 취임 이래 군사·외교 관계만으로도 집단적 자위권 해석에서 안보법제, 나아가 국회해산과 총선거, 명문개헌 등으로 숨쉴 틈도 없이 바빴다. 그 과정에서 황족 감소 대책이 '별도의 우선과제에 밀리고 밀리면서'[8] 아베가 '천황주의자'로서의 본령을 발휘할 기회조차 없었다.

(3) 천황의 아베 정권에 대한 이중의 불신

한편 제2기에 천황 아키히토는 자신의 실적에 자신감을 높이는 동시에 정치 쪽에서 열심을 보여주지 않는 데에 대해 불신을 쌓아왔는데, 아베 정권이 들어선 후 그 불신은 **이중의 의미**에서 한층 커졌다.

이전의 '대전大戰'에 대한 천황의 집착과 아베에 대한 위화감

하나는 지금까지 살펴본 바와 같이 아키히토의 '전쟁' 인식과 아베의 전쟁 인식의 차이에서 발생하는, 아베 정권의 정치에 대한 불신감이었다. 아베 정권이 펼친 정치는 다음 절에서 살펴보듯이, 아베 정권이 거행한 '주권 회복·국제사회 복귀를 기념하는 식전'에 천황과 황후가 출석한 일을 비롯하여 사사건건 천황 아키히토의 **신경을 건드리는 것**이었기에 천황의 불만이 점차 쌓여갔다.

황위 안정을 위한 조치에 대한 소극성

이와 동시에 아키히토가 아베 정권을 불신하게 된 또다른 문제가 있었다. 그것은 아베 정권이 민주당 노다 정권과 달리 황통 존속·황위 안정에 대해 **냉담한 태도**를 유지했기 때문이다.

본래 천황과 궁내청은 여성 미야케와 퇴위 등 황통 존속과 관련된 중대한 개혁은 안정적인 정권이 아니면 현실적으로 불가능하다고 생각했다. 이런 의미에서 민주당 정권이 자민당·공명당 정권으로 교체된 것은 반가운 일이었다. 하지만 아베 정권은 이전의 노다 정권이 '논점 정리'까지 마친 여성 미야케 창설 문제를 거들떠보지도 않고 휴지통에 처넣어버렸다.

앞에서 살펴보았듯이 실은 천황은 제1차 아베 정권 당시에 보였던 아베의 태도에도 불만이 있었는데, 제2차 아베 정권 이후 그 태도가 한층 노골적으로 나타났다고 천황은 느꼈을 것이다.

이러한 아베 정권에 대한 두 가지 불만이 서로 증폭하면서 정점에 달했고, 두 번째 문제를 가지고 천황이 직접 공개적으로 아베 정권에 **도전장**을 던진 것이 '퇴위' 문제였다. 이 점을 검토하기 전에, 이 두 가지 문제 영역에서 아베 정권과 천황의 긴장 관계가 점점 더 강화되는 과정을 살펴보자.

2.
제2차 아베 정권 시기의
보수정치와 천황의 긴장 관계 격화

(1) '대전'과 전쟁의 기억에 대한 집착과 긴장

정권을 차지한 후 아베는 곧바로 '아베노믹스'라는 형태로 정체된 신자유주의 개혁의 재기동을 시작함과 동시에 앞에서 언급한 군사대국 정책을 정력적으로 감행했다. 아베의 의지는 후자인 군사대국 정책 쪽이 훨씬 강했다.

아베가 군사대국 정책을 추진하면서 신경을 쓴 것은 대미 관계 못지않게 중국의 동향이었다. 또한 국내에서는 여당인 공명당이 합의를 이끌어내기에는 다소 까다로운 존재였다. 이 대목에서 주목해야 할 것은 아베가 이러한 정책을 수행하면서, 당연한 이야기이지만 천황 아키히토의 동향에 신경 쓴 흔적이 전혀 없다는 점이다. 이것이, 아베 정권의 정책이 추진될 때마다 천황의 불신을 증대시키는 결과를 초래했다.

'주권 회복의 날'

아베 정권의 정치에 천황이 불신을 품은 최초의 사건은 앞에서 언급한 2013년 4월 28일에 아베 정권이 주최한 '주권 회복·국제사회 복귀를 기념하는 식전'과 천황·황후의 행사 출석 문제였다.

정부 기념행사의 경위 | 4월 28일을 특별한 날로 자리매기려는 주장은 1997년에 '주권 회복 45주년 기념 국민집회'(이하, 국민집회)를 열 때부터 나왔다.[9] 이후 '국민집회'는 매년 개최되었는데, 그 중심적 역할을 한 인물이 고보리 게이이치로였다.[10]

고보리 등은 '국민집회'가 정착된 후, 4월 28일을 경축일로 만들고자 했다. 2005년 우정민영화 선거에서 당선된 우파 의원들이 이나다 도모미 稲田朋美를 회장으로 내세운 '전통과 창조의 모임伝統と創造の会'을 결성하면서 우파 집단과 우파 의원이 이 운동에 합류했다. 민주당 정권 시기인 2012년에는 이나다 등 우파 의원들이 '4월 28일을 주권회복기념일로 정하는 의원 연맹'을 결성하고 1997년 이래 계속 열어온 '국민집회'를 자민당 본부에서 개최했다. 이 '의원연맹'은 축일법祝日法을 개정하여 4월 28일을 경축일로 정하는 것과 4월 28일에 정부가 기념식을 여는 것을 운동 목표로 내걸었다.[11]

이를 이어받아 아베는 제2차 아베 정권 탄생 직후인 2013년 3월 7일, 정권을 탈환했다는 벅찬 승리감을 배경으로 예산위원회에서 4월 28일을 '주권 회복의 날'로 정하고 정부 주최의 행사를 개최하겠다고 선언했다. 이후 급속도로 준비가 진행되어 그해 4월 28일에는 헌정기념관에서 '주권 회복·국제사회 복귀를 기념하는 식전'이 천황과 황후가 출석한 가운데 거행되었다.

4·28 '주권 회복의 날'의 문제 | 그러나 4월 28일을 '주권 회복의 날'로

정하는 것에는 큰 문제가 있었다. 1952년 4월 28일 발효된 샌프란시스코 강화조약으로 분명히 일본은 '주권'을 회복했다. 하지만 그것은 어디까지나 한정된 '회복'으로, 진정한 독립 회복은 아니었다는 점은 명확했다.

하나는, 강화조약과 동시에 체결된 미일안보조약에 따라 점령 미군은 강화 후에도 그대로 일본에서 활동을 계속했다는 점이다. 당시 미군은 한국전쟁의 한복판에 있었으므로, 냉전의 극동 전선기지로서 일본에 미군을 주둔하는 것이 오키나와의 직접 점령과 함께 미국의 전략상 사활적 비중을 가지고 있었다. 따라서 점령하에서 미군이 기지를 자유롭게 사용해왔던 것을 그대로 유지하는 것이 강화의 절대 조건이었다.

또 하나는 강화조약 제3조에 따라, 강화 후에도 오키나와 등에 대한 미국의 직접 지배가 계속되었다는 점이다.

이러한 것은 일본의 독립에 있어서 치명적인 하자이고, 따라서 이날을 기해 일본이 독립했다고 하기에는 아무리 해도 무리가 있으므로, 그날을 '주권 회복의 날'로 축하하는 데에는 큰 문제가 있었다.

실제로 이날을 '주권 회복의 날'로 축하하는 것에는 유력한 반대의 목소리가 제기되었다. 하나는 오키나와의 반발이었다. 오키나와에서는 이에 항의하며 정부 주최로 기념식이 거행되는 시각에 "4·28 '굴욕의 날' 오키나와 대회"가 개최되었다. 오키나와에서 선출된 데루야 간토쿠照屋寛德는 이 문제에 대해 기념식 이후를 포함하여 총 세 차례에 걸쳐 정부에 질문서를 제출하며 이 문제에 대한 항의 의사를 표명했다.[12]

또한 이 기념식에 야당 중 민주당에서는 당대표 가이에다 반리海江田万里가 출석했지만, 공산당, 생활의당生活の党, 사민당社民党, 일본유신모임日本維新の会은 반대하며 출석하지 않았다.

더욱이 우익의 일부도 이날을 '주권 회복의 날'로 축하하는 데에 반대했다.[13] 잇스이카이一水会 등 우익단체의 제안으로 "4·28 정부 주최 '주권 회복 기념식전'에 항의하는 국민집회 실행위원회"가 개최되었다.[14]

천황의 정부 기념식전 출석 문제 |　여기에서 문제가 된 것은 아베 정권이 이 기념식에 천황과 황후의 출석을 요구했다는 사실이었다.

이미 앞에서 언급했듯이, 천황이 이런 유의 기념식에 참가하는 것은 헌법에는 규정이 없는 행위였지만, 정부에 의해 '공적 행위'로 용인되어왔다. 분명히 이런 종류의 행사 출석은 증가했지만, 백보 양보해서 '공적 행위'의 존재를 인정한다고 해도 천황의 이 집회 출석을 그 '공적 행위'로 정당화하기에는 큰 문제가 있었다.

천황의 '공적 행위'를 인정하는 입장은 그러한 행위가 천황의 '상징'으로서의 역할을 수행하기 위해 반드시 필요한 여러 행위라는 점을 이유로 제시하지만, 이 기념식처럼 국론을 양분할 정도로 대립하는 행사에 천황의 출석을 요구하는 것은 '국민통합의 상징'으로서의 행위에 전혀 어울리지 않았기 때문이다.

더군다나 이 기념식에서 사건 하나가 발생했다. 행사가 끝나고 관방장관 스가 요시히데菅義偉가 폐회를 선언한 후 회장의 일부에서 '천황 폐하 만세!' 소리가 나왔고, 아베 신조도 이를 받아 '천황 폐하 만세!'를 세 번 외쳤던 것이다. 기념식에 관한 보도에서는 행사 자체보다 행사가 끝난 후의 '만세삼창' 사건에 주목이 집중되었지만, 정부는 행사 종료 후의 상황이므로 관여하지 않는다고 일축했다.

그러나 기념식에 대한 오키나와의 강한 반발과 '만세' 사건에 대한 비판적 보도 등을 고려하여, 정부는 향후 "이와 같은 미래를 개척해나간다는 결의는 고비고비마다 여러 정황을 감안하면서 확인해가겠습니다"[15]라고 밝혔고, 이후 기념식은 개최되지 않았다.

아베 정권에 대한 천황의 불신감 | 이 사건은 천황이 아베 정권의 정치에 대해 불신감을 높인 최초의 사건이었다. 이 기념식 출석을 요구하는 정부의 사전설명에 대해 천황은 "그 당시, 오키나와의 주권은 아직 회복되지 않았습니다"[16]라고 지적했다고 한다. 오키나와에 집착해온 아키히토는 이 행사 자체에 위화감이 있었다고 추측된다.

수상의 야스쿠니 참배

아베 신조가 그해 12월 26일 야스쿠니 신사를 방문한 것도 천황 아키히토에게는 아베에 대한 염려와 불신을 증폭시키는 계기가 되었다.

앞에서 검토한 바와 같이 쇼와 천황은 1978년, A급 전범의 야스쿠니 신사 합사 이후 참배하지 않았고, 아키히토도 이 시기 이후 황태자 시절부터 참배를 중지했다. 더군다나 앞에서도 적었듯이 2005년에는 쇼와 천황의 육성으로 판단되는 말을 적어놓은 '도미타 메모'도 공개되었다. 천황 아키히토는 정부가 A급 전범의 야스쿠니 합사를 취소하든가 뭔가 손을 써주길 바랐지만, 그것을 방치한 채 아베가 야스쿠니 참배를 강행하고, 중국, 한국뿐만 아니라 미국 정부의 비판까지 받은 것에는 강한 불신을 품었다고 생각된다.

수상의 '전몰자 추도식' 인사말

또한 매년 8월 15일 치러지는 '전몰자 추도식'에서 했던 아베 수상의 인사말도 천황의 아베 불신을 증폭시키는 요인이 되었다.

사실, 앞(제2장 99쪽 이하)에서 언급한 바와 같이, 아베 수상은 제2차 정권 탄생 초기의 전몰자 추도식 인사말에서 그때까지 역대 수상이 답습해온 아시아 각국에 대한 반성의 말을 삭제했다.

본래 수상의 전몰자 추도식 인사말에서 처음으로 아시아 각국의 희생자를 언급한 것은 1993년, 호소카와 모리히로細川護熙의 인사말이었다.

8월 15일의 전몰자 추도식 직전인 8월 9일 발족한 연립내각의 수상이 된 호소카와는 다음날 10일의 기자회견에서 아시아·태평양전쟁에 대해 "저 자신은 침략전쟁이었다, 잘못된 전쟁이었다고 인식합니다"라고 답했고, 8월 15일의 추도식에서 다음과 같이 밝혔다.

> 평화국가로서의 재생의 길을 전후 일관되게 걸어온 일본 국민의 총의總意로서, 이 기회에 다시 한번 **아시아 근린 제국을 비롯한** 전 세계 모든 전쟁 희생자와 그 유족에게 국경을 넘어 삼가 애도의 뜻을 표하는 바입니다.[17]

호소카와는 그해 8월 23일, 소신표명 연설에서 한층 강화된 반성과 사죄를 표명했다.

> 과거 우리나라의 침략행위와 식민지 지배 등이 많은 사람에게 견디기 어려운 고통과 슬픔을 초래했던 것에 대해 다시 한번 깊은 반성과 사죄의 마음을 표합니다.[18]

이어서 무라야마 수상은 앞(제2장 97쪽 이하)에서 검토했듯이, 1995년 8월 15일 '담화'를 발표하여 일본의 식민지 지배와 침략전쟁에 대한 반성의 뜻을 밝혔고, 그날 추도식 '인사말'에서도 다음과 같이, 더 간결하고 애매한 형태이기는 하지만, 많은 나라, 특히 아시아의 여러 국민에게도 반성의 뜻을 표명했다.

또한 저 전쟁은 **많은 나라, 특히 아시아의 여러 국민에게**도 많은 고통과 슬픔을 주었습니다. 저는 이 사실事實을 겸허히 받아들여 **깊은 반성**과 함께 **삼가 애도의 뜻을 표하고** 싶습니다.[19]

실은, 무라야마 수상의 추도식 인사말에는 또 하나의 논점이 있었다. 그것은 아시아·태평양전쟁에서의 전몰자를 어떻게 평가할지의 문제였다.

야마다 쇼지에 따르면, 역대 자민당 정권의 수상 인사말에서 나카소네 내각까지는 전사자에 대한 '현창顯彰'이었던 것이 1988년의 다케시타竹下 수상부터는 '추도'를 의미하는 문구로 바뀌었지만, 전사자에 대한 평가는 "조국의 안태를 바라는", "전사자를 순국자로 보는 색채를 여전히 유지"[20] 했고, 이것은 호소카와 정권, 무라야마 정권에 이르러서도 바뀌지 않았다. 이 점에서는, 앞에서 검토한 전후 50년의 무라야마 담화가 저 전쟁을 "국책國策을 그르치고 전쟁의 길로 나아가 국민을 존망의 위기에 빠뜨렸"다고 명확히 언급함으로써, 그해 8월 15일 인사말과는 명확히 다른 평가를 표명했던 것[21]이 주목된다.

어찌 되었든, 무라야마 수상의 8월 15일 담화 발표를 계기로, 이후 역대 수상의 인사말은 거의 고정되어 있었다고 할 수 있다. 자국의 전사자를 순국자로 보는 추도를 반복하면서도, 아시아 여러 국민에 대한 일본의 가해를 인정하고 반성을 표하는 방식은 수상의 내심이야 어떻든 계속되었던 것이다.[22]

이것은 2007년 제1차 아베 정권 당시의, 아베의 '인사말'에서도 동일했다. 참고로 2007년 제1차 아베 정권 당시의 8월 15일 추도식 인사말 중 해당 부분을 확인해보자,

이전 대전大戰에서는 300만여 명이 조국을 생각하고 가족을 염려하면서 전장에서 쓰러지고, 전화戰禍에 휩쓸려, 또는 전후에 먼 타국 땅에서 돌아가셨습니다. 그리고 우리나라는 많은 나라, **특히 아시아 여러 나라 사람들에게 다대한 손해와 고통을 주었습니다. 국민을 대표하여 깊은 반성**과 함께 희생당한 분들에게 **삼가 애도의 뜻을 표합니다.**[23]

이 인사말은 민주당 정권에서도 변하지 않았다. 노다 요시히코 수상의 2012년 8월 15일 인사말을 보면, 그것이 단순한 자구 수정에 그치고 있음을 알 수 있다. 이후 아베의 인사말과 비교하기 위해 다소 길지만 전문을 살펴보도록 하자.

이전 대전大戰에서는 300만여 명이 조국을 생각하고 가족을 염려하면서 전장에서 쓰러지고, 전화戰禍에 휩쓸려, 또는 전후에 타국 땅에서 돌아가셨습니다. 다시 한번 진심으로 명복을 빕니다.

또한 가장 사랑하는 육친을 잃어버린 슬픔을 참고 고난을 극복해온 유족 모두에게 깊은 경의를 표합니다.

이전 대전에서는 많은 나라, 특히 아시아 여러 나라 사람들에게 다대한 손해와 고통을 주었습니다. 깊이 반성하고 희생당한 분들과 그 유족에게 삼가 애도의 뜻을 표합니다.

오늘날 우리나라의 평화와 번영은 전쟁으로 부득이하게 목숨을 잃어버리신 분들의 고귀한 희생 위에서 이루어졌습니다.

우리는 과거의 비참한 전쟁의 교훈을 풍화시키지 않고 다음세대에 계속 전해주어야 합니다.

종전으로부터 67년이라는 세월이 지난 오늘, 여기에서 우리나라는 **부전**不

戰의 맹세를 견지하여, 전쟁의 참화를 반복하지 않도록, 국제 사회의 일원으로서 국제 평화의 실현을 부단히 추구해갈 것을 다시 한번 맹세합니다.[24]

여기에서 강조된 부분은 제1차 아베 정권 당시의 아베의 인사말과 동일하며, 오히려 아베의 2007년 인사말 쪽이 "국민을 대표해서" 반성을 표명하고 있다는 점에서 한층 명확하기조차 하다.

주목되는 것은, 앞에서 검토한 천황 아키히토의 '말씀'이 1995년 이래 거의 동일한 내용으로 그때까지 이어지면서 **일관성을 유지**했다는 점이다.

그런데 2013년 8월 15일의 추도식에서 아베는 20년 만에 인사말의 문구를 크게 수정했다. 물론 의식적인 수정이었다.

조국을 생각하고 가족을 염려하면서 전장에서 쓰러진 영령, 전화에 휩쓸리거나, 또는 전후 먼 타국 땅에서 돌아가신 영령 앞에, 정부를 대표하여 인사말을 올립니다.

사랑하는 아이와 아내를 생각하고, 남겨진 아버지, 어머니가 행복하기를, 고향 산하는 그 푸르름을 더해가길 염원하며 고귀한 생명을 바치신 당신들의 희생이 있었기에, 오늘날 우리가 평화와 번영을 누릴 수 있게 되었습니다. 우리는 그 사실을 단 한 순간도 잊은 적이 없습니다.

당신들을 애도하고 평화를 기원하며 감사의 뜻을 전하려는 이 순간, 말은 참으로 무력하기만 합니다. 지난날들을 생각하며 잠시 눈을 감고 조용히 머리를 숙여봅니다.

전후 우리나라는 자유, 민주주의를 존중하며 오로지 평화의 길을 매진해왔습니다.

오늘보다 나은 내일, 더 나은 세계로 바꾸어가고자, 전후 얼마 지나지 않아서부터 세계 각국, 각 지역에 지원의 손길을 내밀어왔습니다.

안으로는 경제사회의 변화, 천재지변으로 인한 위기를 몇 번이고 서로 도와가며 극복하여 오늘을 맞이할 수 있었습니다.

우리는 역사를 겸허하게 마주하고 배워야 할 교훈을 가슴속 깊이 새기며 희망찬 국가의 미래를 열어가겠습니다. 세계의 항구평화를 위해 힘닿는 데까지 공헌해갈 것이며 모든 사람이 풍요로운 마음으로 살아갈 수 있는 세상을 실현할 수 있도록 온 힘을 다해가겠습니다.[25]

이 인사말에서는 저 현란한 정서적 표현에도 불구하고 '아시아 여러 나라'에 대한 반성도, '부전의 맹세를 견지하여 전쟁의 참화를' 반복하지 않겠다는 결의도 깔끔하게 사라져버렸다. 전쟁의 반성**과 관련된** 표현은 겨우 '역사를 겸허히 마주하고'라는 문구 정도였다. 천황 아키히토는 이 인사말을 사전에 보지는 못했던 것으로 생각된다. 그러나 당일, 그리고 다음날의 보도에는 아베의 이 인사말이 큼직하게 다뤄졌으므로 천황도 그 변화를 틀림없이 알고 있었을 것이다.

앞에서 살펴보았듯이, 아키히토는 2년 후인 2015년, 즉 전후 70년을 맞이한 전몰자 추도 식에서, 20년 동안 써왔던 표현에 '이전 대전大戰에 대한 깊은 반성'이라는 문구를 덧붙였던 것이다. 이 '말씀'에서도 아키히토는 아시아 여러 나라에 대한 반성의 문구를 넣지는 않았다. 그러나 '이전 대전에 대한 깊은 반성'이라는 문구는 아베가 2013년부터 '인사말'에서 삭제해버린 문구의 부활로 보여지는 것이었다. 2015년의 이 '말씀'은 명백하게 2013년의 수상의 인사말 변경에 대한 아키히토의 **대답**이었다고 생각된다.

어쨌든 '주권 회복의 날' 행사 이후 그다지 오래 지나지 않은 전몰자 추도식에서 벌어진 이 사건은 아베 정권에 대한 천황 아키히토의 불신과 의혹, 나아가 아베 정권과 천황의 긴장 관계를 강화하는 지렛대가 되었다.

정부해석 변경에서 안보법제로

제2차 아베 정권은 2014년에 들어서 전면가동을 시작했다. 특히 7월 1일, 앞에서 살펴봤듯이 아베 정권은 각의결정으로 그때까지 헌법 9조 아래에서 자위대의 해외 무력행사 및 전쟁 가담을 금지해온 정부해석을 변경하고, 이듬해 2015년에는 그것을 법제화하기 위해 기존 10법안의 수정을 포함한 안보법제를 국회에 제출하여, 시민과 야당의 강한 반대를 무릅쓰고 강행 채결했다.

그 와중인 8월 14일에는 진작부터 아베가 공약해온 무라야마 담화 폐기를 노리며 '전후 70년 담화'를 발표했다.[26]

이러한 아베 정권의 일련의 군사화, 역사수정주의 움직임에 천황 부부의 위구심과 불신감이 커졌다. 천황은 아베가 내주內奏할 때 아베 정권의 정치에 대해 간접적으로 언급했지만, 물론 아베는 그러한 아키히토의 염려를 염두에 두지 않았다. 황후는 이러한 염려를 표명했다.

> 아베 수상이 폐하께 내주하러 왔을 때, 폐하는 자신의 생각을 전하셨다고 합니다만, 황후께서는 그것이 제대로 전달되었으면 좋을런만, 이라고 말씀하셨습니다.[27]

앞에서 살펴본 2015년 8월 15일 전몰자 추도식의 천황 '말씀'에 대해 한도 가즈토시半藤一和가 다음과 같이 안보법제와의 관계를 지적했던 것도 크게 틀린 말은 아니었다.

1995년 이후 추도식 '말씀'에 거의 변화가 없었던 이유는 상징천황으로서 헌법을 벗어나서는 안 된다는 생각 때문이었다고 생각합니다. 올해 이렇게 변경한 것은 집단적 자위권 행사 용인과 안보법제 등 아베 정권의 움직임을 우려하고 있기 때문이 아닐까 생각합니다.[28]

(2) 황실의 장래에 대한 불안과 초조

제2차 아베 정권과 천황의 긴장 관계는 아베 정권이 추진한 정치의 영역만이 아니라 천황이 걱정하는 황실 존속 문제에서도 증대했다.

황태자 일가에 대한 불만의 증대

이 문제와 관련된 천황의 불만과 우려는, 당장은 정권이 아니라 황통 존속에 열심이 아닌 황태자 부부에게 향했다. 제2기부터 계속된 황태자비 마사코에 대한 불만, 마사코를 옹호하며 황통 문제를 소홀히 하는 황태자에 대한 불만과 노여움은 제3기 들어 더욱 심해졌고, 이를 『슈칸분슌』이나 『슈칸신초』 같은 주간지가 '이 정도까지' 싶을 만큼 천박하게 다루기 시작했다. "천황·황후만 공격하지 않으면 안전"하다는 '교훈'을 얻었기 때문이기도 하지만, 마사코와 황태자의 정보가 끊임없이 궁내청–황실 측에서 흘러나온 것도 이러한 공격 보도가 계속된 요인이었다.

그러나 황태자 부부에 대한 불만은 이러한 주간지 보도에 머물지 않았다.

하나는, 단순히 미디어의 가십거리에 그치지 않고 우파 일부와 천황 측근의 황태자 비판, 그것도 노골적인 비난이 대두했다는 점이다.

그 시작은 니시오 간지西尾幹二가 2008년에 『Will』에 발표한 「황태자님

께 감히 충언을 올립니다皇太子様にあえて忠言申し上げます」[29]라는 논고에서 황태자에게 마사코와 이혼하기를 권한 것이었다. 이어서 2009년에는, 천황 아키히토의 '학우學友'였던 교도통신共同通信의 하시모토 아키라橋本明가 『헤이세이 황실론平成皇室論』[30]을 간행했는데, 그 안에서 마사코 문제를 다루며 비판했다. 이 마사코=황태자 비판은 분명히 천황 부부의 생각과 일치하는 것이었고, 하시모토는 부부의 생각을 **헤아려서** 쓴 것이었다.

책에서 하시모토는 우선 천황 아키히토가 미치코 황후와 함께 국민통합의 상징이 되기 위한 노력을 계속하여 '헤이세이류'를 확립했다고, 특히 "그 노력의 단서를 만든 사람이 황후"라는 등으로 황후를 칭찬했다. 그런데 황태자비 마사코가 병 때문에 공무를 거의 수행하지 못하고 황태자 혼자 이를 담당하는 상태가 계속되면, 모처럼 쌓아올린 이 천황과 황후의 노력, 즉 '헤이세이류'가 부정당하고 만다는 것이었다.

이러한 상황을 타개하기 위해, 하시모토는 놀랍게도, 나루히토 황태자에게 우선 마사코와 별거, 이어서 이혼을 하고, 나아가 나루히토 자신은 '폐태자廢太子'를 행하고 아키시노노미야에게 황태자 자리를 양위하여, 아키시노노미야가 그것을 히사히토에게 넘겨줌으로써 천황·황후가 만든 상징으로서의 직무를 장래에 계승하라고 제언했던 것이다.

이러한 내용을 단행본으로 쓸 수 있는 신경이라는 게 참으로 놀랍기는 하지만, 하시모토 개인은 틀림없이 "나는 천황의 뜻을 헤아리고 있다"라는 자신감을 가지고 썼을 것이다.

하시모토가 잡지 인터뷰에서 다음과 같이 말한 것은, 책 집필의 동기가 이러한 '헤이세이류'의 계승 문제에 있었음을 보여준다.

현재의 천황과 황후는 상징천황이라는 훌륭한 삶의 방식을 창조해왔다. 그 전통을 황태자 부부가 이어갈 수 있을까. 그날이 오기 전에 멈춰서서 생각하지 않으면 안 된다. 그렇게 강하게 느낀 것이 글을 쓰게 된 계기입니다. 중략 만약 민간인 출신의 황태자비 마사코님이 황후의 역할을 잘 수행할 수 없게 된다면, 그것은 천황과 황후가 부정당하고 마는 결과로 이어질 가능성도 있습니다.[31]

사실, 하시모토의 이 책에 대해서는 궁내청 관계자나 우파에서 다른 주장도 제기되기는 했지만, 이러한 의견이 황실과 아무런 관계도 없이 나온 폭언이었을지는 의심스러웠다. 왜냐하면 이후에도 마사코 비판은 이어졌고, 황후의 지시로 국빈 환영식 출석예정자 명단에서 마사코 황태자비가 제외되었다는 등의 보도도 나왔을 정도로,[32] 마사코에 대한 황후의 불신이 매우 강했기 때문이다.

궁내청 내부의 모색

하시모토 아키라가 이혼을 권유하고 4년이 지나서는, 궁내청 내부에서 하시모토 제안과 **유사한** 황실 존속책이 구체화되고 있다는 보도가 나왔다.

제2차 아베 정권 탄생 직후인 2013년 2월, 궁내청 장관에 취임한 가자오카 노리유키風岡典之가 관방장관 스가 요시히데, 이어서 아베 수상을 방문하여 마사코-황태자 문제를 해결하고 '헤이세이'류를 계승하기 위해 다음과 같은 구상을 전하고, 그 실현을 위해 천황의 생전퇴위를 인정하는 규정과 황위계승자가 황위 계승을 사퇴할 수 있는 규정을 포함한 황실전범 개정을 타진했다고 한다. 단 여기에서 말하는 퇴위는 나중에 검토하는, 천황 아키히토의 퇴위를 상정한 것은 아니었다.

우선 금상 폐하는 마지막까지 천황으로서의 중책에 전력을 다하고, 장차 돌아가신 후에는 황위 계승 순위 1위인 황태자가 즉위한다. 여기까지는 지금까지와 동일하다. 그러나 황태자는 비교적 이른 단계에 퇴위하고 황위를 다음 순위자에게 양보한다. 양위의 상대는 현재 계승 순위 2위인 아키시노노미야가 아니라 그의 장남 히사히토 친왕이다.[33]

나루히토 황태자는 일단 즉위는 하지만, "아직 완치되지 않은 마사코 님은 황후의 중책을 감당할 수 없"으므로 나루히토는 가까운 시일 안에 '양위'를 한다는 구상이다. 그것을 위해 퇴위 규정과 아키시노노미야가 히사히토에게 황위를 양보할 수 있도록 황위 계승 사퇴 규정도 만들려는 것이었다.

이것은 상당히 무리한 구상이었지만, 이를 폭로한 『슈간신초』로부터 의견을 요청받은 황실 저널리스트들이 이것을 터무니없는 엉터리 정보라고 일축하지 않고 진지하게 검토한 것으로 보아, 적어도 황실 일부에 이러한 구상이 존재했음은 부정할 수 없다.

실제로는, 이러한 구상이 아니라, 천황 아키히토가 황실 존속의 결정적인 방법으로 생각한 것은 천황 **자신**의 퇴위 구상이었다. 게다가 앞으로 살펴보겠지만, 천황 자신의 퇴위 구상은 이미 2010년에 천황이 극히 소수에게 털어놓았고, 이 시기에는 그것을 구체적으로 진전시키고 있었다.

아베 정권의 무책無策에 대한 노여움

앞에서 살펴보았듯이, 천황·황실 측은 아베 정권의 탄생을 복잡한 심정으로 맞이했다. 아베 재등장에 천황이 특히 경계심을 강하게 가진 이유는 아베 신조가 여성 미야케 논문을 발표했기 때문이었다.

여성 미야케 구상이야말로 아키히토가 안고 있었던 황통 존속의 두 가지 문제를 해결할 당면 방책으로서 천황-궁내청이 노다 정권에 영향력을 발휘해 실현하려고 획책했던 결정적 방책이었다. 그것을 아베는 공공연히 비판했던 것이다.

그러나 천황과 황실 측으로서도 딱히 마사코와 황태자 문제의 개선 가능성이 보이지 않는 가운데, 정권에 부탁해서 황실 존속 방책을 조속히 구체화하는 수밖에 없었다.

그래서 궁내청은 발족한 지 얼마 안 되는 제2차 아베 정권에 접근하여 아베 정권이 황통 존속 문제에 관심을 가지고 움직여주길 요청했다. 앞에서 살펴본, 황실전범 개정 구상을 가지고 가자오카가 아베를 만난 것도 그 중 하나였다.

궁내청은 가자오카가 아베를 방문하기 전인 2013년 1월 중순에 관방장관 스가 요시히데를 방문하여 황통 존속 문제에 대해 강의했다. 이때 가자오카는 스가에게 노다 정권 시기에 추진되었던 '여성 미야케' 구상은 결코 민주당 정권이 독단으로 추진한 것이 아니라 "양 폐하의 의향이었다"는 취지를 설명한 후, 앞에서 살펴본 황실전범 개정 구상을 개진하고 정권 측의 행동을 촉구했다.

그러나 이 문제에 대한 정권 측의 움직임은 너무도 소극적이었을 뿐만 아니라, 앞에서 살펴봤듯이 아베 정권의 정치와 천황의 생각 사이의 긴장 쪽이 심각해져갔다.

획기가 된 2015년

이리하여 2015년은 아베 정권의 정치와 황실 존속 문제의 쌍방에서 정권 측과 천황의 긴장이 그 **정점**에 다다르는 해가 되었다.

정치 측면에서, 2015년은 아베 정권이 추진하는 군사대국 노선의 열쇠가 되었던 안보법제 강행과 '전후 70년'을 맞이한 무라야마 담화의 수정이 연이어 발생했다.

이러한 아베 정권의 움직임에 대해 천황이 위기감을 가지고 8월 15일의 '말씀'에서 보이는 형태로 불신감과 우려를 표명했던 것은 앞에서 살펴보았다. 2015년 새해 첫날의 천황의 '말씀'에서도, 항상 전쟁의 범위를 엄격히 구획지었던 아키히토가 "만주사변으로 시작하는 이 전쟁의 역사를 충분히 배우고"[34]라고 만주사변을 언급한 것도 아베 정권의 정치에 대한 대항이라는 점에서 주목받았다.

천황만 아니라 황후도 이러한 아베 정권의 움직임에 비판적인 정치적 행동을 했다. 2013년 10월, 탄생일을 앞둔 기자회견에서, 황후 미치코는 '올해 1년에서 인상에 남은 것'을 묻는 말에 '개헌 문제'를 들면서, 놀랍게도 자유민권기에 민권파가 작성한 '이쓰카이치 헌법五日市憲法'을 언급했던 것이다. 이것이 아베가 집념을 불태우는 개헌 문제에 대한 비판이었음은 분명했다.

5월의 헌법기념일을 전후로 올해에는 헌법을 둘러싸고 예년보다 더 왕성한 논의가 오갔다고 느낍니다. 주로 신문지상에서 이러한 논의에 접하면서, 예전에 아키루노시あきる野市의 이쓰카이치를 방문했을 때 향토관에서 봤던『이쓰카이치 헌법 초안』이 자꾸만 떠올랐습니다. 메이지헌법 공포(1889년, 메이지 22년)에 앞서서 지역 소학교 교원, 지주와 농민이 함께 모여서 토의를 거듭하며 작성한 민간의 헌법 초안으로, 기본적 인권의 존중과 교육의 자유 보장 및 교육을 받을 의무, 법 아래의 평등, 나아가 언론의 자유, 종교의 자유 등 204조로 이루어져 있으며, 지방자치권 등도 포함하고 있습

니다. 당시 이와 유사한 민간의 헌법 초안이 일본 각지의 적어도 40여 곳에서 만들어졌다고 들었습니다만, 근대 일본의 여명기를 살아간 사람들의 정치 참가에 대한 강한 의욕과 자국의 미래를 건 뜨거운 바람을 접하면서 깊은 감명을 받았습니다. 긴 쇄국을 거친 19세기 말의 일본에서 시정市井 사람들 사이에서 이미 자라고 있었던 민권의식을 기록한 것으로, 세계에서도 드문 문화유산이 아닌가 생각합니다.[35]

이 황후 탄생일 회견 직후인 2013년 12월 18일, 이번에는 천황 자신이 80세를 맞이한 탄생일 회견에서 '80년의 시간을 되돌아봤을 때, 특히 인상에 남는 일'은 무엇인지 묻는 기자의 질문에 답하는 형태로 일본국헌법을 언급하면서 다음과 같이 높이 평가했다.

전후, 연합국군의 점령 아래에 있었던 일본은 평화와 민주주의를, 지켜야 하는 소중한 가치로 삼아 일본국헌법을 만들고, 다양한 개혁을 추진하여 오늘날의 일본을 구축했습니다. 전쟁으로 황폐해진 국토를 복구하고, 또한 개선하기 위해 당시의 우리나라 사람들이 기울인 노력에 대해 깊은 감사의 마음을 품고 있습니다. 또한 당시의 지일파 미국인의 노력도 잊어서는 안 된다고 생각합니다.[36]

이것은 일본국헌법이 GHQ가 일본 약체화를 꾀한 '강압'이라며 그 전면 개정을 지론으로 삼고 있는 아베 수상에 대한 비판 이외의 아무것도 아니었다.

아베에 대한 천황·황후의 감정은 억누를 수 없을 만큼 격해져 있었던 것이다.

다른 한편, 황통 존속 문제와 관련해서도 2015년에 큰 사건이 발생했다. 그중 하나는 2005년의 사이판 방문에 이어 2015년 4월 8일~9일에는 팔라우 방문이 실현되면서, 아키히토가 염원하던 '위령의 여행'이 일단락되었다는 점이다. 그러나 '상징으로서의 직무'를 이어가야 할 황태자·황태자비의 문제는 여전히 해결되지 않았다. 뿐만 아니라, 천황의 건강 문제에 큰 이변이 발생했다.

그것은 2015년 8월 15일의 전몰자 추도식이 진행되던 와중에 일어났다. 천황이 식순을 착각하여 묵념 전에 '말씀' 낭독을 시작하려 했던 것이다. 그해 10월의 '전국풍요로운바다만들기대회'에서도 천황은 식순을 알지 못했다. 황후의 건강도 이러한 스트레스가 겹치면서 악화되었다.

이러한 사태를 배경으로 궁내청은 정부에 아키히토 **퇴위** 구상을 내밀하게 전했던 것이다.

(3) 천황의 동향에 대한 우파와 '리버럴'파의 찬반론

퇴위 문제를 다루기 전에, 아베 정권 시기에 진행된 아베 정치와 천황의 긴장 관계와 관련해서 또 하나의 주목할 만한 사건이 발생했음을 언급해 둘 필요가 있다. 그것은 제2차 아베 정권의 정치를 둘러싸고 아베 정치와 천황제의 긴장이 높아짐에 따라 천황의 행동에 대한 '리버럴'파와 우파의 언급, 게다가 종래의 천황과 천황제를 둘러싼 언급과는 공수가 뒤바뀐 언설이 증가했다는 점이다.

리버럴파·온건 보수파의 천황 지지 언설

아키히토의 언설에 관해서는 제2기부터 소위 온건 보수파만 아니라 '리버럴'파라 평가받는 논객들로부터도 칭찬과 동의의 목소리가 나오기 시작했다. 이러한 '리버럴'파의 아키히토 지지 및 예찬의 목소리는 마침 아베 정권이 발족하기 직전, 즉 3 · 11 동일본대지진 당시의 천황과 황후의 정력적인 행동 등을 계기로 커졌고, 제2차 아베 정권이 시작된 이후 더욱 확대되고 정착되었다.

지극히 사소한 일례를 들자면, 앞에서 살펴본 2013년 10월의 탄생일 회견에서 황후가 이쓰카이치 헌법을 언급한 것을 이로카와 다이키치色川大吉가 칭찬했다.

이로카와는 이쓰카이치 헌법을 발굴한 사람이기도 한데, 그는 황후가 이것을 다시 언급해준 데에 감사의 뜻을 표하며 다음과 같이 적고 있다. 이 글은 '리버럴'파와 온건 보수파 중에서 천황에 대해 긍정적으로 논평하던 논자들의 공통된 생각이었다고 할 수 있다.

> 저는 원래 천황제 부정론자입니다만, 일본 **민주주의의 균형**을 유지하는 데에 지금의 천황 부부가 귀중한 역할을 수행하고 있다고 말할 수 있지 않을까요.37

앞에서 언급했던 2015년 새해 첫날의 천황의 '말씀'에 대해서는, 다하라 소이치로田原総一郎가 아베 정권의 군사대국화에 맞서서 평화국가를 호소한 것이라고 평가했다.

> 내게는 천황이 '만주사변'을 일부러 끌어온 것에 특별한 의미가 있다고 생각되었다. …… 천황은 기회가 있을 때마다 현재의 헌법을 지키는 것, 즉 호헌護憲 의지를 강하게 드러내는 발언을 해왔다.38

참고로, 다하라는 2012년에 노다 내각이 설치한 유식자 의견청취에 전문가 자격으로 초청되어 의견을 밝힌 바 있다. 그때 다하라는 일본이 고대 이래 일관되게 천황 아래에서 "혁명이 한 번도 일어나지 않은"[39] "세계적으로 그 유례가 없는 매우 독특한 나라"라며, 천황제 지속의 원인은 일본의 천황제가 "권력을 지니지 않는, 소위 상징천황제"[40]였던 데에 있다고, 상징천황=일본의 천황제 전통론을 펼치며 절찬했다. 또한 이러한 천황제=상징천황제라는 시각에서 이 시기에 책도 출간했다.[41]

천황 아키히토에 대한 '리버럴'파의 평가는 다하라의 경우에서 알 수 있듯이 상징천황제에 대한 평가, 구체적으로 말하자면 '상징=일본의 전통적 천황제'론—위에서 상세하게 살펴보았듯이, 이것이야말로 천황 아키히토 자신이 가지고 있던 천황론인데—과 함께 세트로 정착된 것임을 알 수 있다.

또한 앞에서 살펴본 2015년 8월 15일 전몰자 추도식 당시의 '말씀'에 대한 한도 가즈토시의 칭찬도 그 사례 중 하나였다.

이뿐만 아니었다. 3·11 당시에 천황이 보여준 행동 때문에 천황이 원자력발전을 반대한다고 어림짐작해서, 원자력발전에 대한 천황의 발언을 기대하여 2013년 10월의 엔유카이園遊会*에서 야마모토 다로山本太郎 참의원 의원이 천황에게 직소장直訴状을 전달하는 사건마저 발생했다. 이것도 천황이 아베 정권의 정책에 반대한다고 어림짐작했던 '리버럴'파의 공감과 기대가 표출된 것이었다.

---

* 천황 부부가 입법·행정·사법 3부 요인과 도도부현 지사 및 의회 의장, 시정촌 장 및 의회 의장, 각계 유공자 부부, 그리고 외교사절의 장 부부 약 2,000명을 초대하여 봄가을 두 차례, 아카사카교엔赤坂御苑에서 여는 연회.

우파의 천황·황후 비판 언설

이와 반비례하듯, 우파 일부로부터 천황의 이러한 정치적 언설에 대한 비판이 등장했다. 이미 지난 고이즈미 정권 시기에 여제女帝 문제 때문에 우익의 일부는 **공공연하게** 천황을 비판하기 시작했다. 그러나 이번의 특징은 우파의 비판이 아베 정권 시기에 현저해진 천황·황후의 **정치적 언설 자체**를 향한 비판이었다는 점이다.

선두타자는 이미 여성 천황 문제 때 '가령 천황 폐하의 말이라 해도'라며 비판을 가했던 야기 히데쓰구였다.

야기 히데쓰구는 2013년 황후와 천황의 탄생일 기자회견에서 나왔던 **헌법** 발언을 비판했다.[42]

먼저, 야기는 황후의 이쓰카이치 헌법 발언을 들어 "하지만 왜 좌익·호헌파가 들고나오는 이쓰카이치 헌법 초안인 걸까"[43]라고 비난한다.

야기는 이어서 천황의 헌법 발언을 들어 다음과 같이 비난한다.

> 폐하가 일본국헌법의 가치를 높이 평가하는 것을 알 수 있다. 내가 여기에서 지적해두고 싶은 것은 양 폐하의 발언이, **아베 내각이 추진하려고 하고 있는 헌법 개정에 대한 우려 표명처럼 국민에게 받아들여질 수 있다**는 점이다. 왜 이 시점인가. …… 헌법 개정은 대립이 있는 주제이다. 그 한쪽의 입장에 서면 더이상 '국민통합의 상징'이 아니게 되어버린다.[44]

야기는 '헌법 개정에 대한 우려 표명'으로 '받아들여질 수 있다'고 말하지만, 천황과 황후는 실제로 그것을 의도하며 발언한 것이었다.

다만, 야기는 천황과 황후를 직접 비판하기는 주저했는지, "민감한 문제라는 점을 충분히 고려하지 않은 궁내청에 위험을 느낀다," "그렇다 하더라도 양 폐하의 오해를 바로잡는 측근이 없단 말인가"라며, 이와 같은 천황과 황후의 발언을 허용한 **궁내청**을 비판하는 형식을 취했다. 그러나 "천황과 황후의 발언을 궁내청이 왜 막지 못했는가"라고 비판한들, '헤이세이류'에 자신을 강하게 가지게 된 천황·황후에게 그러한 억제가 통할 리는 없었다. 야기도 그것을 잘 알면서 썼을 것임에 틀림없다.

이어서 천황과 황후의 언설에 대해 정면으로 비판한 것은 히라야마 슈키치平山周吉의 「천황·황후 양 폐하의 '정치적 발언'을 우려한다」[45]였다.

히라야마는 아키히토의 교사였던 고이즈미 신조小泉信三와 후쿠자와 유키치의 언설을 인용하면서 상징천황제의 모습을 '정치사政治社 밖에 서는' 입헌군주제라는 점에서 찾고, 이 점에서 천황과 황후의 정치적 언설을 비판했다. 즉 제2차 아베 정권하의 천황과 황후가 이 '정치사 밖에 선다'는 입장에서 벗어나 정치적 언설을 발하게 되었기 때문에, 천황을 자신의 정치적 입장의 강화나 정통성에 이용하려고 하여 "황실의 정치적 이용," "보수·혁신, 내외의 '천황의 깃발' 쟁탈전 같은 상황이" 발생하고 있다는 것이다.[46]

그리고 히라야마가 천황과 황후의 '정치사 밖' 일탈의 사례로 든 것이 다름 아닌 2013년의 탄생일 기자회견에서 황후가 했던 '이쓰카이치 헌법' 발언이고, 그리고 유엔카이에서 직소장을 전달하려던 야마모토 다로의 행위를 "천황 폐하가 신문을 통해 알고 걱정하고 있었다"고 말한 가자오카 궁내청 장관의 발언이었다.

이러한 사례들을 언급하며, 히라야마는 다음과 같이 쓴다.

반反원자력발전인가 원자력발전 재가동인가이든, 헌법 개정인가 평화헌법 호지인가이든, 국론을 양분하고 있는 주제에 대해 제멋대로 상상하고 억측하게 만들 수도 있는 정보를 궁내청이 국민에게 전달해도 괜찮은 걸까. '정치사 밖에 선다'는 고이즈미 신조의 가르침에 저촉되는 것은 아닐까.[47]

여기에서 히라야마도 일단은 '궁내청'을 공격 대상으로 삼고 있지만, 말할 것도 없이 이 비판의 대상은 천황과 황후의 언설이다.

히라야마는 아베 정권 측의 천황 이용에 대해서도 비판의 화살을 겨눈다. 그 공격 대상으로 삼았던 것이 앞에서 검토했던 2013년 4월 28일의 '주권 회복·국제사회 복귀를 기념하는 식전'에 천황과 황후의 출석을 요청했던 것, 그리고 행사 후의 '천황 폐하 만세' 삼창 사건이었다. 히라야마는 이 만세삼창이 "자연발생적인 일동의 열창이었다"고 평가하는 고보리 게이이치로에게 반론을 제기하며, 그 만세삼창은 작위적 행위이자 아베 정권의 '폐하 가두리囲い込み'[48]였다고 단언한다.

그러고서 히라야마는 이러한 언동에 대해 그때까지 천황제에 비판적이었던 '리버럴'파가 찬성하는 뜻을 표시하고 거기에 우파가 반론하는 구도가 만들어졌다고 지적한 후, 다음과 같이 그 핵심을 지적한다.

> 천황과 황후의 '말씀'을 어떻게 해석할 것인가. 그 해석의 **정통성 쟁탈전**이 일어나고 있다. '말씀'은 우리 편이라고, 보수파도 '리버럴'파도 목소리를 높인다.[49]

히라야마의 이러한 분석은 아베 정권 시기의 정치와 천황의 긴장 관계를, 어떤 의미에서는 적확하게 포착한 바 있었다.

어찌 되었든, 결국 이러한 대립을 내포한 채, 아베 정권과 천황의 긴장은 '퇴위' 문제로 그 정점에 달했던 것이다.

3.
퇴위 문제를 둘러싼 공방

(1) 아키히토 천황, '퇴위'의 노림수

그 경위를 상세히 검토하기 전에, 우선 천황 아키히토가 퇴위를 통해 **무엇을 노렸는지** 알아보도록 하자. 그 노림수를 이해할 수 없으면, 퇴위 문제를 둘러싼 천황과 정부, 여기에 우파세력도 가담한 공방, 천황의 '투쟁'을 이해할 수 없기 때문이다.

앞에서 거듭거듭 살펴보았듯이, 천황 아키히토에게 **퇴위란 다름 아닌 황위 계승 문제였다.** 아키히토에게 황위 계승의 첫 번째 문제, 즉 황위계승자 부족 문제는 일단 나루히토 다음까지 결정되어 있는 데에 비해, 황위 계승의 두 번째 문제, 즉 '헤이세이류' 상징 제도의 계승이라는 과제는 나루히토 부부의 태도, 아키히토의 고령화로 인해 한층 절박한 문제가 되었다. 이런 의미에서 아키히토의 퇴위 결심은 이 황위 계승의 두 번째 문제에 대한 **비장의 카드**였다.

'헤이세이류'가 '헤이세이류'로 끝나지 않도록

아키히토는 상징 재위 30년 동안 거의 일관되게 지방 행행·행계, 재해피해지 방문, '전적지' 방문 등을 중심으로 하는 '헤이세이류'라 불리는 활동 영역의 확대를 위해 노력했다. 아키히토는 자신의 퇴위를 통해서 그동안 '헤이세이류'로 확대해온 '공무'를 '상징'의 본래적 직무로 **정착·제도화**하고자 했다.

아키히토에게 문제였던 것은 '사사私事'에 대한 황태자 부부의 집착, '공무'를 보완하여 담당하는 황족의 감소, 그리고 무엇보다 아키히토의 고령화 때문에 모처럼 확대한 '공무'가 **축소될 위기**에 봉착했다는 점이었다.

아키히토는 이미 1990년대부터 공무 가중론加重論=부담경감론이 제기될 때마다 반론하고, 거꾸로 한층 공무를 '확대'하기 위해 노력했으나, 고령화와 함께 그 유지가 곤란해졌음을 자각하지 않을 수 없었다. 큰 거부감 없이 '상징으로서의 직무'로 확대해온 '공무'가 향후 자신의 고령화로 인해 부득이하게 점차 축소되고 다음 천황은 그 축소된 공무를 전제로 황위를 계승하는 것이 아니라, 확대된 '공무'를 **그대로** 다음 천황이 이어받기 위해서는 현 시점에 '퇴위'할 수밖에 없다는 것이 아키히토의 노림수였다.

그렇지 않아도 아키히토의 '공무' 확대에 비판적인 우파로부터, 그리고 아키히토의 공무 가중을 걱정하는 선의의 마음에서, '공무는 줄이는 편이 좋다.' '천황에게 공무는 본래 이질적인 것이다'라는 의견이 표명되고 있었다.

그러나 아키히토로서는 그렇게 되면 곤란했다. 아키히토로서는 자신이 이루어온 결과가 '헤이세이류'라 불리는 것은 바람직하지 않았다. 특히 걱정스러운 것은 황태자 나루히토의 '공무' 인식이었다. 그래서, 나루히토는 자신의 '공무'를 국제친선 등을 축으로 생각하고 있는 듯한데, 이는 위험

하니, 내가 건강할 때 '퇴위'—나중에 다시 살펴보듯이, 아키히토가 '양위'
라는 반反헌법적 용어를 고집한 데에는 이 이유도 있었다—해서 황위를 나
루히토에게 물려주면, 나와 황후가 나루히토가 '공무'를 계승하는 모습을
충분히 감시·감독할 수도 있다, 이렇게 생각했던 것이다.

　더군다나 퇴위제도는 결코 자신 대만으로 한정해서는 안 된다. 나루히
토도 '공무'를 유지한 채로 건강할 때 퇴위하고 다음 대에 물려주는 것으
로, 이렇게 해야만 '상징' 제도는 안정적으로 제도로서 이어지게 된다.

　이것이 아키히토가 '퇴위'에 담은 의도였을 것으로 생각된다.

'말씀' 표제에 담긴 노림수

퇴위를 시사하는 2016년 '말씀'의 제목이 **상징으로서의 직무에 대한** 천황
폐하의 말씀'이고, '퇴위'라는 단어가 포함되지 않았던 것은 천황의 의사
로 정치가 움직이는 것을 피하려는 배려도 그렇지만, 아키히토가 '상징으
로서의 직무' 계승을 의도했다는 의미에서도 참으로 정확한 제목이었다.
또한 '말씀'에서 아키히토가 "상징으로서의 직무가 끊어지지 않고 항상 **안
정적으로** 지속되기만을 바랍니다"라고 말한 것이야말로 이 '말씀'의 진의
가 무엇인지 보여준다.

　덧붙여 말하자면, 천황의 퇴위 표명 '말씀'을 받아 아베 내각이 설치한
유식자회의의 정식 명칭이 '천황의 **공무 부담 경감 등**에 관한 유식자회의'
였다는 점은 '말씀'의 제목과 대비된다는 점에서 매우 흥미롭다. 아베가
천황 아키히토의 퇴위에 담긴 의도를 파악한 후 **굳이** '공무 부담 경감 등'
이라는 명칭을 붙였다면, 그것은 아키히토의 생각대로는 하지 않겠다는
도전을 의미하는 것이고, 만약 아베가 **소박하게** 공무 과다로 힘들어하니
그 대책을 마련하겠다는 생각으로 이 명칭을 붙였다면, 천황 아키히토의

진의를 이해하지 못한 무지의 소산이다. 어느 쪽이든, 아키히토로서는 이 유식자회의의 명칭이 상당히 **불쾌**했을 것이다.

'말씀' 발표와 함께 세간에서는 '고령이신데 안쓰럽다'는 목소리가 흘러넘치면서 퇴위 찬성론이 당초 퇴위에 반대하던 우파의 일부도 끌어들여 압도적이었지만, 이러한 접근방식에 아키히토가 **불만**을 품고, 그리고 퇴위의 항구화恒久化를 꺼리는 정부가 특례법, 즉 1대에 한한 조치로 처리하려고 하는 데에 아키히토가 맹렬히 반발하며 퇴위의 **항구**제도화를 꾸준히 요구했던 것도, 헌법론 등과는 전혀 관계없이 이 맥락에서 봐야만 이해할 수 있다.

헌법에서 이륙한 천황

그렇지만 아키히토의 이러한 퇴위 구상과 그 실현을 위한 투쟁을 보면, 30년 전에 아키히토가 '일본국헌법을 지킨다'고 말하며 즉위했던 지점에서 얼마나 멀어졌는지 새삼 실감하게 된다.

자신의 뜻을 실현하기 위해 어쩔 수 없다고 깊이 생각하여 결심했다 하더라도, 퇴위에 소극적인 정부에 반발하며 퇴위는 "놀랄 만한 일이 아니다"[50]라고 지속적으로 되받아치던 태도 등은 그 소소한 사례에 불과하다.

새삼스레 말할 필요도 없이 분명히 전근대에 퇴위는 **보통**이었다. 이것을 가지고 상징제 안래의 '퇴위'를 "놀랄 만한 일이 아니다"라고 하는 것은 전근대에 황위 계승을 위해 측실을 두는 것은 당연했다는 점을 들어 "놀랄 만한 일이 아니다"라고 정당화하는 것과 동일하다. 그런 주장이 통용하지 않으리라는 것 정도는 천황도 당연히 알고 있었겠지만, 그러한 언설을 아무렇지도 않게 입에 올리는 것은 아키히토의 내면에 전통적 천황제가 이미 강고한 규범으로 자리잡고 있기 때문이라 생각된다.

황후 미치코가 이쓰카이치 헌법을 칭찬한 직후, '생전퇴위'라는 용어에 강하게 반발하며 서슴없이 '양위'라고 말한 것도 같은 심성이었다. 전근대에는 '양위'가 당연하니까 '생전퇴위' 같은 용어는 없었지만, 일본국헌법상 '퇴위'는 있을 수 있어도 '양위'는 결코 있을 수 없다.

또한 퇴위, 개원開元 기일을, 국민의 '편리성'—필자 입장에서는, 원호元號 같은 거 쓰지 않으면 되는 이야기이지만—을 고려해서 정부가 제시한 2018년 12월 말일 퇴위, 2019년 1월 1일 즉위 방침에 대해 "연말연시가 천황가의 전통적 제사 등으로 얼마나 바쁜지 모르는가"라며 천황이 강하게 반발하며 그 안을 무산시킨 것도, 언제나 '국민 곁에서'라고 공언했던 천황이 궁중제사를 부동의 전제로 생각하고 '국민'보다 중시하는 기괴한 증좌 중 하나이다.

이 또한 나중에 살펴보겠지만, 저 정도로 정부에 이론을 제기한 천황이 '상황上皇'과 '상황후上皇后'라는, 실로 헌법의 상징제와는 어울리지 않는 명칭에 대해서는 그 어떤 이론異論도 제기하지 않았던 것도 그러한 천황의 심성이라면 '자연스러운' 일이었다.

(2) 퇴위를 둘러싼 공방

아키히토 퇴위를 둘러싼 천황·궁내청과 정부, 퇴위에 반대하는 우파 주류와 퇴위 찬성으로 돌아선 우파, 여기에 천황의 뜻을 헤아려 퇴위에 찬성하고 천황의 뜻을 대변하려는 온건 보수파, '리버럴'파와 미디어도 가세한 **공방**은 제3기 천황제를 상징하는 사건이었다. 그러니 잠시 그 공방의 과정을 되돌아보자.

[공방 제1라운드: 2010년~2016년 8월]

공방 제1라운드는 천황이 '양위' 의향을 표명한 2010년부터 천황이 비디오 메시지를 발표한 2016년 8월까지이다. 이 기간은 퇴위의 구체화를 요구하는 천황·궁내청과 퇴위에 반대하며 어떻게든 그것을 막아보려는 아베 정권 측이 물밑에서 격하게 충돌한 시기이다. 등장인물은 천황 및 황실과 그 뜻을 받드는 궁내청과 아베 정권 측의 관저 간부였다.

천황의 '양위' 의향 표명

천황이 처음 '양위' 의향을 표명한 것은 2010년까지 거슬러 올라간다. 7월 22일 개최된 참여회의参与会議에서 천황은 미치코비, 미타니 다이치로三谷太一郎 등 참여 3명, 궁내청 장관 하케다, 시종장 가와시마 유타카川島裕 앞에서 처음 '양위' 의향을 표명했다.[51]

황후를 포함하여 그 자리에 있던 모두가 퇴위에 반대하는 의견을 내놓았다. 출석자들이 제시한 것은 천황의 부담 경감은 황실전범에 따라 섭정으로 대처해야 한다는 점, 그리고 천황의 의사로 퇴위가 이루어지면 헌법이 금하는 '국정에 관한 권능'의 행사에 해당해서 위헌이 될 가능성이 있다는 점, 더욱이 이처럼 중대한 문제는 정권이 안정되어 있을 때가 아니면 추진할 수가 없는데, 지금은 민주당 정권으로 불안정하므로 적절치 못하다는 점이었다. 그러나 천황은 단호하게 '섭정'에 반대하고 양위를 주장하며 물러서지 않았다.

주목되는 것은, 퇴위라는 말을 들은 참여 등의 측근들은 천황의 **의도**를 파악하지 못하고 퇴위 의향의 원인을 **고령**에 공무가 과다해서 생기는 피로라고 생각했다는 점이다. 그래서 섭정을 세워 공무를 대행하게 하자고 권했고, 이후 궁내청도 공무 경감 조치에 더욱 적극적으로 나섰던 것이다.

그러나 천황이 퇴위를 표명한 이유는 앞에서 확인한 바와 같이 다른 데에 있었다. 천황은 확대된 '상징'을 그대로 다음세대가 계승하길 바랐다. 그래서 공무가 부담 경감을 이유로 축소되거나 '섭정'에 의해 부분적으로만 이어질 가능성을 우려하여 자신이 건강할 때 서둘러 '양위'를 요청했던 것이다. 때문에 천황은 궁내청이 제시하는 부담 경감 조치도 **완고하게** 거부했다.

그 무렵, 황후의 제안으로 천황, 황후와 황태자, 아키시노노미야가 모여 황실 일을 논의하는 자리가 만들어졌다. 그 자리에서도 천황의 퇴위 문제를 놓고 대화가 이어졌으리라 생각된다. 2011년 11월 11일 아키시노노미야의 탄생일 회견에서 아키시노노미야가 다소 당돌하게 천황의 '정년제'를 언급했던 것도, 이러한 천황의 뜻을 고려한 발언이었다.[52]

퇴위 의향이 굳세다고 판단한 궁내청 간부는 극비리에 퇴위를 검토하기 시작했고, 참여회의에서도 퇴위 후의 후계체제와 퇴위 의향 공표 방식 등의 검토가 이루어졌는데, 이때 미타니는 종전 때의 '옥음玉音방송'과 같은 형식밖에 없다고 주장했다.[53] 2015년 4월 24일의 참여회의에서는 대對국민 '말씀' 원안까지 공개되었다.[54]

아베 정권 측의 퇴위 반대 방침과 포진

천황은 퇴위 실현을 재촉했지만, 궁내청은 정권 측의 반대를 경계하여 신중히 시기를 엿보고 있었다. 그러다가 궁내청은 마침내 2015년 초,[55] 수상 관저에 은밀히 천황의 의향을 전달했다. 상대는 관방부장관 스기타 가즈히로杉田和博였다. 관저는 "경천동지의 세계"[56]라며 "맹렬히 반발했다".[57]

퇴위 문제에 대한 정부 측 포진 | 이후 천황의 퇴위 문제에 대처하기 위한 정부 측 진용은 아베를 중심으로, 직접 담당하는 일은 스기타가 맡고,

여기에 관방장관 스가 요시히데, 수석보좌관 이마이 나오야今井尚哉이 합류하여 꾸려졌다. 스기타-스가가 축이 되어, 때때로 이마이와 대립하면서 퇴위 문제를 처리했다. 이를 보면 금방 알 수 있듯이, 이 포진은 제2기 아베 정권의 중요 시책 결정과 관련하여 항상 깔려 있던 포진이었다.

제2차 아베 정권의 정치 결정 방식은 '관저 주도'[58]라 불렸다. 이것은 여당과 각 성청省庁 관료, 그리고 행정부가 존중해온 사법부에 대해서도 관저가 주도적으로 통제하여 정책을 움직이는 방식이었는데, 특히 그러한 관저 통제의 핵심은 관저에 의한 인사결정권이었다. 그 인사권을 손아귀에 쥔 것이 관방장관 스가와 관방부장관 스기타였다. 제2차 아베 정권 체제에서는 각 성청의 간부 인사를 관저가 장악하기 위해 '내각인사국'이 설치되었고, 그 책임자로 스기타가 취임하여 관료에 대한 통제를 강화했다.

집단적 자위권 행사 금지를 비롯하여 아베 정권이 추진한 군사대국화에 대한 제동장치 역할을 수행했던 내각법제국에 대해, 아베 정권은 오랜 관행을 무시하며 법제국 장관 야마모토 쓰네유키山本庸幸를 경질하고 외무성 출신 고마쓰 이치로小松一郎를 장관 자리에 앉힘으로써 집단적 자위권 행사 금지 등에 관한 정부해석 개변改變의 돌파구로 삼았는데, 아베의 지시 아래 그것을 주도한 것이 스기타였다.[59] 스가도 말을 듣지 않는 관료를 몇 번이고 경질하면서 '공포 지배'를 펼쳤다.[60]

스가-스기타 라인은 아베 정권의 사북이라 할 '관저 주도'를 위기관리와 인사 측면에서 좌지우지했다. 도쿄고검 검사장이었던 구로카와 히로무黑川弘務의 정년을 연장하고 최고재판소 인사와 고등재판소장관 인사에서도 오랜 관례를 깨고 복수추천을 들고나온 것도 스가-스기타였다.[61] 또한 스가 정권이 들어서고 나서 부상한 일본학술회의 인사 개입도 스가-스기타에 의해 이루어진 것이었다. 스가-스기타 라인이 퇴위 문제를 담당했던 것은 아베가 천황·황실 문제를 얼마나, 그리고 어떤 의미로 중시하고 있었는지를 보여준다.

아베 정권의 퇴위 반대 | 퇴위 문제에 대한 정부 측 방침은 퇴위 반대, 퇴위 저지였다. 아베 정권이 퇴위에 반대한 이유는 다음과 같다.

첫째, 퇴위를 제도로 인정하는 것은 천황제 그 자체의 안정을 훼손하고, 황위의 안정된 계승을 위기에 빠뜨린다는 것이다. 천황제의 안정을 위협하는 사태란, 구체적으로 몇 가지가 상정된다.

우선 천황이 퇴위하고 '상황'이 되면, 새 천황과 상황의 '이중 권위'가 될 위험이 있다.

그리고 천황의 퇴위를 인정하면, 그때그때의 정치세력이 자신의 상황에 맞지 않는 천황을 강제로 퇴위시켜 배제하는 수단이 되거나, 거꾸로 천황이 자신의 정치적 의사를 관철하기 위해 퇴위를 이용할 우려가 생긴다.

나아가 각 정치세력이 각각의 천황과 계승자를 내세우며 '천황의 깃발'을 쟁탈한다.

마지막으로 천황의 퇴위를 인정하면, 거꾸로 황위계승자의 '즉위' 거부를 인정하지 않을 수 없으므로, 그렇지 않아도 황위계승자가 적어지는 위기의 시기에, 계승자가 없어질 위험도 생긴다.

이와 같이 퇴위를 인정하여 천황제가 불안정해지는 것을 막기 위해서 옛 황실전범은 천황의 종신재위제를 취하여 퇴위를 인정하지 않았고, 지금의 황실전범도 그 제도를 계승했기 때문에,[62] 황위의 계승은 다른 해석의 여지 없이 명확해서, 정치적 판단에 좌우되지 않고 천황제가 안정되었다는 것이다.

이 논의는 확실히, 천황이 '통치권 총람자'로서 모든 정치권력을 장악했던 메이지헌법 체제에서는 타당했지만, '상징'이 되어 정치권력을 상실한 현행 헌법 체제에서는 어느 정도 타당할지 의문이었다. 그러나 '상징'이 군주가 지닌 권위적 기능을 갖게 되면 이런 사태가 벌어질 수도 있다.

둘째, 퇴위제도를 만들기 위해 황실전범 개정을 제기하면, 아베와 우파가 꺼리는 여성, 여계 천황 문제가 분출하여 걷잡을 수 없게 될 위험이 있다는 이유였다. 이것은 퇴위 자체에 대한 반대라기보다 퇴위를 위한 황실전범 개정에 대한 위구에 기초한 것이었다.

셋째, 아베 정권 고유의 문제이긴 하지만, 지금 퇴위 문제가 나오면 국민적 논의를 불러일으켜 아베 정권이 추진하려고 하는 다른 중요한 정치 문제의 수행이 늦어질 수 있다는 우려였다. 특히 정부가 궁내청의 타진을 받은 2015년 초라는 시점은 앞에서 서술한 바와 같이 아베가 정권의 운명을 걸고 안보법제라는 승부수를 던졌던 때였다. 그리고 이후에는 참의원 선거가 기다리고 있었고, 또 아베는 비원의 명문개헌도 이루고 싶었다. 이것을 퇴위 문제로 방해받고 싶지 않았던 것이다.

때문에 정부는 궁내청에 퇴위가 아니라 섭정으로 대응하라고 강력히 요구했던 것이다.

퇴위 압력이 강해지고

그러나 천황·황실 측의 퇴위 요구가 더욱 거세지는 사태가 발생했다. 그때까지도, 천황이 확대시킨 공무를 수행하는 데에 건강상의 장애가 계속해서 나타나고는 있었다. 하지만 천황 아키히토는 공무 경감책을 완강하게 거부하며 공무 수행에 전념해왔는데, 앞에서 살펴봤듯이 2015년 8월 15일의 '전국 전몰자 추도식'에서 천황이 식순을 착각하는 사건이 벌어졌던 것이다.

이 '실패'를 깊이 고민한 천황은 점점 더 '양위'를 서두르기 시작했다.

이러한 천황의 생각을 받든 궁내청은 2015년의 천황 탄생일 회견에서 천황이 퇴위 의사를 표명하는 방안을 정부에 전달했다.[63] 다급해진 정부는 궁내청에 천황의 부담을 덜 대책을 마련하겠다고 약속하며 간신히 그해 12월의 천황 탄생일의 퇴위 표명을 일단 중지시켰다.

이러한 황실 측 움직임에 떠밀린 정부는 내각 관방에 '황실전범 개정 준비실'을 설치하여 이 문제를 본격적으로 다루기 시작했다. 그렇다고는 해도 물론, 정부는 '퇴위'를 인정할 생각이 없었다. '황실전범 개정 준비실'이 2016년 3월에 작성한 것으로 알려진 「천황 폐하의 부담 경감책에 대하여」라는 문서에서는 세 가지 방책이 제시되었다. '퇴위제도 도입' '섭정 요건 완화' '국사 행위의 대폭 위임'이 그것인데, 정부의 본심은 그중 '섭정 요건 완화'에 있었고, 이 문서는 그저 '궁내청이 퇴위를 단념하도록 만들기 위한 자료'[64]에 불과했다.

여기에서도 주목해야 할 것은, 정부가 이 시점에서도 퇴위의 배경에 천황 아키히토의 강한 의사가 있다는 점, 그것은 결코 '부담 경감'류의 문제가 아님을 이해하지 못했다는 점이다. 그 때문에 정부는 천황에게 강렬한 반격을 당하게 되었다.

천황의 공세―NHK의 '특종'

궁내청에 맡겨두어서는 일이 진척되지 않겠다고 판단한 천황이 던진 승부수가 NHK의 특종 보도였다. 2016년 7월 13일 NHK가 특종으로 천황의 퇴위 의향을 보도한 것이다. 천황의 뜻을 받든 측근 궁내청 직원이 흘린 정보였다.

7월 13일은 의도적으로 계산된 듯한 날짜였다. 2016년은 참의원 의원 선거가 있는 해였다. 선거는 사흘 전인 7월 10일에 치러졌고, 11일에는 온통 그것이 화제였다. 아베에게 이 선거는 너무도 중요한 의미가 있었다. 하나는 전년도인 2015년에 안보법제를 강행 채결한 이후 처음 치러지는 심판의 선거라는 점이었다. 또 하나는 만약 이 선거에서 자민당이 약진한다면 자민당-공명당이 대승을 거둔 2013년 참의원 의원 선거 결과와 합쳐* 참의원에서도 개헌 세력이 2/3를 돌파하게 되고, 그러면 이미 2/3를 넘은 중의원과 함께 양원 모두 개헌 세력이 2/3를 돌파하여, 아베가 염원하는 개헌의 발의 요건을 충족하게 되기 때문이었다.

이에 맞서는 야당에게도 이 참의원 의원 선거는 특별한 의미를 지니고 있었다. 안보법제에 반대하며 야당은 55년 만에 공동투쟁을 이루어냈고, 안보법제 강행 채결 후에는 그 공동투쟁을 '안보법제 폐지'를 목표로 발전시키고 그 실현을 위해 2015년 가을 '시민연대'를 조직하여 야당의 공동투쟁 강화를 향한 활동을 시작했다. 야당은 아베가 노리는 개헌에 반대하는 데에도 일치하여 개헌 세력 2/3 실현을 저지하기 위해 2016년 참의원 의원 선거에서 전후 처음으로 민진당, 공산당, 사민당 등 야당의 선거협력을 실현하여 32곳의 1인구 一人区**에 통일후보를 내세웠다.

그 결과, 야당이 32곳의 1인구 중 11곳의 선거구에서 승리하며 선전했지만, 자민당-공명당이 전진하며 참의원 개헌 세력 2/3 돌파를 실현했다. 아베가 마침내 그토록 바라던 개헌 실현을 향한 절호의 기회가 왔다며 의기양양하던 바로 그때, NHK 보도가 있었던 것이다. 아베는 갑자기 찬물

---

* 참의원은 3년마다, 임기가 6년인 의원 정수의 반을 새로 뽑는다. 2000년의 공직선거법 개정으로 정수는 242인(선거구선출의원 96인, 비례대표선출의원 146인)이 되었다가, 2018년의 개정으로 248인(선거구선출의원 100인, 비례대표선출의원 148인)으로 바뀌었다.

** 222쪽 각주 참조.

을 뒤집어쓴 꼴이었다. 만약 퇴위와 황실전범 개정 같은 사태가 벌어진다면, 도저히 개헌 같은 걸 추진할 여유가 없어지기 때문이다.

NHK로서도 당연히 참의원 의원 선거 직후의 이 시점밖에 없다는 판단에 근거한 보도였음에 틀림없지만, 아베로서는 '왜 굳이 이 시점에'라는 생각에 분노가 치밀어오르는 순간이었다.

"관저는 완전히 따돌려졌다."[65] 마른 하늘에 날벼락을 맞은 관방장관 스가도 미친 듯이 격노했다. 스기타는 "NHK가 누구와 어떻게 결탁하고 있는지, 바로 알 수 있다"[66]고 으름장을 놓으며 '범인' 찾기에 나섰지만, 아베 정권의 특기인 '관저의 통제'가 먹히지 않는 곳에서 사태가 발생했다는 점은 분명했다.

궁내청 간부도 알지 못했다. 정부도 궁내청 간부도 천황이 따돌렸던 것이다. 보도에 대해 궁내청 차장 야마모토 신이치로山本信一郎는 "사실무근"이라고 답변했지만, 천황은 "사실무근? 무근은 아니지요"[67]라고 말했다고 한다. 8월 8일의 천황 메시지와 함께, 천황 아키히토는 **확신범**이었다.

공방 제2탄―'말씀'과 정부의 굴복

이어서 8월 8일, 천황은 진작부터 예정했던 대로 퇴위 결심을 비디오 메시지의 '말씀'으로 표명했다.

'말씀'이 알려지자마자 여론조사에서는 퇴위 찬성이 압도적 다수를 차지했다.

이미 형성되어 있었던, 아키히토파라고나 불러야 할 사람들이 천황의 이 메시지를 '헤이세이의 옥음방송'[68]이라고까지 치켜세웠다.

하지만 참고로, 천황의 이 '말씀'을 '헤이세이의 옥음방송'이라 예찬하는 것은 이중삼중으로 역사를 오독하는 것이었다.

첫째, 1945년 8월 15일에 쇼와 천황이 했던 '옥음방송'은 전날 일본이 포츠담선언을 수락한 것을 받아, 일본 국민에게 항복과 패전이라는 사실事實을 전하고 그때까지 천황의 이름으로 계속해온 전쟁의 종료를 알린 것으로, 정치의 모든 권력을 쥐고 전쟁을 지도·수행해온 '통치권 총람자'인 천황의 필수적인 행정적 행위였다. 이것은 정녕 모든 정치권력을 담지한 자가 아니고는 할 수 없는 행위였다. 만약 천황의 '말씀'이 그런 정치권력자가 국민에게 내놓은 메시지라고 한다면, 그것은 일본국헌법을 정면에서 유린하는 행위를 획책한 게 되는데, 실제로는 '말씀'이 정치적 영향력 행사를 노렸다는 위헌적 요소를 지녔다고는 해도 그렇게까지는 아니었다.

둘째, 논자가 '말씀'을 '옥음방송'이라 부른 것은, 8월 15일의 옥음방송이 전쟁을 끝내는 것에 반대하는 군부에 **맞서서** 천황이 생명의 위험을 돌아보지 않고 평화를 위해 국민에게 직접 호소한 영단이었다고 보는 시각에 서 있다. 거기에, 퇴위에 반대하는 아베의 방해에 맞서서 직접 국민에게 호소한 아키히토를 겹쳐놓고 있다. 그러나 이러한 '옥음방송', 즉 쇼와 천황 평가는 역사적 사실을 왜곡하고 있다.

상세한 설명은 생략하지만, 이미 언급한 바와 같이 쇼와 천황은 대미 전쟁의 패색이 짙어진 뒤에도 측근과 중신들의 진언을 거부하고 1945년 6월 23일 오키나와 전투가 종료될 때까지는 "일전一戰 승리하여 강화를"이라는 바람을 가지고 군부와 한몸이 되어 전쟁을 계속하는 데에 매진했다. 천황이 중신들과 함께 강화, 그리고 포츠담선언 수락으로 기울어 군부와 '대립'하게 된 것은 전쟁의 말기에서도 말기, 즉 히로시마 원폭 투하, 소련의 침공, 나가사키 원폭 투하 이후에 이르러서였다. 천황의 '옥음방송'으로 일본에 평화가 도래했다 따위의 이야기는 신화에 불과하다.

셋째, 그렇다고는 해도 쇼와 천황의 '옥음방송'은 일본의 패전·점령·전후개혁이라는, 틀림없는 역사의 **전환점**에 즈음해서 벌어진 사건이지만, 아키히토의 '말씀'은 뭔가 역사의 어떤 전환을 불러온 획기도 또 역사의 전환점에 즈음해서 벌인 사건도 아니라는 점이다.

그러나, 어쨌든, 이 '말씀'을 계기로 천황 퇴위를 인정해주자는 여론이 높아진 것은 분명했다.

이러한 여론의 움직임을 보고 관저는 동요했다. 스가, 스기타 등은 '퇴위'에 여전히 부정적이었지만, 이마이와 재무상 아소 다로麻生太郎는 용인론으로 돌아서면서 의견이 나뉘었다. 이리하여 아베는 고심 끝에 퇴위 용인이라는 결단을 내릴 수밖에 없었다.

격노한 스가-스기타는 특유의 인사人事로 보복에 나섰다. 정부는 가자오카 장관을 경질하고 차장 야마모토를 장관에 앉힘과 동시에 관저 관료였던 내각위기관리감 니시무라 야스히코西村泰彦를 궁내청 차장에 임명하여 궁내청·황실 관리에 나섰지만,69 이미 소 잃고 외양간 고치기였다.

NHK 특종 단계에서는 강하게 반발했던 모모치 아키라百地章 등 우파의 일본회의 계열 이데올로그도 이 천황의 '말씀'을 들은 후에는, 아베 정권의 입장도 고려하여, 퇴위 용인으로 기울었던 것이다.70 일단, 사태는 아키히토가 생각한 대로 전개되었다. **초전**初戰은 아키히토의 **완승**이었다.

천황은 왜 일을 벌였을까

그러면, 천황 아키히토는 왜, 천황 스스로 퇴위를 요청하는 것이 헌법에서 금하는 '국정'에 대한 영향력 행사가 된다는 점을 충분히 알고 있으면서도, 굳이 거기로 발을 들여놓았을까.

첫 번째 이유는 아베 정권에 대해 점점 커져왔던 불신감이었다. 아베는 다른 수상과 달리, 천황·황실에 대해 강고한 우파적 신념을 가지고 있었고, 우파의 영향력도 컸다. 게다가 그런 만큼, 다른 수상과 달리, 퇴위에 대해서는 강고한 반대론자였다. 설령 궁내청→정부를 통해 내밀하게 처리하려고 하더라도, 아베 정권에 의해 거부될 것이다. 그렇다면, 주장을 공공연하게 내놓아 반대론을 봉쇄해버릴 수밖에 없다는 위기감이 높아졌을 것으로 생각된다.

두 번째는 그러한 행동도 포함해서, 이제 천황의 내부에서는 이미 자신이 '만든' '상징' 계승에 대한 의지가 헌법을 옆으로 밀쳐내고 있었다는 점이다.

[공방 제2라운드: 2016년 8월~2017년 5월]

이리하여 공방은 제2라운드에 돌입했다. 제2라운드에서 정부와 천황의 공방은 퇴위를 어디까지나 아키히토로 한정하는 특례적 조치에 머물도록 할지, 아니면 황실전범 개정을 통해 항구적인 제도로 만들지의 싸움으로 번졌다.

앞에서 살펴본 바와 같이, 천황 아키히토의 목적은 단순히 자신이 퇴위하는 것만으로는 달성할 수 없었다. 그 뒤의 천황도 확대된 '공무'를 수행할 수 있는 단계에서 퇴위할 수 있도록 항구적인 제도화를 이루어냄으로써 비로소 확대 상징천황제도의 계승을 도모할 수 있기 때문이다.

이에 대해 어쩔 수 없이 '퇴위'를 인정할 수밖에 없게 된 아베 정권 측은 '퇴위'를 황실전범 개정을 통한 항구적 제도화가 아닌 아키히토 1대에 한정된 특례조치로 처리함으로써 '피해'를 최소화하려고 했다.

동시에 이 제2라운드가 시작되자, 이 싸움에 우파가 끼어들었다. 그 주류는 '말씀' 후에도 퇴위 자체에 반대 논진을 펼치며 정부에 압력을 행사했지만, 우파 일부에서는 고이즈미 유식자회의, 그리고 노다 유식자 의견청취 당시 이상으로 퇴위를 인정하는 입장으로 돌아선 이들이 등장했다.

우파의 공격과 맞서듯, 제2라운드에서는 온건 보수파와 '리버럴'파에서도 아키히토 천황을 옹호하는 언설이 다수 등장하면서 미디어를 석권했다.

이리하여 제2라운드에서는 '헤이세이'의 천황을 둘러싼 모든 세력이 등장하여 공방을 거듭하게 되었다.

황실전범 개정인가, 특례법인가—아베 유식자회의를 둘러싼 공방

의표를 찔린 아베 정권은 '퇴위'를 인정할 수밖에 없었지만, 곧바로 반격에 나섰다. 2016년 9월 특례법과 관련해서 자신의 논리를 펴고 있었던 미쿠리야 다카시御厨貴를 사실상 대표로 앉힌 '천황의 공무 부담 경감 등에 관한 유식자회의'이하, 아베 유식자회의를 설치한 것이다.

왜 특례 퇴위인가? | 퇴위를 인정하지 않을 수 없었던 정부가 친 방어선은 퇴위를 어디까지나 아키히토에 한정하는 특례로 하는 것, 퇴위를 특례법으로 실현하고 어디까지나 황실전범은 건드리지 않도록 하는 것이었다.

정부가 황실전범 저지에 집착한 이유는 크게 두 가지이다. 하나는 앞에서 언급했던 '퇴위' 반대 이유이기도 했지만, 황실전범으로 '퇴위'를 영구적으로 제도화하면 자의적 퇴위나 퇴위의 강제 또는 즉위 거부 등이 발생하여 메이지의 황실전범으로 확립된 천황 제도의 불안정화를 초래할 우려가 있기 때문이다.

또 하나는, 이것도 앞에서 검토한 정부의 퇴위론 반대 이유였지만, 한번 황실전범에 손을 대면 그동안 무시해온 여성 천황론, 여계 천황론, 여성 미야케 창설론 등이 분출하여 매스미디어와 야당의 목소리를 억누를 수 없게 되는 상황을 우려했기 때문이다.

유식자회의의 두 가지 임무 │ 아베 정권은 이러한 난처한 상황을 타개하고 반전 공세로 이끄는 역할을 유식자회의에 기대했다. 그렇다면 왜 유식자회의였을까? 정부는 회의에 두 가지 임무를 요구했다. 하나는 아베가 신경 쓰고 있던 우파의 반대파를 유식자회의의 의견청취자로 불러서 그들의 불만을 누그러뜨리는 것이었다. 이 목적을 실현하기 위해 유식자회의가 의견청취자로 초빙한 전문가의 구성은, 미쿠리야마저 "우파 과잉 대표"[71]라고 말할 정도였다.

두 번째 임무는 유식자회의에서 특례법 퇴위라는 좁은 길을 사실상 확정하는 것이었다. 이런 의미에서 11월 7일, 14일, 30일, 3일에 걸쳐 실시된 16인의 의견 청취야말로 회의의 고비였다. 여기에서는 우파가 단순히 불만을 누그러뜨리는 것에 그치지 않고 특례 퇴위로 결론짓는 데에 중요한 역할도 하길 바랐다. 황실전범 개정에 의한 퇴위론과 퇴위반대론의 목소리가 커지면 커질수록, 그 중간을 취해 특례법으로 퇴위하는 수밖에 없게 되길 바랐던 것이다.

이 의견청취에서는 우파를 중심으로 16인 중 7인이 퇴위 반대를 주장했다. 또한 보류 1인을 제외하고, 퇴위 찬성 8인 중 6인이 특례법을 용인했다. 아키히토의 입장을 대변한 것은 호사카 마사야스保阪正康와 이와이 가쓰미岩井克己 2인이었는데, 이중 호사카도 황실전범 개정을 전제로 한 특례법이라는 입장[72]을 취했다(실제의 특례법은 호사카의 의견에 가까운 형태로 실현되었다). 거의 정부의 두 가지 목표에 부합하는 방향으로 전개되는 듯 보였다.

천황의 반격과 굳히기

정부의 연이은 행보에 천황은 재빨리 반격했다.

아키히토의 뜻을 받은 것인지 그 시사를 헤아린 것인지, 의견청취가 끝난 직후 '학우學友'라 칭하는 아카시 모토쓰구明石元紹가 '폐하의 의향'이라 며 ① "도중에 황위 계승이 이루어진 사례는 얼마든지 있다. 생전에 양위 해도 놀랄 만한 일이 아니다," ② "나라를 위해 제도가 있는 이상, 합리적 이고 언제까지나 변하지 않는 형식이 되지 않으면 의미가 없다"라는 말을 소개한 것이다.[73] 두말할 필요 없이 ①은 퇴위반대론에 대한 반박, ②는 특 례법에 의한 퇴위가 아니라 황실전범 개정에 의한 퇴위의 제도화라는 주 장이었다.

천황에 의한 강력한 정치적 영향력 행사였다. 유식자회의의 의견청취에 대해 보고를 받은 천황이 우파의 퇴위반대론에 충격과 노여움을 가지고, 또한 '특례법으로'라는 논의에 정부의 생각이 담겨 있음을 간파하고 반격 에 나선 것이다.

이후에도 천황 아키히토는 정부의 움직임을 견제하기 위해 유식자회의 를 사실상 주도했던 미쿠리야에게까지 접근했다. 천황의 **'대리인'**이라는 인물이 극비리에 황실전범 개정론으로 가도록 압력을 가했던 것이다. '대 리인'은 관저에 대한 불신과 유식자회의가 정부에 의해 좌지우지되고 있 는 게 아니냐는 불신을 드러내고, '폐하'가 "일대一代로 한정되는 특례법이 되면 나 혼자만의 **이기적인 행동으로 여겨질 수 있다.** 황실전범을 개정하여 안정된 제도로 만들지 않으면 안 된다"[74]고 말했다고 호소했다.

이 '이기적인 행동으로 여겨질 수 있다'는 말은 이후에도 천황 자신의 입으로 몇 번이고 말했다고 보도되었는데, 이 말의 진의는 '퇴위는 상징제 도 유지를 위해 불가결한 제도이지, 내 퇴위가 고령으로 힘들어서라든가 하는 사적인 차원에서 말하는 게 아니다'라는, 퇴위에 대한 아키히토의 목 적을 단적으로 보여준다.

그러나 이번에는 정부가 특례 퇴위 방향으로 매진했다. 퇴위의 제도화를 요구하는 목소리에 대해 미쿠리야는, 일단 특례법으로 퇴위가 실현되고 나면 그것이 "자동적으로 선례화된다"며 거듭해서[75] 방어전을 펼쳤다.

국회의 등장

그러나 해가 바뀌자 정부와 천황 측의 공방에 새로운 세력이 등장했다. 국회였다. 특례법으로 퇴위를 마무리지으려는 정부를 국회가 가로막고 나선 것이다.

오시마 다다모리의 이론異論ㅣ 아베 유식자회의가 특례법 퇴위 방향으로 내달리려는 것에 중의원 의장 오시마 다다모리大島理森가 이견을 제시하고, 이를 계기로 국회가 움직이기 시작했다.[76]

오시마가 유식자회의의 독주에 제동을 건 이유는 두 가지이다.

하나는 헌법상의 천황의 지위에 기초한 원칙론이었다. 천황은 헌법 제1조에 '국민통합의 상징'으로 규정되어 있고, 그 '지위는 국민의 총의에 근거한다'고 되어 있다. 그렇다면 천황의 지위 변경과 관련된 문제는 '국민의 총의'로 결정하지 않으면 안 되는데, '국민의 총의'는 정부가 단독으로 결정할 수 없고, 더군다나 유식자회의는 두말할 필요도 없다. '국민의 총의'는 당연히 국민의 대표가 모인 국회에서 형성되어야만 한다. 이 주장은 실로 옳은 주장이었다. '국민의 총의'란 헌법상, 국민의 다양한 의견을 대표하는 국회의 논의를 거쳐 형성되어야만 하기 때문이다.

또 하나는 더 현실적인 이유였다. 만약 정부-유식자회의가 독주하면 "천황의 퇴위는 황실전범 개정으로"라고 주장하는 민진당을 비롯한 야당들의 태도가 경직되고, 그 결과 본래 정국을 떠나 초당파적 차원에서 합의를 이끌어내야 할 천황 제도의 변경이 여야 대결의 쟁점이 될 위험이 있다는 우려였다. 특히 오시마가 신경 쓴 것은 제1야당 민진당이 전 총리 노다 요시히코 주도하에 천황의 의사를 헤아려 황실전범 개정에 의한 '퇴위'를 강경하게 주장하고 있었다는 사실이다. 이제야 노다는 천황의 뜻을 무시하는 아베 대신에 자신이야말로 '폐하'의 뜻을 받들어서 황실전범 개정을 실현할 책무를 지고 있다는 의욕이 넘쳤다. 실로 앞에서 히라야마 슈키치가 우려했던 "'천황의 깃발' 쟁탈전"[77]이 시작된 것이다.

국회에서의 초당파 논의 | 오시마는 정부에 요청하여 유식자회의의 독주를 저지하고, 국회 심의에 속도를 내는 방법을 취했다.[78] 중의원과 참의원의 정부正剛 의장 4명이 모여 이 문제에 대해 각 당·회파(会派: 교섭단체-옮긴이)의 의견을 청취하는 방침을 결정하고, 1월 19일 여야당 10회파가 모인 '천황 퇴위 등에 대한 입법부 대응에 관한 전체회의'가 개최되었다.

민진당을 비롯한 야당들은 황실전범 개정으로 퇴위를 실행해야 한다는 의견을 가지고 있었기 때문에, 자민당은 황실전범 부칙 개정→특례법이라는 형태를 제안함으로써 여야당 합의 성립을 도모했다.

자민당의 책임자 다카무라 마사히코高村正彦가 아키히토에 한정하는 것을 고집하는 아베를 직접 설득해서, 황실전범 부칙 개정을 통해 나중에 선례가 될 수 있는 형태로 합의가 이루어졌다.[79]

부대결의 문제 | 황실전범 개정 논의가 마무리되고 특례법안이 국회에 제출되자, 여당과 야당 사이에 또 하나의 현안이 등장했다. 그것은 부대결의附帶決議의 문제, 즉 여성 미야케 문제를 논의한다는 약속을 특례법 개정의 부대결의로 넣을지 여부의 문제였다. 말할 것도 없이, 황위 계승 안정화를 위한 여성 미야케 창출은 천황의 의향을 받아안은 노다 정권이 시도하고 아베 정권이 폐기해버린 과제였기 때문에 노다-민진당으로서는 양보할 수 없는 사안이었다. 하지만 거꾸로 아베 정권으로서도 절대로 받아들일 수 없는 사안이었다.

이 점에서는 "안정적인 황위 계승을 확보하기 위한 여성 미야케 창설 등"의 검토를 정부에 요청하고, 정부가 검토 결과를 보고하는 시기도 "부대결의에 집어넣는 것 등을 포함하여 합의를 도출한다"[80]는 선에서 합의가 이루어졌다.

이러한 합의를 거쳐, 3월 17일 여당과 야당은 '논의 정리'에 합의했다.

퇴위라는 천황 제도의 존재 방식과 관련해서 **국회**가 이러한 형태로 관여한 것은 이번 퇴위-황위 계승을 통해 얻은 몇 안 되는 성과였다.

특례법 성립과 아키히토의 불만

2017년 5월 19일 정부는 황실전범 개정과 특례법안을 각의결정하고 국회에 제출했고, 6월 9일 참의원에서 가결 성립했다.

천황은 이 특례법에 강한 불만을 표시했고, 이것이 아키히토파 기자를 통해 매스미디어에도 '폐하의 의향'으로 보도되었다. 이번에는 NHK가 아니라 『마이니치 신문』이었다.

특례법이 국회에 제출된 직후인 5월 21일, 기다렸다는 듯이 『마이니치 신문』 1면 머리기사로 "폐하 정부에 불만"이라는 큼지막한 제목이 붙어 실렸다.

기사에 따르면, 천황은 유식자회의의 의견청취에서 "천황은 기도만 하면 된다"고 발언한 우파에 대해 "충격을 받았다"며 강한 불만을 토로한 후, 일대一代로 한정되는 퇴위에 대해서도 "자신의 의지가 왜곡되리라고는 **생각지도 못했다**"고 노여움을 표하며 다시 한번 제도화를 요구했다.[81] 기사의 리드문은 다음과 같이 우파의 발언에 대한 강한 불만으로 시작한다.

천황 폐하의 퇴위를 둘러싼 정부의 유식자회의에서 작년 11월의 의견청취 당시, 보수계의 전문가로부터 "천황은 기도만 하면 된다"는 등의 의견이 나온 것에 폐하가 "의견청취에서 비판받은 것이 충격이었다"며 강한 불만을 토로했다는 것이 확인되었다.

　이어서 "폐하께서는 답답한 심정이셨다. 폐하가 그동안 해오신 활동을 모르는가"라는 궁내청 관계자의 말을 인용한다. 의견청취 자리에서 이렇게 천황을 비판한 것은 전문가 16인 중 히라카와 스케히로平川祐弘, 와타나베 쇼이치渡部昇一 등 우파의 일부 논객이었다. 천황이 이 발언에 강하게 반발한 이유는 실제로 이러한 우파의 주장이야말로 천황 아키히토가 재위 중에 집념을 가지고 해온 '상징'으로서의 활동을 **우측에서 정면으로 부정**하고 있었기 때문이다.

　이어지는 3면의 기사도 포함해서, 전체의 기조는 이러한 우파의 천황론에 대한 비판이 세세한 부분까지 이루어지고 있지만, 실은 기사의 주된 표적은 **거기에는 없었다.** 천황이 일부러 『마이니치 신문』을 통해 호소한 공격의 화살은, 이 기사의 제목이 보여주듯이, 특례법으로 처리한 정부를 향하고 있었다. 이것은 격렬한 정부 비판이자 국회 심의에 영향을 끼치려는 의도였다. 이쯤되면 헌법 따위는 어찌 되었든 상관없어진다. 이미 이틀 전 국회 각 당파의 협의와 합의를 토대로 특례법이 국회에 제출된 후, **굳이** 『마이니치 신문』을 통해 기사를 낸 것에서 천황의 노여움이 얼마나 컸는지 알 수 있다.

　폐하는 유식자회의의 논의가 일대一代로 한정하여 퇴위를 실현하는 방향으로 진행되는 것에 "일대 한정으로는 내 이기적인 행동으로 여겨지므로 바람직하지 않다. 제도화하지 않으면 안 된다"고 말씀하시며 제도화를 실현하도록 촉구했다. "자신의 의지가 왜곡되리라고는 생각도 하지 못했다" 라고도 말하며 정부 방침에 불만을 드러냈다고 한다.[82]

천황으로서는 자신이 확대·확립한 '상징'이 확실히 계승되는 '퇴위'의 제도화가 이루어지지 못한 것이 몹시 가슴 아픈 일이었으리라 생각된다.

이후에도 천황은 퇴위 일정을 둘러싸고 정부에 강하게 반발하는 등 '통치권 총람자'처럼 행동했지만, 아베 정권은 어떻게든 특례법으로 마무리 지음으로써 퇴위를 특례로 규정했고, 황실전범 개정에 수반되는 여성·여계 천황론을 억누르고 사태를 수습했다.

제2라운드에는 이리하여 정부가 최소한의 목표를 달성했다. '피해'를 최소한으로 막은 것이다.

[공방의 제3라운드: 2017년 6월~]

2017년 6월 9일, 참의원 본회의에서 특례법안은 전원 일치로 가결 성립되었다. 퇴위를 둘러싼 공방은 제3라운드에 돌입했다. 이미 주요 문제는 결착을 보았고, 퇴위·개원改元·황위 계승 의식을 둘러싸고는 쇼와 천황의 서거와 황위 계승 때와 같은 강한 비판도 없었기 때문에, 제3라운드에서는 대규모의 대립은 나타나지 않았다.

제3라운드는 퇴위와 개원 일자를 둘러싼 정부 측과 천황 측의 대립으로 시작했다. 이것은 제2라운드의 연장전이었다.

그러나 이것이 마무리되자, 공방은 정부와 우파의 공방, 즉 원호의 사전 발표를 둘러싼 공방으로 옮겨갔다. 여기에서 그동안 후퇴에 후퇴를 거듭해온 우파가 마지막 일전을 시도했지만, 정부 측이 방침을 관철했다.

퇴위와 즉위일을 둘러싼 공방

앞에서 잠깐 언급했듯이, 애초에 정부는 퇴위와 개원 일자를 국민 생활의 편의를 고려하여 2018년 12월 말 퇴위, 2019년 1월 1일 개원이라는 일정으로 잡았지만, 황실 측이 새해 첫날에는 황실 행사가 많고 또 연말에서 연시에 걸친 황실 행사도 거를 수 없다는 이유로 반대했다. 그래서 정부는 퇴위일과 개원을 분리해서 2018년 12월 중 퇴위, 2019년 1월 1일 개원이라는 방안을 굳혔지만, 이에 대해서도 천황이 이론을 제기했다.『아사히신문』이 "폐하 퇴위는 2018년 12월 중, 개원은 2019년 1월 1일 정부 검토"라고 보도한 2018년 4월 12일, 천황이 반론한 것이다.

> 폐하는 12월 퇴위, 즉위를 바라지 않는다. 10월부터 1월 사이의 황위 계승은 곤란하다.[83]

10월부터는 니이나메사이新嘗祭, 새해 첫날의 시호하이四方拜* 등 황실의 제사가 이어지는데, 이것을 새 천황이 치르기는 어렵고, 더군다나 2019년 1월 7일에는 쇼와 천황 서거 30년의 시키넨사이式年祭**가 예정되어 있는데, 이것은 천황 아키히토가 자신의 손으로 치르고 싶다는 것이다. 자신의 강력한 의지인 황실전범 개정에 의한 퇴위를 부정당하면서 정부에 대한 불신이 더욱 강해진 천황의 반항이었다. 여기에서는, '황실 제사' 앞에서 '국민'은 이미 사라져버렸다는 점이 주목되었다. 그 점에서는 천황이 미워

---

* 새해 첫날 이른 아침에 거행되는 궁중행사로, 천황이 사방의 신에게 국태민안과 풍년을 기원하는 의식이다.

** 역대 천황과 황후가 죽은 지 3년·5년·10년·20년·30년·40년·50년 및 이후 100년마다에 해당하는 해에 지내는 제사이다.

하는 우파의 천황론과 같았다.

이러한 '반론'을 제기받은 정부는 애초 "또야?"라는 기분으로 "반발? 맘대로 하세요"라며 무시하는 분위기였지만,[84] 결국 2018년 말 퇴위라는 입장을 포기했다. 이미 퇴위 특례를 둘러싸고 정부와 천황의 대립은 서로 어찌할 수 없는 지경에 빠져 있었기 때문에, 정부가 양보할 수 있는 것은 양보하자는 자세를 취했기 때문이다.[85]

퇴위·개원일은 그후로도 2019년 3월 말과 4월 말 등 옥신각신한 끝에 결국 2019년 4월 말로 결정되었다.

원호의 사전 공표를 둘러싼 공방

퇴위와 개원일이 결정된 이후, 정부의 '적'은 우파였다. 아베가 이 문제를 주도하고 있다는 걸 배려해서 그때까지 잠자코 있었던 우파계 의원들이 무대에 등장했다. 그들은 천황의 '치세'를 나타낸다는 '전통'을 내세워 원호 결정에는 새 천황의 '승락'이 필요하다는 주장을 전개하기 시작했던 것이다.

나아가, 이것이 받아들여지지 않자, 우파계 의원들은 새 천황이 즉위한 뒤에 원호를 발표하자고 강하게 주장하며 정부와 대결했다.[86]

천황 '퇴위'는 마지못해 용인했지만, 이 점에 대해서는 '일본회의 국회의원간담회'도 끈질기게 버텼는데, 정부는 즉위 1개월 전에 원호를 발표하는 것을 고집했고, 결국 우파의 체면을 세워주기 위해 아베가 직접 수습에 나섰다.[87] 원호에 대해 황태자에게 사전에 설명을 하는 것으로 타협했던 것이다.

이렇게 해서, 2016년 7월의 NHK 보도로 갑자기 표면에 떠올랐던 퇴위를 둘러싼 공방이 일단락되었다.

(3) 우파의 아키히토 비판과 '아키히토'파의 형성
—천황 논의의 뒤틀림

지금까지 살펴보았듯이, 제3기를 상징하는, 천황의 퇴위 표명과 퇴위라는 형태의 황위 계승을 놓고서는 천황을 둘러싼 새로운 **대항**이 발생했다.

우선, 이미 제2기에 아키히토 비판으로 돌아선 우파 주류가 이번에는 더욱 분열하여 그 다수가 공공연히 아키히토를 비판했다. 여계 천황론으로 세력이 감소했던 우파 강경파는 퇴위를 둘러싸고 또다시 분열하여 한층 더 소수가 되었다. 그러면서 우파 강경파의 천황 비판은 혹독해져서, 천황 아키히토의 천황 인식과 정면으로 대립하게 되었다.

한편 '헤이세이'에 들어서 진행돼왔던 '리버럴'파, 온건 보수파, 그리고 천황을 사숙하는 천황 담당 기자 일부도 가담한 아키히토 천황 옹호의 흐름이 한층 명확해져서, '아키히토파'라고나 칭할 만한 하나의 그룹이 형성되었다.

이리하여 전후 오랫동안 이어진 천황제를 둘러싼 대결 구도가 사라지고 변모를 완성했다. 이제부터 이 점을 검토해보자.

우파 다수파의 '퇴위' 비판, 아키히토 비판

이미 고이즈미 정권하에서 여성 천황 구상이 부상했을 때 분열을 드러냈던 우파는 노다 정권 시기에 부상한 여성 미야케 문제에서 균열이 더욱 깊어지고, 퇴위를 둘러싼 논의 속에서 또다시 분열하여, 아키히토 천황의 '의향'을 지지하는 이들이 고이즈미 유식자회의 때 이상으로 늘었다.

고이즈미 유식자회의 시점에서 여성·여계 찬성으로 돌아선 도코로 이사오 등은 이번에도 퇴위에 찬성했다. 이들에 더해, 여성·여계 반대파 모모치 아키라, 오이시 마코토大石眞 등이 퇴위 찬성으로 돌아섰던 것이다. 이유는 '폐하의 의향', 실은 아키히토 자신은 강하게 부정하는 '고령 퇴위' 찬성론이고, 덧붙여 말하자면 특례법에 의한 퇴위를 결정한 아베 정권을 지지하는 입장이었다.

이에 맞서서 우파 주류의 강경파는 여전히 퇴위에 반대함과 동시에 한층 천황의 핵심을 건드리는 아키히토 비판으로 돌았다. 이번 퇴위론은 천황의 중국 방문이나 여성·여계 천황론이 제기되었던 때―물론 여계 천황론이 제기되었던 당시에도 이미 천황의 의향이 배후에 있다고 추측되고는 있었지만―와 달리 '말씀'이라는 방식의, 천황 자신의 발의發意라는 점이 분명했기 때문이다. 그들은 아베 정권을 지지했으므로 천황의 중국 방문이나 여계 천황론 때와는 달리 정부 비판은 거의 하지 않았는데, 그만큼 화살이 정면으로 아키히토를 향하지 않을 수 없었다. 이 점에서도 퇴위를 둘러싼 대항은 지금까지와는 배치가 달랐던 것이다.

아키히토 비판의 '논리'

유식자회의에서는 히라카와 스케히로, 오하라 야스오, 와타나베 쇼이치, 사쿠라이 요시코, 야기 히데쓰구 등이 강한 반대론을 펼쳤다. 그 천황 비판의 논점은 여러가지였다.

'말씀' 위헌론 | 우파의 천황 비판의 첫째는 그들 중 일부가 천황 아키히토의 행위, 특히 '말씀'에 대해 놀랍게도 위헌론으로 응전했다는 것이다.

두말할 필요도 없이 그들은 모두 예외없이 일본국헌법 비판·개정론자이고, 지금까지도 입 걸게 헌법을 매도해왔다. 그런 그들이 천황의 '말씀'은 "이례적인 발언" "헌법 위반에 상당히 가깝다"[88] "헌법에 저촉될 수 있다"[89] 등과 같은 '말씀' 위헌론을 전개한 것이다. 참으로 이상한 광경이었다.

많은 논자가 지적한 위헌인 이유 중 첫 번째는, '말씀'은 '국정에 관한 권능'을 금지당한 천황이 황실 제도의 변경이라는 정치에 영향력을 행사하는 행위를 한 것이라는 점이다. 그 연장선상에서 천황이 국민 사이에서 대립이 있는 논점의 한쪽에 서는 정치색을 드러내는 행동을 취하는 것은 '국민통합의 상징'에 반하는 것이라는 주장도 했다.

그리고 또 하나는 헌법에 섭정, 국사행위의 대행 제도가 규정되어 있는데도 그것을 따르지 않고 법률적으로 생전퇴위 제도를 만드는 것은 "헌법을 무시하는 자의적인 정치에 해당한다"는 것이다.

이러한 양쪽의 위헌론을 모두 주장하는 야기 히데쓰구의 발언을 보면 이러하다.

> 8월 8일의 '말씀'은 헌법에 규정된 제도, 즉 4조 2항의 국사행위 위임, 5조의 섭정 설치가 아니라 새로운 제도, 즉 생전퇴위의 창설과 국가 제도의 변경, 즉 대상大喪의 예와 즉위 의식의 분리를 요망하고 있다는 점에서 헌법의 취지를 일탈하는, 이례異例라고 할 수 있습니다. 또한 바꿔 말하자면, 이 때 천황 폐하의 의사표시로 인해 정치적 효과를 가지고 말았다는 점을 지적할 수 있을 것 같습니다.[90]

'말씀'이 정치적 영향력 행사를 노린 것이고, '국정에 관한 권능'을 갖지 않는다고 규정한 헌법에 위반된다는 주장 자체는 정론이지만, 이것을 사쿠라이, 와타나베, 야기가 말한다는 점에서 강한 의구심이 든다. 왜냐하면 그들은 천황의 정치적 권능을 빼앗아 천황을 '상징'으로 만든 일본국헌법을 GHQ의 일본 약체화 음모라고 격하게 비난해왔기 때문이다.

예를 들어 와타나베는 유식자 의견청취에 앞서 발표한 퇴위 비판 논문[91]에서 일본국헌법을 연합국에 의해서 강제된 '점령정책 기본법'이라고 격하게 비난하고, 그 헌법하에서 황실전범도 하나의 법률이 되어버렸다고 단언한 후, 일본국헌법은 "일단 메이지헌법으로 되돌린 다음 새로운 헌법을 제정"할 필요가 있다고 주장했다.

또한 사쿠라이 요시코의 경우는, 유식자 의견청취의 첫머리에서 천황·황실의 가장 중요한 역할은 '국가의 안녕과 국민의 행복을 지키'기 위해 '기도'하는 활동이라고 강조한 후―두말할 필요 없이, 이 점이야말로 천황의 역할은 기도하는 것이지 지방을 돌아다니는 공적 행위가 아니므로 그러한 행동은 섭정에게 맡기고 기도에 전념해야 한다는 우파 언설의 핵심인데―, 일본국헌법과 그 가치관이 '제사'를 국사행위와 공적 행위보다도 하위의 '사적 행위로 위치지어' 과소평가를 했다고 비판했다. 그리고 동일한 의견청취 진술에서, 헌법의 **동일한 장**章을 전거로 삼아 이번에는 '말씀'이 '헌법에 저촉'된다고 비판했던 것이다.[92]

자신들이 비판하며 개변改變하라고 주장하는 헌법 조항을 이용한 '말씀' 비판은 무원칙이라고밖에 말할 수 없다. 궁지에 몰려 다급했던 걸까, 아니면 '적의 적은 아군'이라는 논리일까.

'양위' 제도 비판 | 우파의 천황 비판 중 두 번째는, 천황이 요구한 '양위' 제도 자체에 대한 비판이었다. 그 이유는 메이지의 황실전범과 그것을 계승한 현행 황실전범이 전근대에 종종 있었던 양위를 부정한 중요한 의의를 무시하게 된다는 점이었다.

그렇다면 메이지의 황실전범에서 퇴위를 부정한 이유는 무엇일까. 그들은 이렇게 주장한다. 전근대의 허다한 퇴위는 역사상 큰 폐해를 초래했다. 그 전형이 남북조 내란이다. 또한 퇴위를 인정하면 그때그때의 권력자가 자신에게 편리한 천황을 옹립하기 위해 천황을 강제로 퇴위시킬 수도 있고, 천황의 의사에 의한 자의적 퇴위를 인정하면 '국민의 총의'에 근거한 천황의 지위에 걸맞지 않다. 더군다나 황실전범 개정으로 퇴위를 인정하면 당연히 황위계승자의 '즉위' 거부도 인정할 수밖에 없으므로 황위의 안정을 해칠 수 있다 등등.

이러한 퇴위제도 자체의 폐해론은 유식자회의에서도 우파가 번갈아가며 주장했다. 예를 들어 오하라 야스오는 전후의 국회에서 있었던 답변을 인용하며 다음과 같이 지적한다.

> 헤이세이 4년1992년 4월 7일 참의원 내각위원회에서 있었던 미야오宮尾 궁내청 차장의 답변을 소개하자면, 요컨대 퇴위를 부정합니다. 그 이유로 세 가지를 제시합니다. 우선 역사상 많은 폐해가 있었다는 점, 즉 상황과 법황의 존재. 두 번째는 반드시 천황의 자유의사라고 할 수 없는 퇴위의 강제가 있을 수 있다. 세 번째는 자의적인 퇴위는 현재의 상징천황, 즉 국민의 총의에 근거한 천황의 지위가 법적으로 정해져 있는데, 그러한 상징천황과 걸맞지 않다. 이것이 정부의 일관된 답변입니다. 이 점의 인식은 매우 중요합니다.
>
> 또 하나 추가하자면, 다카오 료이치高尾亮一 씨의 견해입니다. 다카오 씨는…… 혈통에 의한 지위 계승에서 취임하지 않을 자유를 긍정하게 되면, 그 확인을 위한 공석 또는 불안정한 섭위攝位라는 사태가 발생하여 천황제도의 기초가 뿌리부터 흔들리게 된다고 말합니다.93

또한 이유로는 언급되지 않았지만, 우파가 공통적으로 지적한 것은 퇴위에 의한 상황上皇과 천황의 공존이 이중권위를 초래한다는 비판이다.

예를 들어 히라카와 스케히로는 의견청취에서 이 점을 다음과 같이 강조했다.

> 천황이었던 분에게는 권위와 격식이 따릅니다. 그래서 황실이 두 파로 나뉘거나 세력다툼이 발생하기 쉽습니다. 그렇게 되면 배우자의 일족이나 친정 사람이 속한 관청이나 기업의 정치 개입이나 영향도 무시할 수 없습니다. 기업에서도 사장이 회장직으로 물러나도 그다음 사장과 문제가 생기는 경우가 종종 있는 것과 같다고 생각합니다.[94]

천황의 본질은 기도하는 것 | 그러면, 퇴위하지 않고, 천황은 어떻게 해야 한단 말인가. 여기서부터 드디어, 우파의 천황 비판은 핵심 부분으로 들어간다. 우파의 천황 비판 중 세 번째는 천황의 본질이 '기도하는 것'이고, 천황 아키히토가 힘을 기울인 재해피해지 방문 등의 '상징으로서의 직무'가 아니라는 점이다. "천황은 고령화 때문에 지금까지 자신이 '상징'으로 전력을 기울여온 '공무'를 할 수 없게 되었으므로 퇴위한다고 말하는데, 이것은 틀린 것이다. 천황의 역할은 황통이 이어지도록 하는 것, 즉 '계속되는 것'과 '국가의 안녕과 국민의 행복을 지키기 위해' '기도하는 것'에 있으므로, 다른 것은 할 수 없더라도 이 두 가지만 할 수 있다면 괜찮다"라는 비판이다.

사쿠라이 요시코는 다음과 같이 말한다.

> 오랜 역사 속에서 황실의 역할은 국가의 안녕과 국민의 행복을 지키는, 이를 위해 기도하는 형태로 정착되었습니다. 역대 천황은 우선 무엇보다도 제사를 가장 중요한 일로 위치짓고, 국가와 국민을 위해 제사 지낸 후에서

야 비로소 다른 많은 일을 행했습니다. 평온한 문명을 키워온 일본의 중심에 대제사장인 천황이 계셨습니다.[95]

그러므로 천황의 일은 이 '제사'를 중심으로 하고, **그 외에는 하지 않아도 된다**는 것이다.

폐하가 하시는 일을 재정리할 필요가 있습니다만, 그럴 때는 일본의 깊은 역사와 문명의 중심축을 이뤄온 천황의 역할을 국가와 국민을 위해 제사를 지내는 것, 이것이 원점임을 항상 인식하면서 해나가야 한다고 생각합니다.[96]

그리고 히라카와는 한 걸음 더 나아가 천황은 '세속'과 관련되어서는 안 된다고 주장한다. 이것이 다음에 논할 천황 비판, 즉 천황 아키히토가 전력을 기울인 '상징으로서의 직무'를 비판하는 것으로 이어지는데, 우선 히라카와의 주장을 보면 다음과 같다.

천황가는 이어지는 것과 기도하는 것이라는 성스러운 역할에 의미가 있는데, 그 이상의 이런저런 세속적인 것을 천황의 의무이자 역할로 생각하시는 것은 어떻게 봐야 할지, 대대로 이어진 천황 중에는 뛰어난 분도 그렇지 못한 분도 계십니다. 건강에 문제가 있는 분도 황위에 지치는 일도 있겠지요. 지금의 폐하가 성심성의껏 해오신 데에 진심으로 고맙고 송구스럽게 생각합니다. 그러나 …… 그 세속secular의 측면으로 치우친 상징천황 역할의 해석에 집착한다면, 세습제 천황에게 능력주의적 가치관을 적용하기 쉬우므로 황실제도의 유지가 장차 곤란해질 수 있겠지요.[97]

'상징으로서의 행위' 축소론 | 이제부터 천황 아키히토 비판 중 네 번째, 즉 아키히토를 격노하게 만든 비판이 등장한다. 천황은 본래의 공무인 '기도'만 하면 되고, '기도' 이외에는 '섭정'에게 맡기면 된다는 비판이다. 사쿠라이는 천황 본래의 공무를 세 가지로 나누고, 그중 '기도'가 으뜸이므로, 나머지 '국사행위'와 '공적 행위'는 하지 않으면 해결된다고 단언한다.

> 천황 폐하의 공무에 관해서는, 정부도 국민도 **황실의 본래 역할이라는 관점에서 보면, 중요도가 낮다**고 말할 수밖에 없는 많은 사안으로 양 폐하께서 고생하게 해드렸습니다. 국사행위에 더해 기회 있을 때마다 지방 행행과 행계를 부탁드리는 바람에 공무가 과중해졌습니다. 이 부담을 경감하기 위해 제사, 그다음에 국사행위, 그 밖의 공무로 각각 우선순위를 정해서 천황이 아니면 수행할 수 없는 역할을 명확히 하고, 그 밖의 것은 황태자나 아키시노노미야에게 분담시키는 시스템의 구축이 중요하다고 생각합니다.
>
> 이 점에 대해, 현행 헌법과 황실전범에서는 제사가 국사행위와 공적 행위 다음에 규정되어 있습니다. 이 우선순위를 실질적으로 제사를 가장 위에 위치지우는 형태로 폐하의 평소 일정을 재정리하는 것이 중요하지 않나 생각합니다.[98]

와타나베 쇼이치는 사쿠라이의 주장에서 한 걸음 더 나아가 사쿠라이가 말할 수 없었던 것, 즉 재해피해지 방문과 위령 여행 등과 같은 행위를 통해 "너무나도 열심히 국민 앞에 모습을 드러내려고 하시"는데, "그러실 필요는 없었다"고 잘라말했다.

상징천황으로서의 직무를 항상 국민이 볼 수 있도록 재해피해지라든가, 또는 펠렐리우섬까지 가서서 위령하시는 것은 진심으로 감사드립니다. 특히 80세를 넘으신 분에게는, 저도 올해 86세인데, 70세와는 전혀 다릅니다. 이제는 거의 병자입니다. 그런데 80세를 넘으신 천황 폐하가 항상 국민 앞에 모습을 드러내고 활약하시는 것이 상징천황의 직무로서 중요하다고 생각하시는 부분에 대해서는 진심으로 감격하고 있습니다.

그러나 사실은 **그렇게까지 하실 필요는 없었다**고 옆에 계신 분들이 말씀드렸어야 했다고 생각합니다. 무슨 말인고 하면, 천황의 직무라는 것은, 예로부터 첫 번째 직무는 나라를 위해, 국민을 위해 기도하는 것입니다. 이것이 대대로 이어져온 천황의 첫 번째 직무이기 때문에, 밖으로 나가든 안 나가든 그것은 전혀 상관없음을, 너무나도 열심히 국민 앞에 모습을 드러내려고 하시는 천황 폐하의 감사한 후의를, 그렇게까지 하지 않으셔도 천황 폐하의 임무를 게을리하는 것이 아니라고 말씀드리는 측근이 있었어야 했다고 생각합니다.[99]

또한 히라카와는, 여기에서 한 걸음을 더 나아가 와타나베조차 말하지 못한 것, 즉 천황 아키히토가 노력을 경주해온 '공무'를 '**이기심**'이라고 잘라말했다. 아키히토가 말하는 '상징으로서의 직무'라는 것은 "지금의 폐하의 개인적 견해"[100]에 불과하고, "멋대로" 공무를 확대해놓고서는 이제 그것을 할 수 없으니 퇴위한다는 것은 아키히토의 "이기심"이라고 하여, 퇴위 일반이 아니라 다름 아닌 **아키히토의 퇴위**를 전면적으로 부정했던 것이다.

폐하의 노력은 참으로 감사하지만, 밖으로 나가서 능동적으로 활동해야만 한다는, 이것은 특히 폐하의 강고한 생각입니다만, 그 **폐하 자신이 확대한 천**

황의 역할을 다음 황위계승자도 이어가게 하고 싶다는 의향이라 판단됩니다. 그러나 이것은 **금상 폐하의 개인적 해석**에 의한 상징천황의 역할을 다음 천황에게 부과하는 것이 아닌가 생각합니다.[101]

히라카와도 와타나베도 사쿠라이도, 천황 아키히토의 행위를 전면 부정하여 아키히토의 역린을 건드린다는 것을 의식하고 있었다고는 털끝만큼도 생각되지 않는다. 그러나 사쿠라이, 와타나베 그리고 히라카와의 언설은 지금까지 누구이 검토해온 것처럼, 아키히토가 재위기간 전체에 걸쳐서 해왔던, 그리고 국민에게 지지받았다고 자부하는 '헤이세이류'의 모든 것을 '개인적 해석'이라며 부정하고, 그것의 '정리'를 요청한 것이었다. 특히 히라카와는, 유식자회의 위원으로부터 천황이 실행해온 '공무'가 "반드시 해야만 했던 것은 아니라는 취지"냐는 질문을 받자 "그렇습니다"라고 단언했다.[102]

이러한 논의는 아키히토가 가장 싫어하는 논의였다. 앞에서 언급했듯이, 유식자회의 의사록을 자세히 읽은 아키히토가 무엇보다 히라카와, 사쿠라이, 와타나베의 이러한 언설에 집착하며 격노한 것은 '당연'했다.

우파 소수파의 '고령 퇴위'론

이렇듯 아키히토 비판으로 돌아선 우파 주류와 달리 양위 지지로 돌아선 우파 소수파가 전개한 퇴위 정당화론은 그때까지 우파가 주장해온 퇴위부정론을 뒤엎는 것이었기 때문에 고뇌에 찬, 그리고 **박력이 결여**된 언설이었다.

도코로 이사오, 모모치 아키라, 이시이 마코토가 전개한 퇴위용인론은 퇴위 일반이라기보다 오로지 천황의 '고령화'에 따른 공무와 권위의 감퇴

대책이라는 점에 집중하여 아키히토의 '양위'를 용인하는 것이었다.

그 대표인 도코로의 언설을 보면, 우파 주류와 달리 상징천황의 역할은 단순히 기도하는 것이 아니라 "일본 국민의 총의에 답할 수 있도록 국가와 국민을 위해 자신이 가능한 한 적극적으로 '임무'를 다하는 것"[103]이고, '임무'에는 국사행위, 공적 행위가 제사행위와 함께 포함되어 있음을 인정한다. 도코로도 우파의 일원으로서 제사의 비중을 높이는 것, '공적 행위'를 정리해서 다른 황족에게 돌릴 수도 있다고 말하지만, '금상 폐하'=현 천황 아키히토가 이러한 '공무'를 "모두 가능한 한 공평하게 자신이 몸과 마음을 다하여 실행해오"며 부담 경감을 바라지 않는다는 점, 이러한 공무의 전면 위임도 점진적인 축소도 거부하고 있다는 점은 존중해야 한다고 말한다.

그러고서 도코로는, 퇴위를 부정한 메이지의 황실전범과 현행 황실전범의 취지는 충분히 이해하지만, 당시에는 '현재와 같은 초고령화 사회'를 상정하지 않았는데, 이제 이러한 사회를 염두에 두면 **고령 양위**를 인정하지 않고는 상징제도를 유지하기 어렵다는 것이다.

> 그러나 메이지 중반은 물론이고 종전 직후인 70년 전만 해도 현재와 같은 초고령화 사회의 도래를 예상하기란 거의 불가능하지 않았나 생각합니다. 그렇지만 이제는 일본인의 평균수명이 남녀 모두 80세 이상이고, 곧 천황 폐하는 83세라는 고령이 됩니다. 그리고 약 20년 후, 103세에도 여전히 종신 재위라면 그 뒤를 잇는 황태자 전하는 76세가 되고, 그 뒤를 잇는 아키시노노미야 전하는 71세인데도 여전히 미야케 황족의 일원에 지나지 않습니다.
>
> 이래서는 현행 헌법에 규정된 '상징 세습 천황제도'는 순조롭게 유지되기

어려워집니다. 앞에서 언급했듯이 천황은 세습의 신분과 상징의 역할을 대
대로 계승하는 지고至高한 존재이므로, '국사행위'도 '공적 행위'도 '제사행
위'도 자신이 담당할 수 있는 체력·기력·능력을 지닌 황위계승자가 확실
히 계시지 않으면 안정적으로 이어질 수 없습니다.[104]

여기에서 도코로의 경우는 일반적인 생전퇴위를 인정하는 게 아니라 특
별법으로 '고령 양위'를 인정해야 한다는 것이다.

앞에서 언급했듯이 이 언설은 우파 주류보다, 천황 아키히토와 천황이
만들어낸 '상징'의 존재 방식에 더 긍정적으로 접근한 것이었다. 이와 같
은 우파 소수파의 입장은 아베가 이끄는 정부의 입장에 가장 가까웠다.

그러나 이러한 도코로 등의 '공적 행위' 파악도 천황 아키히토가 생각하
는 그것과는 거리가 멀었다고 할 수 있다.

아키히토파의 아키히토 지지론

이러한 우파 주류파의 퇴위, 아키히토 비판과 우파 소수파의 '고령 양위'
용인론에 대항하여 '리버럴'파, 온건 보수파의 일부가 아키히토 옹호의 논
진을 형성했다.

앞에서 지적한 바와 같이 유식자회의에서는 호사카 마사야스, 이와이
가쓰미 등이 아키히토 옹호 입장을 대표했는데, 그들은 우파 주류와는 정
반대로 모든 논점에서 아키히토의 언설을 거의 똑같이, 통째로 가져와 용
인했다.

퇴위는 천황제의 전통| 첫째, '퇴위'를 인정하지 않는 것이 메이지헌법
이래의 전통이라는 우파에 대항하여 그들은 '퇴위'가 전근대 천황제에서
는 지극히 당연한 전통이고, 오히려 퇴위 부정은 이토 히로부미伊藤博文가

메이지의 황실전범에 억지로 집어넣은 것이지 '전통'도 뭐도 아니라고 주장했다.[105]

양위는 인정해야만 합니다. 역사상 양위한 천황은 북조北朝를 제외하더라도 역대의 절반에 가까운 58분이나 계십니다. 진무천황神武天皇과 결사팔대欠史八代*라 일컬어지는 신화시대의 천황을 포함해도 그렇습니다. 쇼무천황聖武天皇 이후로는 70%에 가까운 천황이 생전에 양위했습니다.

메이지의 황실전범이 오랜 역사를 검토한 후 작성되었다고 강조하는 분도 계시지만, 황실제도의 성문법화 그 자체가 새로운 시도였습니다. 성문법화에 큰 역할을 한 이와쿠라 도모미岩倉具視, 당시 최고의 법제가였던 이노우에 고와시井上毅와 야나기하라 마에미쓰柳原前光도 양위와 태상太上천황을 상정하고 황실전범 원안을 작성했습니다. 그러나 이토 히로부미가 꽤나 억지로 종신 재위를 결정한 경위가 있었다고 합니다.[106]

이 논리는 천황 아키히토가 반복적으로 주장해온 주장이고, '리버럴'파도 많이 이용하는 논리인데, 앞에서도 비판했듯이 '상징'이라는 제도가 전혀 새로운 헌법제도로서 창설된 것을 무시하는 잘못된 논리라는 점은 자명하다.

퇴위는 황실전범으로 제도화를—'이기심'론 비판 | 퇴위는 황실전범 개정으로 제도화해야지, 아키히토 개인의 예외로 삼으면 안 된다는 주장은

---

* 제2대 스이제이천황綏靖天皇부터 제9대 가이카천황開化天皇까지 8대의 천황을 가리킨다. 『고지키古事記』와 『니혼쇼키日本書紀』에 계보가 기록되어 있는 초기 천황 계보는 대부분 후대의 창작에 의한 것으로 보이며, 결사팔대 천황이 실존했을 가능성은 학문적으로 거의 없다고 여겨진다.

아키히토 퇴위론의 핵심과 관련된 논점이었다.

아키히토파는 이 점에서 아키히토가 가장 바라는 바를 대변했다. 예를 들어 이와이 가쓰미는 특례법론을 비판하여 다음과 같이 말한다.

> 천황의 진지한 문제 제기를 마치 천황 한 사람의 '이기심'인 듯 취급하고, 마지못해 일시적 '샛길'을 만드는 안이한 대처라는 인상을 주고 있지는 않은지요.
>
> 여론도 양위 용인이 90%, '장래의 천황에게도 적용'이 70%로, 황실전범 개정을 압도적으로 지지하고 있습니다. ……
>
> 천황 폐하의 문제 제기는 천황 한 사람의 사심私心이나 '이기심'이 아니라고 생각합니다. 전후의 헌법체제에서 황태자이자 '초대 상징천황'으로 몸과 마음을 다하여 책무를 수행해온 경험을 바탕으로 '상징'의 바람직한 모습, 그리고 그 계승의 바람직한 모습에 대한 생각을 밝히신 것입니다. '개인적인 생각'이라고는 말씀하셨지만, 황위계승자인 황태자 전하, 아키시노노미야 전하와 함께 세 분이 수년 동안 충분히 이야기를 나누고 합의하셨다고 들었습니다. 말하자면 미래지향적인 것입니다.[107]

특례법에 의한 퇴위 위헌론 | 아키히토파는 동시에 민진당의 노다 등이 강조했던, 퇴위를 정부가 추구하는 듯한 특례법으로 인정하는 것은 위헌이라는 주장도 했다.

위헌론의 근거는, 특례법에 의한 황실제도 개정이 헌법 제2조 "황위는 세습되며, 국회가 의결한 **황실전범**이 정하는 바에 따라 계승된다"라고, 일부러 황실제도는 '황실전범에 따라'라고 명기해둔 것을 위반하는, "황실전범의 권위와 규범성을 훼손한다"[108]는 주장인데, 이 해석은 맞지 않다.

헌법 제2조의 문언은 결코 황실제도를 '황실전범'을 개정해서 해야만 한다는 것이 아니고 '국회가 정한 법률'을 따라야 한다는 점을 명기한 것이다. '황실관계법'이 아니라 '황실전범'이라는 메이지헌법 체제의 용어가 사용된 이유는 천황제에 어떻게든 연속성을 드러내고 싶다는 일본 측 관료의 임시변통적 술수 때문이었다.

'말씀' 합헌론 | 아키히토파는 아키히토의 '말씀'에 대해서도 합헌론을 전개한다. '말씀'이 국정에 대한 천황의 관여를 금지한 헌법 제4조를 위반하지 않았다는 것이다. 그들이 그 논거로 강조한 것은 천황의 '말씀'은 '국정'에 영향을 주지 않는다는 점과 천황 자신의 진퇴에 관해서는 천황이 발언할 권한이 있다는 점이다.

그러나 이러한 합헌론은 모두 무리가 있다. 천황의 '말씀'이 표현에 주의하여 '퇴위'라는 용어를 사용하지는 않았지만, 이것이 천황의 제도라는 헌법상의 제도 변경을 요구한 언설이라는 점은 부정할 수 없고, 실제로 그러한 효과를 발휘했다.

정부는 이러한 위헌론을 회피하기 위해 고심한 끝에, 천황의 '말씀'은 직접적으로는 국민에게 자신의 '마음'을 표명한 것에 불과하고, 이에 감명받은 국민이 '퇴위'를 바랐으며, 그 국민의 뜻을 이어받아 정부가 움직였다는 형식을 만듦으로써 천황의 의사가 정치를 움직였다는 인상을 지우기 위해 노력했지만, 실제로는 NHK 특종과 '말씀'이 퇴위제도 마련의 흐름을 만들었다는 점은 부정할 수 없다.

또한 천황의 진퇴와 관련하여, 당연히 천황 자신의 의사를 존중해야겠지만, 문제는 그게 아니다. 제도적 측면에서 봤을 때, 그러한 진퇴에는 제도의 변경이 불가피한 경우가 많음을 상정한다면, 천황의 의사는 궁내청을 통해서 내각에 전해지고, 그것을 전달받은 내각이 그것을 승인한 경우,

그것을 국회에 문의한 후 제도를 만들어야 하기 때문이다.

그러나 '리버럴'파, 온건 보수파가 펼치는 아키히토 옹호의 '헌법론'에서는 이러한 내용을 찾아볼 수 없다.

주목해야 할 것은 우파가 전개한 위헌론·헌법론과 동일하게, '리버럴'파와 온건 보수파의 헌법론도 자신들에게 유리한 결론에 맞춰 헌법을 꺼내고 집어넣는 엉터리 논리였다는 점이다. 그들은 퇴위의 정당성을 변증할 때는 전근대에 얼마나 퇴위가 많았는지를 제시하며 **전통**만을 언급하고, 헌법 따위는 완전히 무시했다. 그런가 하면, 퇴위를 황실전범 개정을 통해 하라고 주장할 때는 갑자기 헌법전憲法典 실증주의자로 돌변해서, 어떻게 봐도 일본 헌법의 '상징'으로부터 말하자면 이념에 반하는 '말씀'이 합헌이 되도록 견강부회적인 '해석'론을 휘둘렀다.

이리하여 우파도 보수파도 '리버럴'파도 헌법을 꺼내들어 '헌법'이라는 글자가 범람하는 가운데, 일본국헌법이 지향하는 '상징'이 무시당하는 사태가 진행되었던 것이다.

'상징으로서의 행위'에 대한 예찬 |　그러나 아키히토파의 주장에서 중시해야 할 점은 아키히토가 '말씀'에서 반복한 '상징으로서의 직무'에 대한 예찬론이었다.

'상징으로서의 직무' 용인론의 새로운 특징은 일부 헌법학자도 포함하여 그 이유를 거의 아키히토의 언설에 편승해 전개하고 있다는 점이다. 즉 천황의 '국민통합의 상징'으로서의 역할은 단순히 헌법에 따라 '국사행위'만 행해서는 이루어질 수 없고, 적극적으로 국민 속으로 들어가 국민의 곁에서 활동하는 것을 통해서만 이루어질 수 있다는 것이다.

게다가 이 '상징으로서의 직무'='공적 행위'에 대해서는, 정부해석에 따르면 국사행위가 아니므로, '내각의 조언과 승인'과 같은 엄격한 통제는 필요없게 된다. 이것은 사실상 천황의 주도권에 의한 행위의 전면 해금론이었다. 이러한 '상징으로서의 행위' 예찬 및 용인론은 유식자회에서도 아키히토파에 의해서 전개되었다. 이와이 가쓰미는 다음과 같이 말한다.

'퇴위 결심 말씀'에서 천황 폐하는 직무를 수행하는 가운데 사람들에 대한 '신뢰와 경애'를 키워올 수 있었던 것에 감사하고 있습니다. 사람들의 마음을 이해하고 공감할 때 비로소 천황의 '기도'에도 내실이 따른다, 이것이 '초대 상징천황'이 28년간 '모색'한 결정체라 생각합니다. 천황에게 '공무'는 부담만이 아니라 상징으로서 살아가는 책무임과 동시에 보람이기도 하기에 스스로 전력을 다할 수 있는 소중한 것이라고 생각합니다.

그런 의미에서 공적 행위는 이른바 천황이 황후와 함께 정묘精妙한 비단을 짜듯 쌓아올린 다채로운 활동입니다. 일률적인 도식을 적용하여 삭감·경감하기는 어렵습니다. 궁내청도 지금까지 수시로 폐하의 공무 삭감을 제안했지만, 폐하는 난색을 표해왔습니다. 상징으로서의 책임감 때문이자, 향후 삭감되거나 끊겨서는 안 된다고 생각하시기 때문이겠지요.[109]

아키히토로서는 이러한 이와이의 언설이 자신의 뜻을 잘 이해했다고 생각했을 것이다. 아니 오히려 이와이는 그 누구보다 아키히토 천황에게 말해주고 싶어서 그렇게 이야기했을지도 모른다.

천황론을 둘러싼 뒤틀림―'리버럴'파, 온건 보수파 일부가 제기한 아키히토 옹호론의 배경

아키히토를 옹호하는 천황론이 급속도로 대두되고 그 세력을 펼친 것은 우파의 아키히토 비판과 함께 제3기에 들어선 이후부터였다. 이것이 2016년

8월 8일의 '말씀'과 퇴위 문제로 순식간에 현재화顯在化된 것이다.

그렇다면 도대체 왜, 특히 제3기에 들어서 이러한 뒤틀림이 현재화된 것일까. 지금까지의 검토를 토대로 두 가지 이유를 추측해볼 수 있다.

하나는 제2차 아베 정권의 정치, 특히 군사대국화와 내셔널리즘을 환기하는 듯한 정치에 대한 강한 반발이 그것에 비판적이라 추측되는='그렇다고 헤아려지는' 언설을 하는 아키히토에 대한 공감을 불러일으키고, 나아가 그곳에서 아베 정치와의 '균형'을 찾으려는 심정이 강해졌다는 점이다.

특히 주목되는 것은 아베 정권에 반발하는 심정을 대변하거나 대표하는 논자들이 아베 정권에 대한 '균형'을, 노동자나 시민의 운동은 물론이고 야당의 활동, 국회와 사법부라는 헌법상의 제도에 의거하거나 기대하지 않고 '천황'이라는 제도에 기대를 걸었다는 점이다. 그들의 일부에는 아베 정권에 반대하는 시민운동에 공감하고 지원하는 사람들도 있으므로, 양자택일이 아니라 반反아베 운동과 함께 아키히토에 대한 기대를 품은 사람들도 있었다는 점은 유보해두어야겠지만, 어쨌든 아베 정권이라는 행정부의 악행에 대한 균형을 '천황'이라는 제도에서 찾았다는, 터무니없는 오류를 범했다는 점은 부정할 수 없다. 일본국헌법은 천황이 권력의 한 부문部門이 되는 것도, 입법과 행정을 견제하는 한 부문이 되는 것도 명확히 금지하고 있기 때문이다. 따라서 당연하게도, 상징천황은 행정을 견제하는 제도로서의 힘도 가지고 있지 않다. 일본국헌법은 행정부의 전횡에 대한 균형과 견제를 위해 수많은 제도와 권리를 지니고 있다.

그런데, 제3기에 들어서 천황론을 둘러싼 뒤틀림이 발생한 두 번째 이유는, 첫 번째 이유의 연장선상이기는 하지만, '군주제'가 지닌 '본래'의 기능이 발휘되었다는 점을 들 수 있다.

상징천황 제도는 헌법제도상 '군주제'라고 할 수 없을 정도로 엄격하게 천황의 행위를 제한하고 있다. 필자도 일본국헌법에 규정된 상징천황제는 '군주제'라고 규정할 수 없다고 생각한다. 그러나 헌법이 '천황'이라는 제도를 무한정으로 등장시키는 것을 시작으로, 어지간히 주의하지 않고는 정치 부문이 천황의 권위를 이용하는 움직임을 취하거나 거꾸로 천황이 상징에 만족하지 않고 활동을 확대할 위험이 끊임없이 발생하는 것은 불가피하다.

특히, '군주제'의 통합 기능이 지닌 특질은 바로 그 '군주' **개인의 인격과 사상**에 크게 좌우되거나 의존하게 된다는 점이다. 아키히토 천황의 경우에는, 마침 전쟁에 대한 집착과 '평화' 지향이 아베 정권과 강한 대비를 이뤘고, 이것이 아베 정권에 **위구심**을 품은 사람들 중 **일부**로 하여금 아베 정권에 대한 비판의 상징으로 기대하게 만들었다. 아베에 대한 비판적 언사를 정당이나 시민이 아니라 **아베의 권위를 상회하는 권위**인 '천황'이 한다는 점에서 그들의 권위주의적 심성을 만족시키는 측면도 있었다.

그러나 '전쟁'에 대한 집착은 천황제도의 필연적 산물이 아니고, 또한 우리들은 그러한 것을 이유로 천황을 선출할 수 있는 것도 아니다. 전쟁에 대한 집착은 아키히토 천황 개인이 지닌 우연의 산물이고, 국민은 '군주'의 지향을 선택할 수 없다. 그럼에도 아키히토 개인의 자질이 '천황'이라는 제도에 대한 권위와 기대를 높이고 의존심을 자극했다.

여기에 '군주제'의 통합의 특징이 있는 것이다.

소결: '헤이세이류'의 유산

1. 나루히토 천황으로

2019년 4월 30일 아키히토 천황은 퇴위하고, 5월 1일 황태자 나루히토德仁가 즉위했다.

아키히토에게 이것은 미묘한 감개를 불러일으켰을 것으로 추측된다.

분명히 아키히토의 생각대로 '공무'를 축소하지 않고 퇴위하고, 이것을 나루히토가 이어갈 수 있게 되었다. 그러나 나루히토가 아키히토와 동일한 '공무' 인식을 토대로 상징직을 이어간다는 제도적 보증은 만들어내지 못했고, 자신의 생각을 이어받아줄 듯한 아키시노노미야에게 나루히토가 황위를 물려줄지도 보증이 없다. 현재 나루히토 천황은 '공무'를 더 '국제친선' 쪽으로 힘을 쏟을 기세이기도 하다.

또한 황통 안정을 위한 여성 미야케와 여성 천황의 검토는 아베 정권 아래에서는 전혀 진행될 것 같지 않기 때문이다.

한편 당시의 아베 수상은 이 황위 계승이 매우 반가웠을 것이다. 아키히토 퇴위와 황위 계승으로 사사건건 대립했던 천황과의 관계가 **수복**될 전망이 생겼기 때문이다.

아베의 초청으로 일본을 방문한 '국빈' 트럼프 대통령과 새 천황의 회견이 트럼프와 미국에게는 별 의미가 없었지만, 아베로서는 천황을 자신이 관리 아래로 되돌렸다는 점에서 만족할 만한 사건이었음에 틀림없다.

아베 정권은 생각대로 특례법 당시의 부대결의로 의무화했던 여성 미야케 창설 등의 검토를 사실상 폐기해버렸다. 그러나 그 아베도 이제는 어쩔 수 없이 사직하고 말았다.

어느 쪽이든, '레이와令和'가 되면서 '헤이세이', 특히 제3기에 대결했던 아키히토도 아베도 정치 무대에서 사라졌다. 그렇다면 '헤이세이'의 천황이 남긴 유산은 무엇일까.

마지막으로 그 유산이 무엇인지 검토해보자.

2. '헤이세이류'의 유산

제도적 비대화라는 유산

'헤이세이'의 천황제 30년이 남긴 '유산' 중 첫 번째는, 지방 행행·행계, 재해피해지 방문, '전적지'도 포함한 빈번한 외국 방문 등 아키히토가 정력적으로 수행했던 '상징으로서의 직무'로 인해, 쇼와 천황 시대에 비해 천황의 **발의**와 **주도**에 의한 '공무'가 크게 확대되고, 3·11이나 퇴위에 관한 '말씀'이라는 형태로 **정치적 영향력 행사를 목적으로 하는** 공공연한 발언이 허용되는 관행도 생기는 등 전체적으로 헌법에 의하지 않거나 헌법에서 금지된 천황의 행동이 확대·'정착'되었다는 점이다.

특히 주관적으로는 어떠했든, 3·11 직후에는 아키히토 부부가 이미 살펴본 바와 같이 전 원자력위원회 위원장 대리, 경찰청 장관, 해상보안청 장관, 방위대신, 통합막료회의 의장까지 불러서 사정 설명을 듣고, 또 자위대 헬리콥터로 재해피해지를 방문했다. 이러한 '통치권 총람자' 시대의 천황과도 유사한 행동이 관행으로 자리잡은 것은 커다란 부負의 유산이다.

예를 들어 아키시노노미야는 2018년 11월 29일, 탄생일을 앞둔 회견에서 다이조사이大嘗祭를 간결히 치러야만 하고, 황실의 '내정비内廷費'를 사용해야 한다고 발언했다. 그 내용—그 실체적 내용 때문에 이 아키시노노미야 발언에 호의적인, 혹은 트집을 잡는 언설도 나타났다— 은 차치하더라도, 아키시노노미야가 궁내청을 통하지 않고 스스로 공공연히 발언한 것은 헌법론상 여러 논의—필자는 위헌이라 생각한다—가 있지만,[1] 아버지 아키히토가 했던 일련의 행동과 몇 번이고 발표된 '말씀'을 봐왔기에 지극히 '당연'한 행위로서 한 것이라고 생각된다.

전 천황에 비판적이었던 현 천황 나루히토가 그러한 행동을 그대로 이어갈지는 의문이지만, 코로나19가 만연했을 때 아키히토가 3 · 11 당시에 했던 것처럼 천황 메시지를 발표해야만 한다는 등의 언설이 버젓이 등장했던 것도,[2] 아키히토의 행동이 관행화된 증거이다.

권위에 대한 의존, 권위에 의한 '대행' 의식의 심화

그보다 더 큰 유산은 아키히토의 행동과 미디어 보도를 통해서 **상징**이라는 **권위**에 대한 의존, 권위에 의한 **'대행'** 의식이 확대되었다는 점일 것이다.

이것도 이미 지적한 바와 같이, 천황의 중국 방문, 재해피해지 방문, 전몰자 추도식 '말씀', 오키나와 전적지 방문이 있을 때마다 천황의 그러한 행동에 대한 예찬과 기대가 반복되었다.

그러나 천황이 중국을 방문했을 당시 발표한 '말씀'은 어떤 의미에서도, 국민의 논의를 거친, 국민의 대표자의 언설은 아니다. 천황이 어디를 가고 무엇을 말하든, 그것은 국민의 논의를 거친, 일본의 사죄도 아니고 책임 있는 방침 설명도 아니다.

또한 천황의 중국 방문이나 '여행'에 아키히토 천황이 아무리 몰두한다 해도, 그것을 중국 정부나 일본의 당시 정권이 어떻게 활용했는지와 상관없이, 그러한 행위로 중일관계가 개선되지 않았다는 것도 분명하다. 국민자신이 그 대표자를 통해서 사죄하지 않는 한, 식민지 지배와 침략전쟁의 책임 문제는 해결되지 않는다.

또한 천황이 몇 번을 오키나와에 가더라도 오키나와의 기지 문제, 오키나와 전투의 정치적 책임은 전혀 해결되지 않는다. 전쟁 책임의 표명도 오키나와나 원자력발전 문제도 해결할 수 있고 또 그 책임을 지고 있는 것은 다름 아닌 국민 자신이고, 그 뜻을 받은 정치다. 천황에게는 그러한 것들을 해결할 자격도 능력도 없을뿐더러 하는 것도 금지되어 있다.

또한 천황의 그러한 행동이 국민 자신의 책임과 의무를 **대행**해줄 수는 없다.

이러한 자명한 일이 천황 제도 아래에서는 애매해지면서 천황이라는 권위에 대한 의존과 기대가 배양되고, 매스미디어가 그것을 팽창시킨다. '군주제'의 큰 해악이다.

몇 번이고 말했듯이, 3·11 이후 참의원 의원이었던 야마모토 다로가 천황에게 원자력발전 관련 내용을 담은 '직소장直訴狀'을 전달하려 했던 행위는 이러한 군주제가 재생산하는 의존, 대행 의식의 비참한 사례에 다름 아니다.

3. 상징천황제의 장래를 향한 두 가지 과제

그렇다면 우리는 이러한 상징천황제와 맞닥뜨린 현재, 도대체 어떻게 해야 할까.

지금까지의 역사적 검토에서 명확해진, 당면한 과제 두 가지를 제시하며 이제 이 부족한 고찰을 마무리짓고자 한다.

헌법을 근거로 상징제도를 면밀히 검토해야

하나는 이미 창설된 지 75년이 되는 '상징천황'이라는 제도, 특히 쇼와 천황 시절에 정치에 이용되고, '헤이세이' 시대에는 아키히토의 의사에 의해 비대해진 이 제도를 헌법의 자유·평등, 국민주권 원칙에 따라 다시 한번 점검, 개혁하여 우선은 헌법이 상정하는 상징천황에 최대한 가깝게 만드는 것이다.

이를 위해 국회에 초당파적인 상설위원회를 설치하여 검토를 추진하는 것이 '국민통합의 상징'인 '천황'의 제도 개혁에 걸맞다. 여기에서 여성 천황, 여계 천황의 창설, 비대해진 '공적 행위'의 총점검 및 축소 등의 검토를 시작해야 한다.

전쟁·오키나와·원자력발전 문제에 대한 국민 스스로의 노력

두 번째는 아키히토 전 천황이 '상징으로서의 직무', '위령 여행'에 집착하며 무의식적으로 제기한 문제―이러한 아키히토의 집착에 '리버럴'파의 공감도 있었다고 생각된다―를 국민 스스로가 토론하고 해결에 나서는 것이다.

이 과제에는 한국 대통령 방문 당시의 천황 '말씀', 중국 방문 당시의 '말씀', 전몰자 추도식 '말씀', 사이판, 펠렐리우 방문 등을 통해서 아키히토가 '전쟁' 문제에 집착했던 가운데 불충분하지만 행간에서 보였던, 식민지와 침략전쟁에 대한 반성과 사죄가 있다. 여기에는 현재 한국과의 사이에서 문제가 되어 있는 위안부 문제, 징용공 문제에 대한 재검토도 포함된다.

또한 아키히토가 몇 번이고 방문했던 오키나와가 처한 현재의 어려움, 즉 헤노코 기지 건설, 후텐마 기지 문제, 또한 후쿠시마福島를 여러 차례 방문하면서 아키히토가 괴로워했을지도 모르는 원자력발전 문제도, 천황과는 전혀 상관없이 주권자 국민이 다시 논의하고 해결에 나서야 하고, 현 정부가 소극적이라면, 이를 적극적으로 수용하는 정부를 만들어야 한다.

　이상의 과제들을 받아들이는 것이 국민주권=민주주의와 입헌주의를 천황제라는 분야에 관철해가는 **첫걸음**이 될 것이다.

후기

이 책을 쓴 동기는 '들어가며'에도 언급했듯이 2016년, 천황 아키히토가 퇴위를 시사하는 '말씀'으로 시작된 헤이세이의 천황을 둘러싼 논의, 그리고 이어지는 천황 예찬의 대합창이 쇼와 천황 사거와 황위 계승 당시의 천황·천황제를 둘러싼 논의와 그것을 둘러싼 상황과 너무 큰 차이가 있다는 점에 놀랐기 때문이다. 무엇보다 큰 차이는 천황·천황제에 대한 비판적 논조가 크게 줄고, 지금까지 천황·천황제에 비판적이었던 리버럴한 사람들 중에서 오히려 '헤이세이'의 천황 예찬이 나타났다는 점, 거꾸로 이제까지 일관되게 천황제를 옹호하는 논진을 펼쳤던 우파-전통파의 아키히토 천황 비판이 두드러졌다는 점이다. 도대체 이러한 변화는 왜 일어났을까. 이러한 변화는 헤이세이의 천황제가, 헌법이 지향하는 '상징'제에 가까워지고 있기 때문일까. 필자에게는 그렇게 보이질 않았다. 그렇다면 왜? 이것이 이 책을 집필한 가장 큰 동기였다.

지금으로부터 30년 이상 전에, 쇼와 천황의 사거와 황위 계승 당시의 기괴한 '자숙'과 비판적 언설에 대한 우익 폭력의 횡행에 직면하여 천황제

의 미래에 대한 큰 논쟁이 벌어졌다. 그때의 논쟁에서는 일본의 전전戰前 회귀를 예상하고 위구심을 표하는 의견도 많았는데, 필자는 당시의 자숙과 쇼와 천황 예찬 움직임이 전후적인 지배구조 아래에서 발생했다고 생각하고, 그 동향이 전전 회귀로 향한다는 의견에는 비판적이었다. 자민당 정권도 '황위계승식' 등에서 항상 헌법을 의식하지 않을 수 없었고, 무엇보다 새로 즉위하는 천황 자신이 헌법에 대해 친근감을 감추지 않았다. 그러한 상황에서 보수정권이 복고주의적 통합을 추구하거나 그 통합의 중심에 천황을 이용하기는 어렵다고 생각했기 때문이다. 이러한 문제의식에서 1990년에는 보수정치 · 헌법 · 천황 등 3자의 공방을 분석한 『전후정치사 속의 천황제戰後政治史のなかの天皇制』(아오키쇼텐青木書店)을 간행했다.

1990년대에 들어, 냉전의 종언과 미국의 일극 지배하에서, 지배층은 군사대국화를 지향했지만, 이것은 복고주의적 형태는 취하지 않았고, 또한 천황도 그러한 통합에 이용되지 않았다. 이 점에서는 필자의 예측이 맞았지만, '헤이세이'의 천황과 천황제의 이후 전개는 필자의 예상과는 크게 달랐다. '헤이세이'의 천황은 헌법이 지향하는 천황상과는 크게 괴리되기 시작했기 때문이다. 이 '헤이세이' 30년, 일본 정치와 사회의 큰 변화 속에서 천황과 천황제는 어떤 변모를 이뤘는지, 그 역사의 검토도 이 책을 집필한 문제의식이었다.

이 책의 출발점이 된 것은 「'헤이세이'의 천황이란 무엇이었을까─냉전 후 30년의 일본 정치와 천황」이라는 제목으로 잡지 『기론季論 21』의 2020년 겨울호(47호)부터 그해 가을호(50호)까지 4회에 걸쳐서 연재한 원고이다. 매회 긴 원고에 지면을 할애하여 게재해준 신후네 가이사부로新船海三郎 편집장에게 많은 도움을 받았다. 다시 한번 감사의 말씀을 드린다.

그러나 연재에서는 미처 다루지 못한 여러 자료가 있었고 충분히 논하지 못한 부분이 적지 않았으므로, 대폭 가필하여 이 책을 완성했다.

이 책은 당초, 연재 원고를 가필하여 준포샤旬報社에서 준비하고 있는 『저작집』 제5권에 직접 수록할 예정이었는데, 그러면 많은 독자가 쉽게 접하기 어려울 것 같아서 같은 준포샤에서 단행본으로 출간해주었다. 기우치 히로야스木內洋育 씨에게 감사의 말씀을 드린다.

이 책의 검토를 통해서 필자가 가장 말하고 싶었던 것은 '상징'천황과 같은 제한된 '군주'제라도, 국민에게 권위에 대한 의존심과 국민 스스로 해결해야 하는 과제의 '대행' 의식을 재생산하게 되면 민주주의와 국민주권의 강화를 저해하고 또 평등을 비롯한 인권에 커다란 예외 영역을 용인한다는 문제를 내포하고 있다는 점이다.

많은 분이 읽어주셨으면 하는 바람이다.

옮기고 나서

전후 일본의 국가체제는 평화헌법과 상징천황제로 성립되었다. 하지만 천황이 동일한 히로히토였던 만큼 상징천황제를 바라보는 일본 사회의 시선은 여전히 전전戰前 천황제의 자장 안에 있었다. 1989년 1월 7일 천황 히로히토의 죽음이 야기한 일본 사회의 엄중한 '자숙'이야말로 상징천황제 안에 깃들어 있던 전전 천황제의 흔적들이 수면 위로 드러난 '사건'이었다.

하지만 2019년 4월 30일 오후 5시에 도쿄의 황거에서 천황 아키히토가 퇴위하고, 이어서 5월 1일 오전 0시에 나루히토德仁가 일본국 126대 천황에 즉위, 원호도 헤이세이에서 레이와로 바뀌는 일련의 과정에서 보여진 일본 사회의 반응은 너무도 달랐다. 레이와 시대가 시작되는 '순간', 도쿄 스카이트리 앞에 모인 인파는 개원을 기다리며 카운트다운을 외쳤고, 니가타현新潟県의 젊은 남녀는 결혼식을 올리면서 개원을 기다려 서로의 사랑을 확인하는 '키스'를 했으며, 도쿄의 하치오지八王子 시청에서는 개원에 맞춰 1시간 동안 신혼부부 11쌍의 혼인신고서를 접수했다(「平成から令和へ 喜びのカウントダウン 0時に誓いのキス」,「新元号と一緒にスタート うれしい」,『朝日新聞』, 2019년 5월 1일자). 이 모두는 레이와라는 새 시대를 축하하고 기념하기 위해 전국 곳곳에서 준비된 이벤트였다.

천황 히로히토의 죽음을 전후로 등장했던 일본 사회의 엄중한 '자숙'을 기억하는 우리로서는 '레이와 붐'이라고도 일컬어진 일련의 황위 계승 과정이 매우 낯선 풍경이었는데, 이는 천황 아키히토의 '생전퇴위'가 만들어낸 또 하나의 '사건'이 아닐까 싶다. 그렇다면 천황 아키히토의 '생전퇴위'는 어떤 과정을 통해서 '탄생'했을까. 그리고 그것은 전후 일본의 '상징천황제'에서 어떤 의미를 지니고 있을까.

이 책은 그 이유를 찾기 위해 1989년 1월 8일부터 2019년 4월 30일까지 30년간 이어진 헤이세이 시대의 천황과 정치의 관계를 분석한 것이다. 필자에 따르면, 그것은 천황(제) 비판의 전반적 쇠퇴를 배경으로 하는 한편, 일관되게 천황과 천황제 옹호를 주장하던 '우파'와 '전통파'가 천황 비판을 전개하고, 오히려 그동안 천황과 천황제를 강하게 비판하고 경계했던 '리버럴' 측이 온건 보수와 함께 천황과 천황제 옹호의 논리를 내세우는 '뒤틀림'이 등장하는 과정이다. 그리고 그 '뒤틀림'의 원인을 천황 아키히토가 30년 동안 꾸준히 실천한 '상징으로서의 직무', 즉 '여행'이라 불리는 전국 및 외국 방문과 '말씀'으로 대표되는 '헤이세이류'라고 지적한 후, '헤이세이류'야말로 패전 이후 성립한 일본국헌법에 기초한 상징천황제로부터의 '일탈'이라 강하게 비판한다.

　이와 같은 필자의 분석은 전후 일본의 정치적 지형을 규정해온 정치적

문법을 벗어난, 즉 천황(제)에 대한 우파·전통파와 리버럴파·온건 보수파의 '뒤틀린' 평가가 왜 헤이세이 30년 동안 발생했는지 이해하기 어려웠던 우리에게 매우 유효한 관점을 제공한다.

하지만 이 책을 읽으면서 우리가, 다시 말해 '일본인'이 아닌 '타자'로서 주의해야 할 한 가지는 필자가 '헤이세이류'를 일본국헌법의 자유·평등, 국민주권 원칙에 따라 다시 한번 점검하고 개혁하여 헌법이 상정하는 '상징'천황제에 최대한 가깝게 만들어야 한다고 주장하고 있다는 점이다. 이같은 필자의 주장은 전후 일본의 정치적 지형도 차원에서 보자면, 천황을 중심으로 한 국민통합 강화는 필연적으로 국가주의적 질서 재편으로 이어지고, 그 결과는 국민 개개인의 자유를 또다시 어떤 형태로든 구속할 수밖에 없다는, 리버럴파와 좌파를 아우르는 전후 일본의 '범진보 진영'이 견지해온 역사 인식이기 때문이다.

따라서 이 책은 적어도 천황(제)에 한해서는 비판적 입장을 견지하며 공조해온 전후 일본의 '범진보 진영'이 천황 아키히토가 구축한 헤이세이류의 '상징'을 둘러싸고 일으킨 '균열'을 좌파의 시선에서 정리한 것이라 할 수 있다. 이는 이 책의 '후기'를 다음과 같이 마무리짓는 필자의 '바람'을 통해서도 알 수 있다.,

이 책의 검토를 통해서 필자가 가장 말하고 싶었던 것은 '상징'천황과 같은 제한된 '군주'제라도, 국민에게 권위에 대한 의존심과 국민 스스로 해결해야 하는 과제의 '대행' 의식을 재생산하게 되면 민주주의와 국민주권의 강화를 저해하고 또 평등을 비롯한 인권에 커다란 예외 영역을 용인한다는 문제를 내포하고 있다는 점이다.

많은 분이 읽어주셨으면 하는 바람이다.

여기에는 천황(제)과 국민을 대립적 존재로 파악하고, '주권자 국민'이 '국민주권=민주주의와 입헌주의를 천황제라는 분야에 관철'해야 한다는, 전후 일본의 '범진보 진영'의 역사인식을 좌파의 관점에서 재정립하려는 필자의 '바람'이 명확히 제시되고 있다. 이런 의미에서 이 책은 '타자'가 '상징'천황제를 둘러싼 현재 일본의 복잡한 정치적 지형도를 이해할 수 있는 유용한 '설명서'이기도 하다.

이 책의 번역 초고를 가지고 1년간 일반대학원의 수업을 했다. 이 과정에서 '일본인' 이시카와 카나에, 그리고 타자인 '중국인' 이송설과 '한국인' 김형오, 박준범의 상징천황제를 둘러싼 열띤 토론이 있었고, 이것이 번역의 완성도를 높이는 데에 큰 도움이 되었다. 이 자리를 빌려 깊이 감사드린다. 또한 어려운 출판 상황에서도 학술서 번역을 흔쾌히 수락해준 뿌리와이파리 정종주 대표께도 진심으로 감사드린다.

2024년 8월

박삼헌

부록 1: 일본국헌법 '제1장 천황'의 원문과 번역문

第一章　　天皇

第一条　　天皇は、日本国の象徴であり日本国民統合の象徴であつて、この
　　　　　地位は、主権の存する日本国民の総意に基く。

第二条　　皇位は、世襲のものであつて、国会の議決した皇室典範の定める
　　　　　ところにより、これを継承する。

第三条　　天皇の国事に関するすべての行為には、内閣の助言と承認を必要
　　　　　とし、内閣が、その責任を負ふ。

第四条　　① 天皇は、この憲法の定める国事に関する行為のみを行ひ、国政
　　　　　に関する権能を有しない。
　　　　　② 天皇は、法律の定めるところにより、その国事に関する行為を
　　　　　　委任することができる。

第五条　　皇室典範の定めるところにより摂政を置くときは、摂政は、天皇の
　　　　　名でその国事に関する行為を行ふ。この場合には、前条第一項の
　　　　　規定を準用する。

第六条　　① 天皇は、国会の指名に基いて、内閣総理大臣を任命する。
　　　　　② 天皇は、内閣の指名に基いて、最高裁判所の長たる裁判官を
　　　　　　任命する。

第七条　　天皇は、内閣の助言と承認により、国民のために、左の国事に関
　　　　　する行為を行ふ。
　　　　　一　憲法改正、法律、政令及び条約を公布すること。
　　　　　二　国会を召集すること。
　　　　　三　衆議院を解散すること。
　　　　　四　国会議員の総選挙の施行を公示すること。
　　　　　五　国務大臣及び法律の定めるその他の官吏の任免並びに全権
　　　　　　委任状及び大使及び公使の信任状を認証すること。
　　　　　六　大赦、特赦、減刑、刑の執行の免除及び復権を認証すること。
　　　　　七　栄典を授与すること。
　　　　　八　批准書及び法律の定めるその他の外交文書を認証すること。
　　　　　九　外国の大使及び公使を接受すること。
　　　　　十　儀式を行ふこと。

第八条　　皇室に財産を譲り渡し、又は皇室が、財産を譲り受け、若しくは
　　　　　賜与することは、国会の議決に基かなければならない。

제1장 천황

제1조 천황은 일본국의 상징이며 일본국민 통합의 상징으로서 그 지위는 주권을 가진 일본국민의 총의로부터 나온다.

제2조 황위는 세습되며, 국회가 의결한 황실전범이 정하는 바에 따라 계승된다.

제3조 국사에 관한 천황의 모든 행위에는 내각의 조언과 승인이 필요하며, 내각이 그 책임을 진다.

제4조 ① 천황은 이 헌법이 정하는 국사에 관한 행위만을 하며 국정에 관한 권능은 가지지 아니한다.
② 천황은 법률이 정하는 바에 따라 국사에 관한 행위를 위임할 수 있다.

제5조 황실전범이 정하는 바에 따라 섭정을 둘 때에는 섭정은 천황의 이름으로 국사에 관한 행위를 한다. 이 경우에는 제4조 제1항의 규정을 준용한다.

제6조 ① 천황은 국회의 지명에 따라 내각총리대신을 임명한다.
② 천황은 내각의 지명에 따라 최고재판소의 장인 재판관을 임명한다.

제7조 천황은 내각의 조언과 승인에 의해, 국민을 위하여, 다음의 국사에 관한 행위를 한다.

1. 헌법 개정, 법률, 정령 및 조약의 공포
2. 국회의 소집
3. 중의원의 해산
4. 국회의원 총선거 시행의 공시
5. 국무대신 및 법률이 정하는 기타 관리의 임명, 전권위임장 및 대사, 공사 신임장의 인증
6. 사면, 특별사면, 감형, 형 집행의 면제 및 복권의 인증
7. 영전의 수여
8. 비준서 및 법률이 정하는 기타 외교문서의 인증
9. 외국 대사 및 공사의 접수
10. 의식의 행사

제8조 황실에 재산을 양도하거나 황실이 재산을 양수 또는 하사하는 경우에는 국회의 의결에 따라야 한다.

부록 2: 헤이세이의 천황 및 내각, 한일관계 관련 일지*

2019년 4월 30일	천황 아키히토明仁 퇴위, 5월 1일 천황 나루히토德仁 즉위
2017년 5월 19일	아베 내각, 황실전범 개정과 특례법안을 각의결정하고 국회에 제출, 6월 9일 참의원에서 가결
2017년 1월 19일	여야당 10회파, '천황 퇴위 등에 대한 입법부 대응에 관한 전체 회의' 개최
2016년 9월 23일	아베 내각, '천황 공무의 부담 경감 등에 관한 유식자회의' 설치
2016년 8월 8일	천황, '퇴위'를 밝히는 '말씀おことば' 공표
2016년 7월 13일	NHK, 특종으로 천황의 퇴위 의향 보도
2016년 3월	'황실전범 개정준비실'이 보고서 「천황 폐하의 부담 경감책에 대해」 작성
2015년 12월 28일	위안부 문제에 관해 한국 정부와 한일합의 체결
2015년 8월 15일	'전국 전몰자 추도식'에서 천황이 식순을 착각하는 사건 발생
2015년 8월 14일	아베 수상, '전후 70년 담화' 발표
2015년 5월 14일	아베 내각, 안보법제를 각의결정, 15일 국회 제출, 9월 19일 강행 돌파
2015년 4월 24일	참여회의参与会議에서 천황 양위와 관련한 대對국민 '말씀' 원안 공개
2015년 4월 8일	천황, 팔라우 방문(~9일)
2014년 7월 1일	아베 내각, 각의결정으로 그때까지 헌법 9조에 따라 자위대의 해외 무력 행사 및 전쟁 가담을 금지해온 정부해석을 변경
2014년 4월 1일	'무기 수출 3원칙' 폐기, '방위 장비 이전 3원칙'을 각의결정
2013년 12월 26일	아베 수상, 야스쿠니 신사 전격 참배
2013년 12월 4일	국가안전보장회의 창설
2013년 10월 25일	특정비밀보호법안을 각의결정으로 국회에 제출, 12월 6일 성립
2013년 4월 28일	아베 정권, '주권 회복·국제사회 복귀를 기념하는 식전'을 처

---

* 독자들의 이해를 돕기 위해, 본문에 등장하는 일본 천황 아키히토를 비롯한 황가, 1980년 대 이래의 일본 내각, 일본국헌법, 그리고 한일관계와 관련된 주요한 사건들을 일지로 정리했다.—편집부

음으로 개최

2012년 12월 14일	제2차 아베 내각 출범, 제4차 내각(~2020년 9월 12일까지 7년 8개월간 집권)
2012년 2월 29일	여성 미야케 구상 등에 대한 유식자 의견청취 시작(~7월 5일, 6회), 10월 5일 보고서 「황실제도에 관한 유식자 의견청취를 토대로 한 논점 정리」 공표
2011년 11월 11일	아키시노노미야, 탄생일 회견에서 천황 '정년제'를 언급
2011년 3월 11일	3·11 동일본대지진 발생
2010년 7월 22일	천황, 참여회의에서 처음으로 '양위' 의향 표명
2011년 9월 2일	민주당 노다 요시히코野田佳彦 내각 출범
2009년 12월 15일	천황, 방일한 시진핑 중국 국가부주석과 회견
2009년 9월 16일	민주당 하토야마 유키오鳩山由起夫 내각 출범
2008년 12월	천황, 내시경 검사 결과 급성 위점막병변 진단
2008년 9월 24일	아소 다로麻生太郎 내각 출범
2007년 9월 26일	후쿠다 야스오福田康夫 내각 출범
2006년 9월 26일	제1차 아베 내각 출범
2006년 9월 6일	아키시노노미야 부부의 둘째이자 첫 아들 히사히토悠仁 출생
2006년 8월 15일	고이즈미 수상, 야스쿠니 참배 강행
2006년 7월 20일	『니혼게이자이 신문』에 전 궁내청 장관 도미타 아사히코의 소위 '도미타 메모'가 공개됨
2006년 2월 8일	고이즈미, 중의원 예산위원회에서 황실전범 개정 연기 표명
2006년 2월 7일	아키시노노미야비秋篠宮妃 기코의 회임 발표
2005년 6월 27일	천황 부부, 사이판섬 방문(~28일)
2005년 8월 8일	중의원 해산, 9월 11일 '우정민영화 총선거'에서 자민당 대승
2004년 12월 27일	고이즈미 수상, '황실전범에 관한 유식자회의' 설치
2004년 5월 10일	황태자, (덴마크-포르투갈-스페인 방문 전) 기자회견에서 소위 '인격 부정' 발언
2003년 12월 26일	자위대, 최초로 타국 영토(이라크) 파병(항공자위대 선발대 48인)
2003년 12월 3일	황태자비 마사코의 장기 요양 시작
2003년 7월 20일	이라크 특조법 제정

2003년 3월 20일	미 부시 정권, 이라크 침공
2002년 4월 21일	고이즈미 수상, 야스쿠니 신사 춘계예대제 참배
2001년 12월 1일	황태자 부부의 첫째딸 아이코愛子 출산
2001년 10월 29일	테러대책 특조법 제정
2001년 10월 8일	고이즈미 방중, 장쩌민 국가주석과 회담
2001년 9월 11일	9·11테러 발생
2001년 8월 13일	고이즈미 수상, 야스쿠니 참배
2001년 4월 26일	고이즈미 준이치로小泉純一郎 내각 출범
2000년 4월 5일	모리 요시로森喜朗 내각 출범
1998년 7월 30일	오부치 게이조小渕恵三 내각 출범
1996년 1월 11일	하시모토 류타로橋本龍太郎 내각 출범
1995년 8월 15일	무라야마 수상, '무라야마 담화' 발표
1994년 6월 30일	무라야마 도미이치村山富市 연립내각 출범
1995년 1월 17일	한신·아와지 대지진 발생
1994년 4월 28일	하타 쓰토무羽田孜 내각 출범
1993년 8월 9일	호소카와 모리히로細川護煕 연립내각 출범
1993년 6월 9일	나루히토 황태자와 오와다 마사코小和田雅子 결혼
1992년 11월 5일	미야자와 기이치宮澤喜一 내각 출범
1992년 10월 23일	천황 방중, 양상쿤 국가주석과 만찬
1990년 5월 24일	노태우 대통령 방일, 천황과 만찬
1989년 8월 10일	가이후 도시키海部俊樹 내각 출범
1989년 4월 12일	리펑 중국 총리 방일
1989년 1월 7일	쇼와 천황(히로히토裕仁) 사거, 천황 아키히토明仁 즉위
1987년 11월 6일	다케시타 노보루竹下登 내각 출범
1985년 8월 15일	나카소네 수상, 야스쿠니 신사 공식 참배
1984년 9월 6일	전두환 대통령 방일, 쇼와 천황 주최로 만찬
1982년 11월 27일	나카소네 야스히로中曾根康弘 내각 출범

미주

들어가며

1 천황의 '여행'에 관해서는 연구가 많다. 최근 연구로는 竹内正浩, 『旅する天皇』, 小学館, 2018; 井上亮, 『象徴天皇の旅』, 平凡社新書, 2018; 原武史, 『平成の終焉』, 岩波新書, 2019 등 참조.

제1장

1 渡辺治, 『講座現代日本 1: 現代日本の帝国主義化』, 大月書店, 1996.

2 渡辺治, 『戦後史のなかの安倍改憲』, 新日本出版社, 2018, p. 85.

3 「日韓『お言葉』摩擦·真相はこうだ」, 『週刊朝日』, 1990년 6월 1일호, p. 154.

4 쇼와 천황과 정치에 대해서는 渡辺治, 『戦後政治史の中の天皇制』, 青木書店, 1990 참조.

5 「주요 식전 말씀(1989년) 즉위 후 조현 의식」, 1989년 1월 9일, 궁내청 홈페이지.

6 위와 동일.

7 村松剛 外 座談会, 「皇室と平民の間」에서 가와하라 도시아키가 한 발언, 『諸君!』, 1989년 1월호, p. 51.

8 위의 글, p. 49.

9 위의 글, p. 50.

10 1981년 7월 기자회견, 薗部英一 編, 『新天皇家の自画像—記者会見全記録』, 文藝春秋, 1989, p. 248.

11 이 경위에 대해서는 渡辺治, 『日本の大国化とネオ·ナショナリズムの形成』, 桜井書店, 2001, 제1장, 88ff.

12 西部邁 外, 「徹底討論『開かれた皇室』とは何か」, 『文藝春秋特別号 大いなる昭和』, 1989년 3월, p. 620.

13 위의 글, p. 621.

14 위의 글, p. 623.

15 「주요 식전 말씀(1990년)」, 궁내청 홈페이지.

16 '사죄'에 관해서는 若宮啓文, 『和解とナショナリズム』, 朝日選書, 1995(증보판 2006) 참조(김충식 옮김, 『화해와 내셔널리즘』, 나남출판, 2007).

17 위의 책, p. 271.

18 牧太郎, 『中曾根政権一八〇六日(上)』, 行研, 1988, p. 344.

19 「日韓『新時代』への希望度」, 『週刊朝日』, 1984년 9월 21일호, 20ff.

20 앞의 牧太郎, 『中曾根政権一八〇六日(上)』, p. 345. 高橋紘, 『人間天皇(上)』, 講談社, 2011, p. 361.

21 위의 高橋紘 『人間天皇(上)』, p. 359.

22 앞의 牧太郎, 『中曾根政権一八〇六日(上)』, p. 345.

23 岩見隆夫, 『陛下の御質問』, 毎日新聞社, 1992, p. 59.

24 앞의 牧太郎, 『中曾根政権一八〇六日(上)』, p. 344.

25 앞의 「日韓『新時代』への希望度」, p. 23.

26 앞의 牧太郎, 『中曾根政権一八〇六日(上)』, p. 346.

27 위의 책, p. 350.

28 「徹底検証 日韓『お言葉』摩擦」, 『週刊朝日』, 1990년 6월 8일호, p. 23.

29 전 동궁시종東宮侍従 하마오 미노루浜尾実의 발언, 위의 글, p. 23.

30 위의 글, p. 24.

31 「小沢幹事長インタビュー 土下座する必要がないとはいっていない」, 앞의 「日韓『お言葉』摩擦・真相はこうだ」, p. 154.

32 野坂昭如, 「僕が海部首相ならこう言う」, 위의 글, p. 157.

33 杉原泰雄, 「天皇を謝る立場に置かないことが、戦後の反省だったのに……」, 앞의 「徹底検証 日韓『お言葉』摩擦」, p. 24.

34 천황의 중국 방문 경위는 앞의 若宮啓文의 책, 295ff.와 杉浦康之, 「天皇訪中1991~92年」, 高原明生・服部龍二 編, 『日中関係史 1972~2012 Ⅰ 政治』, 東京大学出版会, 2012 참조.

35 양첸아楊振亜의 발언, 위의 杉浦康之 글, p. 261에서 인용.

36 위의 글, p. 261.

37 銭其琛, 『銭其琛回顧録』, 東洋書院, 2006, pp. 184~185. 또한 앞의 杉浦康之 글, p. 263

38 그 전형은 カレル・ヴァン・ウォルフレン(Karel van Wolferen, 『日本 / 権

力構造の謎(The Enigma of Japanese Power』, 早川書房, 1990(London: Macmillan, 1989; ジェームズ・ファローズ(James Fellowes, 『日本封じ込め―強い日本 vs. 巻き返すアメリカ(Containing Japan More Like Us』, TBSブリタニカ, 1989 등.

39 渡辺治, 「日本の大国化・その緒段階と困難」, 渡辺治・後藤道夫 編, 『講座戦争と現代 1 「新しい戦争」の時代と日本』, 大月書店, 2003 참조.

40 編集部, 「天皇訪中決定までの奇々妙々」, 『文藝春秋』, 1992년 10월호, p. 108.

41 위의 글, p. 108.

42 ご訪中問題懇親会 編, 『天皇陛下ご訪中問題』, 展転社, 1992.

43 「天皇陛下ご訪中に際してのお言葉」, 위의 책, p. 4 수록.

44 「천황 폐하 즉위 시(1989년) 천황 황후 양 폐하 기자회견」, 1989년 8월 4일, 궁내청 홈페이지.

45 앞의 「皇族と平民の間」, p. 56.

46 「外務省はこう考えた」, 『諸君!』, 1992년 10월호, p. 63.

47 「座談会・ご訪中問題をふり返る」, 鈴木正男 발언, 앞의 ご訪中問題懇親会 編, 『天皇陛下ご訪中問題』, p. 37.

48 우파인 오하라 야스오(大原康男는 "천황을 원수로 인정하지 않는 일본공산당은 일관되게 방중을 반대했다. 우리와는 입장이 다르지만, 이것은 그 나름대로 일관성을 지닌다"고 지적하고 있다. 위의 책, p. 66.

49 奥平康弘, 「『天皇』の為しうる行為について」, 『世界』, 1992년 10월호.

50 「天皇陛下の憲法問題」, 『諸君!』, 1992년 10월호, 26ff.

51 앞의 若宮啓文, 『和解とナショナリズム』, 312ff.

52 위의 책.

53 앞의 ご訪中問題懇親会 編, 『天皇陛下ご訪中問題』, 33ff.

54 주 47의 좌담회에서 鈴木正男가 한 발언, 위의 책, p. 80.

55 佐藤考一, 『皇室外交とアジア』, 平凡社, 2007, 150ff.

56 앞의 井上亮, 『象徴天皇の度』, p. 206.

57 위의 책, p. 200.

58 앞의 奥平康弘, 「『天皇』の為しうる行為について」, p. 29.

59 후지모리 쇼이치藤森昭一 궁내청장관에 따르면, 천황은 방중 당시, "'말씀'의 작

성에 …… 전례 없는 노력을 기울이는 모습"(『朝日新聞』, 1992. 10. 24.)이었다.

60 앞의 渡辺治·後藤道夫 編, 『講座戦争と現代 1「新しい戦争」の時代と日本』 수록 논문(渡辺治, 「アメリカ帝国主義の自由市場形成戦略と現代の戦争」) 참조.

61 앞의 渡辺治, 「日本の大国化·その緒段階と困難」, 위의 책, 참조.

62 酒井信彦, 「皇太子殿下に諫言する」, 『諸君!』, 1993년 5월호.

63 위의 글, p. 82.

64 加地伸行, 「天皇の役割は国民のために祈ることだ」, 『諸君!』, 1993년 12월호, p. 45.

65 村松剛, 「皇后陛下への批判は問題の焦点を見失わせる」, 위의 책, p. 44.

66 앞의 加地伸行, 「天皇の役割は国民のために祈ることだ」, 『諸君!』, p. 46.

67 위의 글, p. 47.

68 위의 글.

69 위의 글, pp. 47~48.

70 자세한 내용은 渡辺治, 『政治改革と憲法改正』, 青木書店, 1994 참조.

71 『슈칸분슌』과 『슈칸아사히』의 논쟁은 篠田博之, 「皇后バッシング報道とは何だったのか」, 『創』, 1994년 1월호, 30ff.

72 「にわかに噴出した女帝合唱 美智子皇后バッシング」, 『週刊朝日』, 1993년 10월 1일호 등.

73 위의 글.

74 福田和也, 「コメと憲法と天皇制」, 『諸君!』, 1993년 12월호, p. 57.

75 大原康男, 「諫争論―皇室批判』のたしなみ」, 『諸君!』, 1993년 10월호, p. 98.

76 위의 글, p. 95.

제2장

1 渡辺治, 『安倍政権論―新自由主義から新保守主義へ』, 旬報社, 2007, 99ff.

2 조지 5세 전기와 고이즈미 신조의 아키히토 교육에 관해서는 小泉信三, 『ジョオジ五世伝と帝室論』, 文芸春秋, 1989; 瀬畑源, 「明仁天皇論」, 吉田裕·瀬畑源·河西秀哉 編, 『平成の天皇制とは何か』, 岩波書店, 2017 수록, 12ff.

3 필자가 참고한 '헤이세이류'에 대한 주요 연구는 다음과 같다. 앞의 吉田裕·瀬

畑源·河西秀哉 編,『平成の天皇制とは何か』 수록 논문; 河西秀哉,『明仁天皇と戦後日本』, 洋泉社, 2006(증보판, 人文書院, 2020); 岩井克己,『天皇家の宿題』, 朝日新聞, 2006; 앞의 井上亮,『象徴天皇の旅』; 河西秀哉·瀬畑源·森暢平編,『地域から見える天皇制』, 吉田書店, 2020.

4   앞의 原武史,『平成の終焉』, 제2장, 70ff.

5   薗部英一編,『新天皇家の自画像』, 文藝春秋, 1989, p. 221.

6   「천황 폐하 탄생일에 즈음하여(1994년)」, 궁내청 홈페이지.

7   앞의 原武史,『平成の終焉』, p. 79.

8   앞의 井上亮,『象徴天皇の旅』, p. 61; 原武史, 위의 책, p. 128.

9   위의 井上亮,『象徴天皇の旅』, p. 19.

10   「천황 폐하 탄생일에 즈음하여(1994년)」, 궁내청 홈페이지.

11   앞의 井上亮,『象徴天皇の旅』, p. 66

12   「천황 폐하 탄생일에 즈음하여(2002년)」, 궁내청 홈페이지.

13   앞의 原武史,『平成の終焉』, 130ff.

14   「천황 폐하 즉위 10년에 즈음하여(1999년)」, 궁내청 홈페이지.

15   앞의 薗部英一編,『新天皇家の自画像』, 85ff.

16   앞의 井上亮,『象徴天皇の旅』, p. 61.

17   「천황 폐하 탄생일에 즈음하여(1992년)」, 궁내청 홈페이지.

18   앞의 原武史,『平成の終焉』, 172ff.

19   앞의 薗部英一編,『新天皇家の自画像』, p. 248.

20   앞의 原武史,『平成の終焉』, p. 137.

21   吉田裕,「『平成流』平和主義の歴史的·政治的文脈」, 吉田·瀬畑·河西編, 앞의 『平成の天皇制とは何か』 수록.

22   「주요 행사의 말씀(1995년)」, 궁내청 홈페이지.

23   「주요 행사의 말씀(2015년)」, 궁내청 홈페이지.

24   그렇지만 이 '말씀'은 2016년에 다시 제2단락은 원래의 문장으로 되돌아가고, 제3단락에서도 '지난 대전에 대한'이라는 문구가 사라져서 '깊은 반성과 함께'로 애매하게 되어버렸다.

25   앞의 吉田裕,「『平成流』平和主義の歴史的·政治的文脈」, 특히 pp. 112~116.

26   薬師寺克行編,『村山富市回顧録』, 岩波書店, 2012.

27 위의 책, p. 214.

28 奥野誠亮,『派に頼らず、義を忘れず』, PHP研究所, 2002, 19ff.

29 「전후 50주년 종전기념일을 맞이하여」(이른바 무라야마 담화), 1995년 8월 15일, 외무성 홈페이지 「담화·코멘트」. 담화의 평가는 山田昭次,『全国戦没者追悼式批判』, 影書房, 2014, 136ff.

30 이 점은 요시다 유타카도 지적하고 있다. 앞의 吉田裕,「『平成流』平和主義の歴史的·政治的文脈」, p. 113.

31 앞의 주 24 참조. 요시다 유타카도 위의 글 113쪽에서 후퇴 사실을 언급한다.

32 앞의 岩井克己,『天皇家の宿題』, p. 48.

33 「천황 폐하 즉위에 즈음하여(1989년)」, 궁내청 홈페이지.

34 「주요 행사의 말씀(1992년)」, 궁내청 홈페이지.

35 「천황 폐하 탄생일에 즈음하여(1994년)」, 궁내청 홈페이지.

36 앞의 岩井克己,『天皇家の宿題』, p. 48.

37 앞의 吉田裕,「『平成流』平和主義の歴史的·政治的文脈」, p. 125.; 川島裕,『随行記』, 文藝秋春, 2016, p. 37.

38 「주요 행사의 말씀(2005년)」, 궁내청 홈페이지.

39 앞의 吉田裕,「『平成流』平和主義の歴史的·政治的文脈」, p. 129.

40 위의 책, 129쪽 이하에서, 요시다는 ① 대對한국 감정 악화, ② 아베 정권이 검토하고 있던 '전후 70년 담화'에 대한 고려, ③ 본래 아키히토의 해외 '위령 여행'은 일본인 전몰자 위령이 목적이었다는 것 등을 요인으로 들고 있다.

41 이 점에 관해서는 다수의 문헌이 있지만, 그것을 개관한 것으로 우선 다음을 참고하길 바란다. 横田耕一,「日本の公法学における憲法第一章(戦後)」,『ジュリスト』993호, 1989, 66ff.; 佐藤力,「天皇の象徴性」,『ジュリスト』130호, 1957.

42 앞의 井上亮,『象徴天皇の旅』, p. 31.

43 清宮四郎,『法律学全集 憲法1』, 有斐閣, 1957; 小嶋和司,「天皇の機能について」,『法律時報』24권 10호, 1952 등 참조.

44 角田礼次郎政府委員, 第75回国会1975年3月18日, 衆議院内閣委員会7号, p. 21.

45 '정부통일의견', 2010년 2월 18일, 중의원 예산위원회 이사회 제출 자료.

46 앞의 角田礼次郎 政府委員.

47 메이지헌법의 구조는 우선 渡辺治,「明治憲法下の国民生活」, 杉原泰雄編,『市

民のための憲法読本』, 筑摩書房, 1982 참조.

48 위의 글.

49 천황 자신의 변명은 寺崎英成ほか編, 『昭和天皇独白録』, 文藝春秋, 1991. 이런 종류의 논의는 많이 있다.

50 井上清, 『天皇の戦争責任』, 現代評論社, 1975; 家永三郎, 『戦争責任』, 岩波書店, 1985; 藤原彰ほか, 『天皇の唱和史』, 新日本出版, 1984; 山田朗, 『昭和天皇の軍事思想と戦略』, 校倉書房, 2002 등 참조.

51 이 점에 대해서는 앞의 渡辺治, 『戦後政治史の中の天皇制』, 제2부 제2장 참조.

52 위의 책.

53 앞의 岩井克己, 『天皇家の宿題』, p. 66.

54 앞의 井上亮, 『象徴天皇の旅』, p. 145.

55 앞의 岩井克己, 『天皇家の宿題』, p. 66.

56 앞의 井上亮, 『象徴天皇の旅』, pp. 145~146.

57 앞의 岩井克己, 『天皇家の宿題』, p. 39.

58 위의 책.

59 앞의 井上亮, 『象徴天皇の旅』, p. 25.

60 「주요 식전 말씀(2005년)」, 궁내청 홈페이지.

61 앞의 井上亮, 『象徴天皇の旅』, p. 66.

62 「상징으로서의 직무에 대한 천황 폐하의 말씀」, 궁내청 홈페이지.

63 앞의 蘭部英一編, 『新天皇家の自画像』, pp. 350~351.

64 「천황 폐하 탄생일을 맞이하여(1995년)」, 궁내청 홈페이지.

65 앞의 蘭部英一編, 『新天皇家の自画像』, p. 161.

66 「천황 폐하 결혼 만 50년을 맞이하여(2009년)」, 궁내청 홈페이지. 또한 같은 내용을 五味洋治, 『生前退位をめぐる安倍首相の策謀』, 宝島社, 2017, pp. 161~162 에서도 인용하고 있다.

67 앞의 蘭部英一編, 『新天皇家の自画像』, p. 568.

68 위의 책, p. 568.

69 위의 책, p. 568.

70 위의 책, p. 570.

71 위의 책, p. 100.

72 위의 책, p. 100.

73 위의 책, p. 604.

74 『世界』1946년 4월호, 나중에『津田左右吉全集』第3卷, 岩波書店, 1963, 439쪽 이하에「일본의 국가형성 과정과 황실의 항구성에 관한 사상의 유래(日本の国家形成の過程と皇室の恒久性に関する思想の由来)」로 제목이 바뀌어 수록되었다.

75 위의 책, p. 453.

76 위의 책, p. 454.

77 위의 책, p. 459.

78 위의 책, p. 461.

79 위의 책, p. 469.

80 위와 동일.

81 위와 동일.

82 위의 책, p. 470.

83 위의 책, pp. 470~471.

84 美濃部達吉,「民主主義と我が議会制度」,『世界』, 1946년 1월호.

85 石井良介,『天皇―天皇統治の史的解明』, 弘文堂, 1952. 나중에 제목을 바꿔서『天皇―天皇の生成および不親政の伝統』, 山川出版, 1982.

86 和歌森太郎,『天皇制の歴史心理』, 弘文堂, 1973.

87 福沢諭吉,『帝室論』, 丸善, 1882.『福沢諭吉全集』제5권, 岩波書店, 1959 수록.

88 平山周吉,「天皇皇后両陛下の『政治的ご発言』を憂う」,『新潮45』, 2015년 7월호, p. 24.

89 앞의 薗部英一編,『新天皇家の自画像』, p. 161.

90 위의 책, pp. 601~603.

91 위의 책, pp. 370~371.

92 위의 책, p. 603.

93 쇼와 천황은 간담회에서 '적자赤子'라고 말했다.

94 高橋紘編,『陛下, お尋ね申し上げます』, 文春文庫, 1988, pp. 254~255. 앞의 五味洋治,『生前退位をめぐる安倍首相の策謀』, p. 143에서도 이 자료를 인용하고

있다.

95 앞의 薗部英一編,『新天皇家の自画像』, p. 124.

96 위의 책, p. 185.

97 위의 책, p. 494.

98 위의 책, p. 602.

99 위의 책, pp. 601~602.

100 메이지 천황도 쇼와 천황도 적극적으로 정치에 관여했다는 것에 대해서는 安田浩,『天皇の政治史』, 青木書店, 1998(나중에 吉川弘文館에서 복각, 2019).

101 앞의 吉田裕,「『平成流』平和主義の歴史的·政治的文脈」, 118ff.

102 「주요 행사의 말씀 천황 폐하 재위 30년 기념식」, 2019년 2월 24일, 궁내청 홈페이지.

103 다만, 2003년의 아키히토 즉위 15년 기자회견에서는, 헤이세이의 15년과 비교하면서 쇼와 전기의 15년을 되돌아보며 "일본은 이 기간 대부분 단속적斷續的으로 중국과 전투상태에 있었습니다"라고 말하면서 지난 濟南사건, 장쭤린 폭사사건, 만주사변, 상하이사건 등을 언급하고 있다. 하지만 어디까지나 배경으로서 언급하는 것에 지나지 않는다.

104 「천황 폐하 탄생일을 맞이하여(2003년)」, 궁내청 홈페이지.

105 「천황 폐하의 감상(신년을 맞이하여, 2015년)」, 궁내청 홈페이지.

106 앞의 吉田裕,「『平成流』平和主義の歴史的·政治的文脈」, p. 118.

107 「천황 폐하 탄생일을 맞이하여(2005년)」, 궁내청 홈페이지.

108 앞의 吉田裕,「『平成流』平和主義の歴史的·政治的文脈」, p. 118.

109 위의 글, p. 115, p. 116, p. 130 외.

110 「천황 폐하 탄생일을 맞이하여(2005년)」, 궁내청 홈페이지.

111 앞의 吉田裕,「『平成流』平和主義の歴史的·政治的文脈」, p. 1~2.

112 앞의 山田明,『昭和天皇の軍事思想と戦略』; 山田朗,『大元帥昭和天皇』, 日本本出版社, 1994.

113 앞의 薗部英一編,『新天皇家の自画像』, p. 105.

114 위의 책, p. 560.

115 앞의 山田明,『昭和天皇の軍事思想と戦略』, p. 308.

116 앞의 薗部英一編,『新天皇家の自画像』, p. 113.

117 「83, 84年教科書検定」,『教科書レポート 85』, 出版労連, 1985, p. 69. 松田州弘, 「沖縄戦の実相を隠すな」,『教科書レポート 86』, 出版労連, 1986, 50ff. 등.

118 大江健三郎,『沖縄ノート』, 岩波新書, 1970.

119 家永三郎,『太平洋戦争』, 岩波書店, 1968.

120 進藤栄一,「分割された領土―沖縄・千島・そして安保」,『世界』, 1979년 4월호.

121 천황・황후는 사이판을 방문할 때는 방위청 전사연구실 책임자로부터(앞의 川島裕, p. 19), 그리고 펠렐리우섬 방문을 앞두고는 방위성 방위연구소 전사연구센터장 쇼지 준이치로庄司潤一郎를 불러 강의를 들었다(앞의 井上清, p. 237).

122 앞의 山田明,『昭和天皇の軍事思想と戦略』; 앞의 山田朗,『大元帥昭和天皇』 등.

123 林博史,『沖縄戦―強制された集団自決』, 吉川弘文館, 2009; 林博史,『沖縄戦が問うもの』, 大月書店, 2010.

124 자세한 내용은 渡辺治,「近代天皇制・天皇制の課題」, 歴史科学協議会編,『歴史学が挑んだ課題』, 大月書店, 2017 참조.

125 古川貞二郎,『私の履歴書』, 日本経済新聞社, 2015, 126ff.

126 加藤孔昭,「男子一系は絶対か」,『This is 読売』, 1996년 1월호 수록.

127 앞의 古川貞二郎,『私の履歴書』, 日本経済新聞社, 2015, p. 126.

128 櫻井よしこ・八木秀次・小堀桂一郎,『女系天皇論の大罪』, PHP研究所, 2006, p. 29.

129 友納尚子,『雅子妃の明日』, 文藝春秋社, 2006; 友納尚子,『ザ・プリンセス 雅子妃物語』, 文藝春秋, 2015.

130 「황태자・황태자비 양 전하 기자회견 뉴질랜드, 오스트레일리아 방문에 즈음하여(2002년)」, 2002년 12월 5일.

131 앞의 友納尚子,『ザ・プリンセス 雅子妃物語』, p. 250.

132 위와 같은 책.

133 위와 같은 책, p. 263.

134 앞의 岩井克己,『天皇家の宿題』, p. 170.

135 「덴마크, 포르투갈, 스페인 방문에 즈음하여(2004년)」, 궁내청 홈페이지. 앞의 友納尚子,『ザ・プリンセス 雅子妃物語』, pp. 274~275.

136 위의 책, pp. 290~296.

137 『朝日新聞』, 2004년 12월 24일자, 위의 책, p. 196.

138 앞의 友納尚子, 『ザ・プリンセス 雅子妃物語』, p. 188.

139 「천황 폐하 탄생일을 맞이하여(2002년)」, 궁내청 홈페이지.

140 앞의 櫻井よしこ・八木秀次・小堀桂一郎, 『女系天皇論の大罪』, p. 29, p. 33.

141 「女性天皇容認」, 『選択』, 2005년 11월호, p. 111.

142 경위는 横手逸男, 「近年の皇位継承をめぐる論議に関する一考察」, 『浦和論叢』 39호, 2008. 7.

143 『朝日新聞』, 2005년 11월 26일자.

144 「『女系容認』はひっくり返る」, 『選択』, 2006년 2월호, p. 48.

145 「小泉が『愛子天皇』に固執する理由」, 『選択』, 2006년 3월호, p. 100.

146 渡辺治, 「近年の天皇論議の歪みと皇室典範の再検討」, 앞의 吉田裕・瀬畑源・河西秀哉 編, 『平成の天皇制とは何か』 수록.

147 앞의 櫻井よしこ・八木秀次・小堀桂一郎, 『女系天皇論の大罪』, p. 120.

148 위의 책, p. 38.

149 위의 책, p. 50.

150 위의 책, p. 134.; 『中央公論』, 2006년 1월호.

151 위의 책, p. 152.

152 위의 책, p. 104 이하의 고보리 게이이치로小堀桂一郎 발언.

153 「憲法調査会第三回総会議事録」, 『自由民主党憲法調査会資料三』 수록, p. 82.

154 앞의 櫻井よしこ・八木秀次・小堀桂一郎, 『女系天皇論の大罪』, p. 120.

155 위의 책, p. 184.

156 앞의 岩井克己, 『天皇家の宿題』, p. 226.

157 위의 책, p. 230.

158 「これでよいのか皇太子家の変容」, 『選択』, 2007년 2월호, p. 110.

159 앞의 渡辺治, 『戦後政治史の中の天皇制』, 제2부 제4장 참조.

160 위의 책, 제5장 4.

161 위의 책, 제6장 4.

162 「天皇の靖国参拝」, 『選択』, 2005년 9월호, p. 111.

163 読売新聞政治部, 『外交を喧嘩にした男』, 新潮社, 2006, p. 222.

164 위의 책, p. 223.

165 위의 책, 224ff.

166 위의 책, 226ff.

167 위의 책, 227ff., 『選択』, 2001년 9월호, p. 49.

168 앞의 読売新聞政治部, 『外交を喧嘩にした男』, 234ff.

169 이 제약에 대해 자세하게는 渡辺治, 『戦後史のなかの安倍改憲』, 新日本出版社, 2018 참조.

170 毎日新聞「靖国」取材班, 『靖国戦後秘史』, 毎日新聞社, 2007, p. 228.

171 위의 책, p. 230.

172 板垣正, 『靖国公式参拝の総括』, 展転社, 2000, 184ff.

173 앞의 毎日新聞「靖国」取材班, 『靖国戦後秘史』, p. 154.

174 앞의 「天皇の靖国参拝」, 『選択』, p. 111.

175 石原慎太郎・佐々淳行, 「陛下、ご参拝を!」, 『諸君!』, 2005년 9월호, p. 34.

176 상세한 내용은 앞의 毎日新聞「靖国」取材班, 『靖国戦後秘史』, 14ff.

177 위의 책, p. 16.

178 예를 들어 徳川義寛, 『侍従長の遺言』, 朝日新聞, 1997, p. 182.

179 앞의 毎日新聞「靖国」取材班, 『靖国戦後秘史』, p. 19.

180 위의 책, p. 17.

181 「小泉は八・一五靖国参拝を敢行する」, 『選択』, 2006년 8월호, p. 86.

182 앞의 「天皇の靖国参拝」, 『選択』, p. 113.

183 위의 책, p. 110.

184 앞의 渡辺治, 『安倍政権論—新自由主義から新保守主義へ』 참조.

185 安倍晋三, 『美しい国へ』, 文藝春秋, 2006, 66ff.

186 『安倍晋三対談論集』, PHP研究所, 2006, p. 26.

187 靖国神社崇敬奉賛会, 『平成十六年度記録集』, 2005, p. 120.

188 앞의 毎日新聞「靖国」取材班, 『靖国戦後秘史』, p. 85.

189 민주당 정권에 관해서는 渡辺治, 「民主党政権論」, 『賃金と社会保障』 1533호 (2011년 3월) 참조.

190 斎藤吉久, 「皇統を揺るがす羽毛田長官の危険な願望」, 『正論』, 2009년 12월호, p. 110.

191 위의 책, p. 108.

192 경위는 「小沢と鳩山は天皇に土下座して謝れ」, 『週刊文春』, 2009년 12월 24일호, 24ff.

193 中西輝政, 「小沢一郎『天皇観』の異様」, 『文藝春秋』, 2010년 2월호, p. 94.

194 앞의 「小沢と鳩山は天皇に土下座して謝れ」, 『週刊文春』, p. 24.

195 위의 글.

196 福島和也, 「小沢は歴史観がない。切腹ものだ」, 『週刊文春』, 2009년 12월 24일호.

197 앞의 中西輝政, 「小沢一郎『天皇観』の異様」, 『文藝春秋』; 中西輝政, 「小沢一郎の大罪」, 『Voice』, 2010년 2월호.

198 笠原英彦, 「『天皇軽視』が招く『皇室クライシス』」, 『新潮45』, 2010년 3월호, p. 30.

199 文藝春秋編集部, 「皇后は退位に反対した」, 『文藝春秋』, 2016년 10월호, p. 94.

200 유식자 의견청취 제1회 사이토 쓰토무斎藤勤 관방부장관의 모두 발언(「第一回議事録」, p. 1) 등.

201 예를 들어 유식자 의견청취 제2회에서의 당돌한 소노베 발언 "저는 매우 괴롭다"(p. 8), 제3회 의견 청취(p. 21) 등.

202 大原康男, 「女性宮家創設に騙されるな」, 『明日への選択』, 2012년 1월호.

203 安倍晋三, 「民主党に皇室典範改正はまかせられない」, 『文藝春秋』, 2013년 2월호, p. 95.

204 有職者ヒアリング「第三回議事録」, 2012년 4월 10일, p. 15.

205 위의 자료, p. 15.

206 위의 자료, p. 15.

207 위의 자료, 1ff.

208 위의 자료, p. 1.

209 위의 자료, p. 1.

210 위의 자료, p. 2.

211 모모치 발언은 위의 자료, pp. 13~14. 야기 발언은 「第六回議事録」, 2012년 7

월 5일, p. 17.

212 야기, 위의 「第六回議事錄」, p. 14.

제3장

1 아베 정권의 성격은 渡辺治, 「安倍政権とは何か」, 岡田知弘·後藤道夫·二宮厚美·渡辺治, 『〈大国〉への執念』, 大月書店, 2014 참조.

2 渡辺治, 「秘密保護法制の歴史的展開と歴代の秘密保護法」, 右崎正博·清水雅彦外編, 『秘密保護法から「戦争する国」へ』, 旬報社, 2013 참조.

3 春原剛, 『日本版NSCとは何か』, 新潮社, 2014.

4 앞의 渡辺治, 『戦後史のなかの安倍改憲』, 제2장 참조.

5 앞의 渡辺治, 『戦後史のなかの安倍改憲』, 제3장 참조.

6 앞의 『安倍晋三対談論集』, pp. 81~82.

7 앞의 安倍晋三, 「民主党に皇室典範改正はまかせられない」, p. 100.

8 朝日新聞取材班, 『秘録退位改元』, 朝日新聞社, 2019 , p. 242.

9 주권 회복 기념식에 관해서는 西川伸一, 「『主権回復·国際社会復帰を記念する式典』を批判する—その政治的含意をめぐって」, 『政経論叢』82권 3·4합본호, 2014 참조.

10 위의 논문, 226ff.

11 위의 논문, 242ff.

12 2013년 3월 26일자 「소위 4·28『주권 회복의 날』 정부 식전에 관한 질문주의서(いわゆる4·28『主権回復の日』政府式典に関する質問主意書)」, 그해 4월 11일자 「재질문서(再質問書)」, 그해 5월 14일자 「소위 4·28『주권 회복의 날』 정부 식전 거행 결과와 향후 개최에 관한 질문주의서(いわゆる4·28『主権回復の日』政府式典の挙行結果と今後の開催に関する質問主意書)」, 그리고 앞의 西川伸一, 「『主権回復·国際社会復帰を記念する式典』を批判する—その政治的含意をめぐって」, 252ff.

13 酒井信彦, 「『主権回復の日』の重大な謝り」(2010년 4월 26일), 酒井信彦, 「政府·自民党による『主権回復の日』の正体」(2013년 4월 18일), 둘 다 개인 홈페이지 「酒井信彦の日本のナショナリズム」(http://sakainobuhiko.com)에서.

14 앞의 西川伸一, 「『主権回復·国際社会復帰を記念する式典』を批判する—その政治的含意をめぐって」, p. 258의 주(12).

15 앞의 데루야 간토쿠, 2013년 5월 14일자 「질문주의서」에 대한 「답변서」(그해 5

월 24일),

16 「考・皇室」,『毎日新聞』, 2016년 12월 24일자, 그리고 앞의 朝日新聞取材班,
『秘録退位改元』, p. 232.

17 「厚生労働省文書」, 山田昭次, 『全国戦没者追悼式批判』, 影書房, 2014, p. 116
에서 재인용.

18 「第百二十七回衆議院会議録第四号」, 1993년 8월 23일, p. 3.

19 앞의 「厚生労働省文書」, 앞의 山田昭次, 『全国戦没者追悼式批判』, p. 137에서
재인용.

20 위의 山田昭次, 『全国戦没者追悼式批判』, p. 113.

21 위의 책, p. 139.

22 위의 책, 141ff.

23 「全国戦没者追悼式内閣総理大臣式辞(2007년 8월 15일)」, 수상 관저 홈페이
지(WARP 「安倍総理の演説・記者会見等」.

24 「内閣総理大臣式辞(2012년 8월 15일)」, 수상 관저 홈페이지(WARP) 「平成
二四年総理の演説・記者会見等」.

25 「全国戦没者追悼式内閣総理大臣式辞(2013년 8월 15일)」, 수상 관저 홈페이
지(WARP) 「平成二五年総理の演説・記者会見等」.

26 경위는 21世紀構想懇談会編, 『戦後70年談話の論点』, 日本経済新聞社, 2016
참조.

27 「美智子さまが洩らされた『強いストレス』の真実」, 『週刊文春』, 2015년 8월
27일호, p. 31.

28 위의 글, p. 31.

29 『Will』, 2008년 5월호.

30 橋本明, 『平成皇室論一次の御代にむけて』, 朝日新聞社, 2009.

31 橋本明, 「二代目民間妃失敗は美智子さまの否定になる」, 『週刊新潮』, 2013년 6
월 20일호, p. 26.

32 「美智子皇后のお言葉で消された『雅子妃』の名」, 『週刊新潮』, 2011년 12월 1일
호, p. 29.

33 「皇太子即位の後の退位で、皇室典範改正を打診した宮内庁」, 『週刊新潮』,
2013년 6월 20일호, p. 26.

34 「천황 폐하의 감상(신년을 맞이하여) (2015년)」, 궁내청 홈페이지.

35 「황후 폐하 탄생일을 맞이하여(2013년)」, 궁내청 홈페이지.

36 「천황 폐하 탄생일을 맞이하여(2015년)」, 궁내청 홈페이지.

37 色川大吉インタビュー, 「人生の贈りもの」, 『朝日新聞』, 2015년 3월 16일자 석간, 平山周吉, 「天皇皇后両陛下の『政治的ご発言』を憂う」, 『新潮45』, 2015년 7월호, 35ff에서도 인용.

38 田原総一郎, 「ギロン堂」, 『週刊新潮』, 2015년 1월 23일호; 위의 平山周吉, 「天皇皇后両陛下の『政治的ご発言』を憂う」, 『新潮45』, p. 30에서 재인용.

39 「有識者ヒアリング第一回議事録」, 2012년 2월 29일, p. 12.

40 위와 같은 자료.

41 田原総一郎, 『日本人と天皇』, 中央公論社, 2014.

42 八木秀次, 「憲法巡る両陛下ご発言・公表への違和感」, 『正論』, 2014년 5월호, pp. 46~47.

43 위의 글, p. 47.

44 위의 글, p. 47.

45 앞의 平山周吉, 「天皇皇后両陛下の『政治的ご発言』を憂う」, 『新潮45』, 2015년 7월호 수록.

46 위의 글, p. 22.

47 위의 글, p. 28.

48 위의 글, p. 31.

49 위의 글, pp. 30~31.

50 앞의 朝日新聞取材班, 『秘録退位改元』, p. 11.

51 앞의 文藝春秋編集部, 「皇后は退位に反対した」, p. 95.

52 読売新聞政治部編, 『令和誕生』, 新潮社, 2019, p. 91.

53 위의 책, p. 92.

54 앞의 朝日新聞取材班, 『秘録退位改元』, p. 13.

55 앞의 読売新聞政治部編, 『令和誕生』, p. 91.

56 앞의 朝日新聞取材班, 『秘録退位改元』, p. 14.

57 앞의 読売新聞政治部編, 『令和誕生』, p. 91.

58 '관저 주도'에 관해서는 앞의 渡辺治, 「安倍政権とは何か」, 岡田知弘・後藤道夫・二宮厚美・渡辺治, 『〈大国〉への執念』; 森功, 『官邸官僚』, 文藝春秋, 2019;

「連載 未完の最長政権」, 『朝日新聞』, 2021년 1월 12일~2월 13일.

59 위의 「連載 未完の最長政権」, 『朝日新聞』, 2021년 1월 14일자.

60 「菅の一声 恐怖による支配」, 위의 「連載 未完の最長政権」, 『朝日新聞』, 2021년 1월 26일자.

61 위의 「連載 未完の最長政権」, 『朝日新聞』, 2021년 1월 27일자.

62 황실전범의 '퇴위' 부정에 관해서는 앞의 渡辺治, 「近年の天皇論議の歪みと皇室典範の再検討」, 吉田裕・瀬畑源・河西秀哉 編, 『平成の天皇制とは何か』 참조.

63 앞의 読売新聞政治部編, 『令和誕生』, p. 93.; 앞의 朝日新聞取材班, 『秘録退位改元』, p. 13.

64 위의 読売新聞政治部編, 『令和誕生』, p. 93.

65 위의 책, p. 94.

66 위의 책, p. 98.

67 앞의 朝日新聞取材班, 『秘録退位改元』, p. 8.

68 保坂正康, 「問題先送り―典範改正が筋」, 『朝日新聞』, 2017년 4월 22일자.

69 앞의 読売新聞政治部編, 『令和誕生』, p. 103.

70 앞의 朝日新聞取材班, 『秘録退位改元』, p. 29.

71 「次の退位、早期に開かれた議論を」, 『朝日新聞』, 2017년 4월 25일자.

72 「天皇公務の負担軽減等に関する有識者会議(第3回議事録)」, 2016년 11월 7일, p. 21.

73 「陛下『自分だけの問題ではない』長年の友人に」, 『朝日新聞』, 2016년 12월 1일자.

74 앞의 朝日新聞取材班, 『秘録退位改元』, p. 57.

75 위의 책, pp. 55~56.

76 御厨貴, 「『天皇退位』有識者会議の内実」, 『文藝春秋』, 2017년 7월호, p. 178.

77 앞의 平山周吉, 「天皇皇后両陛下の『政治的ご発言』を憂う」, p. 22.

78 경위는 앞의 読売新聞政治部編, 『令和誕生』, pp. 114~115.

79 위의 책, p. 71.

80 위의 책, p. 131.

81 「陛下政府に不満」, 『毎日新聞』, 2017년 5월 21일자.

82 위의 기사.

83 앞의 朝日新聞取材班, 『秘録退位改元』, p. 85.

84 앞의 朝日新聞取材班, 『秘録退位改元』, pp. 94~95.

85 앞의 読売新聞政治部編, 『令和誕生』, pp. 139~140.

86 원호 사전 발표의 경위는 위의 책, 제3장; 앞의 朝日新聞取材班, 『秘録退位改元』, 제2부의 4.

87 위의 読売新聞政治部編, 『令和誕生』, 173ff.

88 平川祐弘, 「有識者会議(第三回議事録)」, 2016년 11월 7일, p. 3.

89 櫻井よしこ, 「有識者会議(第四回議事録)」, 2016년 11월 14일, p. 25.

90 「有識者会議(第五回議事録)」, 2016년 11월 30일, p. 3.

91 渡辺昇一, 「悠久なる皇室」, 『正論』, 2016년 9월호, 56ff.

92 「有識者会議(第四回議事録)」, p. 24.

93 「有識者会議(第三回議事録)」, p. 27.

94 위의 자료, p. 4.

95 「有識者会議(第四回議事録)」, p. 23.

96 위의 자료.

97 「有識者会議(第三回議事録)」, p. 23.

98 「有識者会議(第四回議事録)」, p. 23.

99 위의 자료, p. 2.

100 平川祐弘, 「有識者会議(第三回議事録)」, p. 3.

101 「有識者会議(第四回議事録)」, p. 3.

102 위의 자료, p. 7.

103 위의 자료, p. 34.

104 위의 자료, p. 35.

105 岩井克己, 「有識者会議(第四回議事録)」, p. 9.

106 「有識者会議(第四回議事録)」, p. 8.

107 위의 자료, p. 11.

108 위의 자료.

109 위의 자료, p. 10.

소결

1   예를 들어 『朝日新聞』, 2018년 11월 30일자 참조.

2   御厨貴, 『毎日新聞』, 2020년 5월 1일자.

천황 아키히토와 헤이세이 일본사
—냉전 후 30년, '상징'천황이란 무엇이었나

2024년 9월 9일 초판 1쇄 찍음
2024년 9월 24일 초판 1쇄 펴냄

지은이 와타나베 오사무
옮긴이 박삼헌

펴낸이 정종주
편집 박윤선
마케팅 김창덕

펴낸곳 도서출판 뿌리와이파리
등록번호 제10-2201호 (2001년 8월 21일)
주소 서울시 마포구 월드컵로 128-4 (월드빌딩 2층)
전화 02)324-2142~3
전송 02)324-2150
전자우편 puripari@hanmail.net

디자인 가필드
종이 화인페이퍼
인쇄 및 제본 영신사
라미네이팅 금성산업

값 22,000원
ISBN 978-89-6462-201-8 (93910)

이 저서는 2021년 대한민국 교육부와 한국연구재단 일반공동연구지원사업의 지원을 받아
수행된 연구임(NRF-2021S1A5A2A03061999).